本書爲

2017年國家社會科學基金重點項目
“出土戰國文獻匯釋今譯暨數據庫建設”（17AYY014）

和

教育部
“古文字與中華文明傳承發展工程”

的研究成果之一

本書獲2020年度國家出版基金資助

出土戰國文獻匯釋今譯叢書（第一批）

主　編　張玉金

睡虎地秦墓竹簡匯釋今譯（上、下卷）	張玉金　等　著
嶽麓書院藏秦簡（貳）匯釋今譯	張玉金　李明茹　著
放馬灘秦簡《日書》匯釋今譯	張玉金　黄　瑩　著
新蔡葛陵楚簡匯釋今譯	張玉金　溫鑫妮　著
龍崗秦簡匯釋今譯	吳辛丑　張　晨　著
周家臺秦墓簡牘等三種匯釋今譯	吳辛丑　林　慧　著

国家出版基金项目
NATIONAL PUBLICATION FOUNDATION

語言服務書系·出土戰國文獻匯釋今譯叢書

新蔡葛陵楚簡
匯釋今譯

張玉金　溫鑫妮　著

暨南大學出版社
JINAN UNIVERSITY PRESS
中國·廣州

圖書在版編目（CIP）數據

新蔡葛陵楚簡匯釋今譯/張玉金，溫鑫妮著．—廣州：暨南大學出版社，2022.12
（語言服務書系．出土戰國文獻匯釋今譯叢書）
ISBN 978－7－5668－3275－7

Ⅰ．①新…　Ⅱ．①張…②溫…　Ⅲ．①竹簡文—彙編—中國—楚國（？～前223）②竹簡文—注釋③竹簡文—譯文　Ⅳ．①K877.5

中國版本圖書館CIP數據核字（2022）第017393號

新蔡葛陵楚簡匯釋今譯
XINCAI GELING CHUJIAN HUISHI JINYI
著　者：張玉金　溫鑫妮

出版人：張晉升
項目統籌：杜小陸
策劃編輯：杜小陸　黄志波
責任編輯：劉宇韜
責任校對：孫劭賢　黄曉佳　林玉翠
責任印製：周一丹　鄭玉婷

出版發行：暨南大學出版社（511443）
電　　話：總編室（8620）37332601
營銷部（8620）37332680　37332681　37332682　37332683
傳　　真：（8620）37332660（辦公室）　37332684（營銷部）
網　　址：http://www.jnupress.com
排　　版：廣州良弓廣告有限公司
印　　刷：深圳市新聯美術印刷有限公司
開　　本：787mm×1092mm　1/16
印　　張：15.125
字　　數：350千
版　　次：2022年12月第1版
印　　次：2022年12月第1次
定　　價：98.00圓

總 序

出土戰國（包括秦代，下同）文獻共有9種，即戰國金文、戰國簡牘文字（包括郭店楚簡、上博楚簡、信陽楚簡、望山楚簡、九店楚簡、包山楚簡、葛陵楚簡、清華竹簡、五里牌楚簡、仰天湖楚簡、楊家灣楚簡、夕陽坡楚簡、曹家崗楚簡、香港中大竹簡、曾侯乙墓竹簡、睡虎地秦簡、放馬灘秦簡、周家臺秦簡、龍崗秦簡、里耶秦簡、嶽麓秦簡、北大秦簡、睡虎地秦牘、青川秦牘、嶽山秦牘）、戰國帛書、戰國玉石文字、戰國漆木文字、戰國貨幣文字、戰國封泥文字、戰國璽印文字、戰國陶文。

對於出土戰國文獻的整理研究，目前已經取得了許多研究成果：

一、戰國金文整理研究的成果

如中國社會科學院考古研究所編《殷周金文集成》（1984—1994），劉雨、盧岩編著《近出殷周金文集錄》（2002），鍾柏生等編《新收殷周青銅器銘文暨器影彙編》（2006），劉雨、嚴志斌編著《近出殷周金文集錄二編》（2010），吳鎮烽編著《商周青銅器銘文暨圖像集成》（2012）、《商周青銅器銘文暨圖像集成續編》（2016）和《商周青銅器銘文暨圖像集成三編》（2020），等等。

二、戰國簡牘文字和帛書整理研究的成果

楚簡方面的成果如河南省文物研究所編《信陽楚墓》（1986），湖北省荊沙鐵路考古隊編《包山楚簡》（1991），湖北省文物考古研究所、北京大學中文系編《望山楚簡》（1995），商承祚編著《戰國楚竹簡彙編》（1995），荊門市博物館編《郭店楚墓竹簡》（1998），湖北省文物考古研究所、北京大學中文系編《九店楚簡》（2000），陳松長編著《香港中文大學文物館藏簡牘》（2001），馬承源主編《上海博物館藏戰國楚竹書》（2001—2012），河南省文物考古研究所編著《新蔡葛陵楚墓》（2003），李學勤主編《清華大學藏戰國竹簡》（2010—2020），張顯成主編《楚簡帛逐字索引》（2013），陳偉等《楚地出土戰國簡冊（十四種）》（2016），

等等。

楚帛書方面的成果如饒宗頤、曾憲通編著《楚帛書》(1985)，李零《長沙子彈庫戰國楚帛書研究》(1985) 和《楚帛書研究(十一種)》(2013)，饒宗頤、曾憲通《楚地出土文獻三種研究》(1993)，陳茂仁《楚帛書研究》(2010)，等等。

曾簡方面的成果如湖北省博物館編《曾侯乙墓》(1989)，蕭聖中《曾侯乙墓竹簡釋文補正暨車馬制度研究》(2011)，蔣艷《曾侯乙墓簡文注釋》(2011)，等等。

秦簡牘方面的成果如睡虎地秦墓竹簡整理小組編《睡虎地秦墓竹簡》(1990)，湖北省荆州市周梁玉橋遺址博物館編《關沮秦漢墓簡牘》(2001)，中國文物研究所、湖北省文物考古研究所編《龍崗秦簡》(2001)，甘肅省文物考古研究所編《天水放馬灘秦簡》(2009)，朱漢民、陳松長主編《嶽麓書院藏秦簡》(2010—2020)，湖南省文物考古研究所編著《里耶秦簡》(2012—2017)，王輝、王偉編著《秦出土文獻編年訂補》(2014)，張顯成主編《秦簡逐字索引》(增訂本)(2014)，陳偉主編《秦簡牘合集》(2014)，等等。

三、戰國玉石文字和漆木文字整理研究的成果

如趙超《石刻古文字》(2006)，吴鎮烽編著《商周青銅器銘文暨圖像集成》(2012) 中的有關部分，等等。

四、戰國貨幣文字整理研究的成果

如汪慶正主編《中國歷代貨幣大系・先秦貨幣》(1984)，黄錫全《先秦貨幣研究》(2001)，馬飛海主編《中國歷代貨幣大系・秦漢三國兩晉南北朝貨幣》(2002)，等等。

五、戰國封泥文字和璽印文字整理研究的成果

如孫慰祖主編《古封泥集成》(1994)，莊新興編《戰國鉨印分域編》(2001)，傅嘉儀編著《秦封泥匯考》(2007)，陳光田《戰國璽印分域研究》(2009)，吴振武《〈古璽文編〉校訂》(2011)，王偉《秦璽印封泥職官地理研究》(2014)，等等。

六、戰國陶文整理研究的成果

如高明編著《古陶文彙編》(1990)，王恩田編著《陶文圖錄》(2006)，袁仲一、劉鈺編著《秦陶文新編》(2009)，等等。

由上述看來，前人和時賢在出土戰國文獻整理研究方面已經取得了許多成果。不過，以往的研究存在以下兩個問題：一是大都是按材料的不同分類分頭進行的，還沒有看到對於出土戰國文獻的綜合整理研究成果；二是不同的學者在釋文方面寬嚴不一，對於同一個古文字有不同的釋文，對於同一個詞語有不同的解釋，對於同一句句意也有不同的理解。這給漢語史研究者以及相關學科的學者帶來極大的不便。

漢語史學者以及相關領域的研究者急需展示出土戰國文獻的綜合整理研究成果，這個成果要能夠囊括目前已經整理發表的全部出土戰國文獻資料；釋文方面要寬嚴一致；對於同一個古文字要有同樣的釋文，對於同一個詞語要有一致的解釋；對詞語要有簡明的訓釋，對句意要有準確的翻譯；對於古文字學者們的異說要有簡明的介紹。“出土戰國文獻匯釋今譯叢書”的出版，正是因應了學術界的這個需求。

本叢書的總體框架是：

一是摹本：對於所選取的出土戰國文獻，在原始資料的基礎上做出摹本，以方便讀者閱讀。

二是釋文：採各家之長，寫出釋文。用現代標點，對所做出的釋文加以斷句。若有異說，簡明列出。

三是匯釋：對其中的疑難字詞加以注釋。若有異說，簡明列出。

四是今譯：把出土戰國文獻譯成現代漢語，供讀者參考。若有不能翻譯的，則存疑。

本叢書在學術思想、學術觀點、研究方法等方面均有創新。

在學術思想上，本叢書認爲出土戰國文獻整理研究不但是古典文獻學、古文字學的重要研究內容，而且對於其他以出土戰國文獻爲材料進行研究的學科而言都具有基礎性意義。因爲研究對象具有獨特性——用古文字書寫，所以不僅要用文獻注釋學的理論方法進行研究，還要用古文字學的理論方法進行考察；不僅要有文獻整理能力，還要具備古文字的考釋能力以及音韻學、訓詁學、詞彙學、語法學、歷史學、文化學等方面的理論知識，這是學術思想方面的特色和創新。

在學術觀點上，本叢書認爲許多學者對出土戰國文獻的研究，在文字考釋、詞語訓詁、語句通釋等方面往往有分歧，因此要有對不同說法的統一檢驗標準。本叢書認爲，對於異説的檢驗要以四個標準進行，即形、義、音、法。所謂形，即看一種考釋是否符合古文字的字形，在字形上是否説得通；所謂義，即看一種考釋是否經得起詞彙學理論知識的檢驗，是否符合上下文的文義；所謂音，即是否經得起音韻學理論知識的檢驗；所謂法，即是否經得起語法學理論知識的檢驗。如果從這四個方面來檢驗，都説得通，就應該是比較好的考釋，就可以採信。對於古文字考釋的異説從形、義、音、法四個方面進行檢驗，這是學術觀點方面的創新。

在研究方法上，本叢書不僅運用古文獻注釋方法（標點、注釋、今譯，特別是匯釋以往的各種異説），還運用古文字考釋法（形體分析法、假借破讀法、辭例推勘法、歷史比較法、文獻比較法）以及訓詁方法（以形索義法、因聲求義法、比較互證法）、古漢語詞彙學研究方法、古漢語語法學研究方法，這是研究方法方面的特色。

本叢書的出版，不僅對於古文字學、戰國文字學研究有價值，對於漢語史學以及需利用古文字材料的各門學科有學術價值，對於相關學科的教學和普及也有應用價值。

張玉金

2022 年 2 月 28 日

目 録 contents

001　總　序

001　凡　例

001　概　述

002　一、卜筮祭禱簡

122　二、簿書簡

150　三、未歸類簡

157　摹　本

225　參考文獻

凡　例

一、釋文以《楚地出土戰國簡冊［十四種］》爲底本，參考各家考釋及竹簡圖版輔助校訂，基本嚴格按照簡文字形隸定，還未隸定的字用圖片表示。

二、摹本以《楚地出土戰國簡冊合集（二）·葛陵楚墓竹簡》圖版爲底本摹寫，殘缺卻可辨認之字，根據其他簡相同字用虛筆補全，模糊不清的不摹。特別說明，《合集（二）》圖版缺簡“乙四98”“零498”，“零489”重出，“零667”“零31”簡號重複。

三、異體字、通假字、古今字隨文注出通行字、本字、今字，寫在“（）”內。確認訛誤字隨文注出，寫在“〈〉”內。根據殘簡和文意可以確認的字及根據他本可以補出的闕文寫在“〔〕”內。筆畫不清、不能辨認或已殘去但是可以確定字數的用“□”表示，殘缺而不能確定字數的則用“▨”表示。對於釋讀不確暫時存疑的在字後面用（?）表示。

四、簡文編號標注，採用“文獻種類與題名代號數字_卷冊篇次序號_原簡編號”標注釋文與今譯。原簡編號又分別用N、Y、O代表甲、乙、零三種。如：C7_01_N3：36，表示“葛陵楚簡_卜筮祭禱簡_甲三36”。

五、簡文中的墨釘、特殊符號及重文符號釋文中不保留，在摹本中摹出。

六、每一例匯釋以原釋文每一逗號爲匯釋單位。如“▨鄗雘爲君貞，才（在）郢爲三月，尚自宜訓（順）也。讛占之：亡（無）▨C7_01_Y4：35”，以“鄗雘爲君貞”爲單位進行匯釋。匯釋字詞時，需要說明字際關係則先說明字際關係，其後分列異說，第一種觀點則是筆者採取的觀點。多位學者觀點一致時大體按照發表時間的先後揭舉兩三位。因簡文重複比例大，故字詞相同的衹在首次給出詳細匯釋，重見不再出注，但同一個詞因字形不同的，給出簡單注釋並參閱前文注釋。如“鄩郢”之“鄩”在簡文中寫法眾多，首次出現作詳細匯釋，後面出現相同字形者不再出注，而出現異寫“鄩郢”，則標注參閱“鄩郢”注釋。

七、今譯採取通行意譯，除“未歸類簡”外全文通譯，有少量闕文的句子斟酌翻譯，殘簡儘量翻譯，完全殘損的簡不譯。

八、論文收錄2018年12月末前正式發表及簡帛網上的文章。參考文獻中，有些論文先在會議、網絡上發表，後被刊載或收錄，一般衹給出刊物名。

概　述

葛陵楚墓竹簡，簡稱爲葛陵楚簡，是指 1994 年 8 月在河南省新蔡縣葛陵楚墓中出土的竹簡。這批竹簡全部殘斷，原來長度已不詳，寬度一般在 0.8 厘米左右，窄的大約 0.6 厘米，寬的可達到 1.2 厘米左右。文字一般書寫於竹黄一面，少數書寫於竹青一面。正面書寫，背面有少量的字。

葛陵楚簡現存 1 571 枚。依據墓中堆積情況分爲上下兩層，編爲甲區和乙區。其中，甲區 523 枚，編號有三組，即甲一至甲三；乙區 299 枚，編號有四組，即乙一至乙四；殘損嚴重的編入零組，共有 749 枚。從書寫風格與書寫習慣來看，這批竹簡出自衆手。分類整理爲卜筮祭禱簡、簿書簡和未歸類簡，均爲後擬標題。

卜筮祭禱竹簡較多，是葛陵楚簡最主要的部分。下分三種：第一種是墓主人平夜君成生前的占卜祭禱記錄，包括一般事項和疾病的貞問和祭禱文辭；第二種是祈禱記錄，應是墓主人平夜君成的自禱；第三種是與祭禱有關的記錄，不見占卜，沒有貞問、求祟程序，僅記月名、干支、祭禱動因、鬼神名、祭品及祭禱日干支。

簿書簡分爲兩種：第一種爲墓主人平夜君成“受盟”的物品清單，數量很少，僅 20 餘枚。其性質是“賵書”還是“遣策”，對此，學界有不同看法。第二種是祭禱社稷類文書，其中，是否墓主人平夜君成封地居民的祭禱社稷情況，學界亦有不同看法。

未歸類簡因過於殘損或字跡模糊，不能確定其歸類而得名。

新蔡葛陵楚簡內容是卜筮祭禱類應用文，爲研究楚國的語言文字及戰國早中期楚國歷史、葬俗、禮制、曆法、思想信仰、醫學史、書法藝術提供了不可多得的實物材料，對楚文化研究具有重要的價值和研究意義。

一、卜筮祭禱簡

【釋文】

☐大莫囂𦢡（陽）爲〔戰〕於長城之〔歲〕[①]☐C7_01_N3：36

☐莫囂昜（陽）爲、晉帀（師）戩（戰）於長〔城〕[②]☐C7_01_N3：296

【匯釋】

①大莫囂：**“囂”通“敖”。大莫敖，楚國官名。**“莫敖”一詞始見於《左傳》桓公十一年，杜預注：莫敖，楚官名。也見於曾侯乙墓簡、清華簡《繫年》、上博簡與楚器銘文。繆文遠（1987：74）：司馬與莫敖顯爲二官，莫敖地位在司馬下，其職主將兵。張政烺（1990：836）：春秋戰國時期楚國掌軍政之官，相當於别國之司馬。李學勤（2004C）：楚國官名。

𦢡爲：**𦢡，簡文也寫作“昜”，同“陽”，姓氏。爲，人名。**李學勤（2004C）：陽氏，楚有陽氏，出於穆王，與康王時的陽匄是同一個家族。李守奎（2014D）：從上博簡《命》篇中令尹子春自稱“昜爲”定爲人名，陽非氏。

據竹簡補“戰”字。

長城：**有兩説：一、齊國的長城。齊長城西起平陰，東至瑯琊，齊魯兩國由此分界。**何琳儀（2004B）：戰國前期三晉和楚都曾染指齊地，故爲齊長城。李學勤（2004C）：結合屬羌鐘銘文，楚由大莫敖陽爲帶兵援齊，與晉師戰於長城，故此長城即齊長城。**二、楚長城。**邴尚白（2009：94）認爲屬羌鐘記載的可能是魏文侯四十六年三晉聯軍攻打楚國，至乘丘而還的這場戰役。乘丘離方城不遠，方城也稱作長城，爲楚長城。李守奎（2014D）亦從此説。

歲：**年。**據下文補。楚簡中寫作“𡻕”，歲之異體，从歲省，从月。以大事件紀年是楚國慣用的紀年方法。

②帀：**後作“師”，古代軍隊編制以兩千五百人爲師，引申泛指軍隊。**

戩：**有兩説：一、同“戰”。**李學勤（2004A）：讀爲“戰”。**二、通“狩”。**何琳儀（2004B）：讀爲“狩”，補“城”字。

【今譯】

……大莫敖陽爲在長城打仗那年……C7_01_N3：36

……莫敖陽爲、晉國軍隊在長城打仗……C7_01_N3：296

【釋文】

⍁蔞茖受女於楚之戠（歲）䙸（遠）𥎊（栾）之月丁酓(一)（酉）之日①⍁C7_01_N3：42

⍁〔蔞茖受女〕於楚之戠（歲）遠𥎊（栾）之月丁酓（酉）⍁C7_01_N3：34

⍁□馬之簪（筮）復悳（德）爲君②⍁C7_01_Y4：59

⍁毋有咎。③占之曰：丞(二)（恒）貞吉，④少（小）迡（遲）⑤⍁C7_01_Y4：84

無瘳，⑥至癸卯之日安（焉）良瘧(三)（瘥）。⑦丌(四)（其）祱（祟）與黽（龜）⑧⍁C7_01_N3：39

⍁之，祝禱於⑨⍁C7_01_O：533

⍁□丞（恒）貞吉，少（小）迡（遲）瘧（瘥）。㠯(五)（以）亓（其）⑩⍁C7_01_O：251＋C7_01_O：179

【校記】

（一）整理者、《十四種》作“酉”，今據字形改作“酓”。

（二）《十四種》作“亘”，此處從整理者，以下同。

（三）整理者作“瘧”，《十四種》作“疽”，今據字形改作“瘧”。

（四）《十四種》作“其”，此處從整理者，以下同。

（五）《十四種》作“以”，此處從整理者，以下同。

【匯釋】

①蔞茖：**人名。**

受：**接受。受女，義同娶女。**邴尚白（2009：137）：指至楚“逆女”，即迎娶的意思。《左傳》桓公六年：“今以君命奔齊之急，而受室以歸，是以師昏也。”宋華強（2010：372）：“受女”要齋戒以告鬼神。

䙸𥎊之月：**即“遠栾之月”，楚代月名，楚三月的異名。**“䙸”同“遠”，“𥎊”通“栾”。朱德熙（1979）：據《秦楚月名對照表》可知“遠栾之月”即“援夕之月”，亦、夕古音相近，典籍常互爲異文。當爲楚曆十二月，對應秦顓頊曆三月。

“蔞茖受女於楚之歲”，以事紀年。依文例相似的完整簡文可知，兩簡各爲一組簡文的開頭部分，是在同日（丁酉）進行的兩次貞問的記錄。據宋華強（2010：75）考證，明確記錄爲疾病而貞問的簡中，衹有“蔞茖受女於楚之歲”“王徙於鄩郢之歲”兩個年份。

②□馬：**人名。**“馬”前字殘損，下部似从“古”。尹遜（2006）：包山簡267所記器物修飾詞有“盬馬”，或以爲是某種絲織物，或以爲是某種紋飾。宋華強（2010：373）認爲“盬馬”是顏色修飾詞，如葛陵簡有“大彤筮”，疑“□馬”即包山簡的“盬馬”，可能是一個顏色修飾詞。

簪：**同“筮”，這裏是卜筮工具總名。**

復悳：**“悳”通“德”。復德：卜筮工具名稱。**

《周易·繫辭下》："復，德之本也。"宋華強（2010：373）以爲或與此有關。

"□馬之簭（筮）復悳（德）爲君"與簡甲三72"目（以）䢼之大彤簭（筮）爲君貞"、簡乙二25"以陵尹懌之大保（寶）豕（家）爲"、簡甲三114"目（以）衛𥎦之簭（筮）爲坪夜君貞"文句相同，"□馬、䢼、懌"在相同的語法位置，應是人名，"筮復德、大彤筮、大寶家"應是記名的卜筮工具。

爲：**替，介詞**。

③咎：**災禍**。陳偉（2013：93）：在古書訓釋中，咎、祟都有災禍義，但前者側重於人禍，後者側重於鬼神之害。而楚簡多處出現"尚毋有咎"，那麼從廣義上說，"咎"也可以包括祱（祟）。

④亙：**有三說：一、久**。湯餘惠（1993）：亘，通恒。恒貞，對未來長遠命運的占卜。彭浩（1991：566）：占辭都是先指出長期之休咎，然後指出近期休咎。一般來說，長期爲"吉"，近期則有"咎"或"憂"。**二、平常**。何琳儀（1998）：亘，讀恒，《説文》："恒，常也。"邴尚白（2009：206）：平常、一般的意思，通常可以省略。就是大體而言所得貞問結果爲吉的意思。**三、通"極"，最**。陳偉（2008）：疑爲"極"，是甚、最一類意思。極貞吉，正是說極正吉。

貞：**有兩說：一、貞問結果**。劉信芳（2003：211）：問一年吉凶，均用"恒貞吉"，衹有簡207時間僅一月。問長期吉凶者用"恒貞吉"，非長期用"貞吉"。**二、正**。李學勤（1989D）：訓爲正、當。邴尚白（1999A：73）指出簡207說"占之：貞吉"，簡249說"占之：恒貞"，而接着說不順或凶祟，可見它們與一般的"占之：恒貞吉"含義應是相同的，那麼"貞"字似乎也不宜訓爲貞問，應當訓爲正。

亙貞吉：**對長遠命運的貞問是吉利的。楚簡占卜常見術語**。

⑤少：**一點點**。表示病情好轉的速度。

遟：**同"遲"，簡文還寫作"屖""迡"。緩慢的意思**。

⑥瘳：**痊愈**。

⑦癸卯：**丁酉日過後第六天**。

安：**與"乃"同義，才**。宋華強（2010：373）釋爲"焉"，與"乃"同義。

良：**甚，表示程度高的程度副詞**。這裏指病情痊愈或好轉的速度。

瘽：**同"瘥"，簡文還寫作"瘄"，痊愈**。《説文》："瘥，瘉也。"李零（1993：436）：指病情好轉。朱德熙、裘錫圭、李家浩（1995：94）："瘄"應該就是"瘥"的異體。陳偉武（1997：644）：楚簡表示病癒用"疽"字，等於說病往、病止。不必破讀爲"瘥"。

⑧祱：**通"祟"，簡文還寫作"敓""㱿"，災禍的意思**。偏重於鬼神之害，與"咎"有別。陳偉（2004：37）：祟偏重鬼神之害，而咎偏重人禍，都有災禍的意思。曾憲通（1993：417）：禍咎。無祱，是占得吉卦，沒有災難，也沒有禍咎。劉信芳（2003）：祱，神禍。史萍（2009）認爲葛陵簡的"咎"包括"祱"，病起卜祟是春秋戰國至秦漢時的習慣。

黽：**有龜義。卜龜，占卜的工具**。宋華強（2010：36）據馮勝君（2005：477）說，釋爲“龜”。

丌祱與黽：**意爲“其祟與龜同”，此次占卜（筮占）與用龜占卜所得的祟相同**。此簡與簡甲三3“與鼈同敓（祟）”例同，沈培（2007B：424）指出“與龜同祟”“其祟與龜同”說的應該是此次占卜（很可能是筮占）與用龜占卜所得的祟相同。

⑨祝：《上海博物館藏戰國楚竹書（四）·曹沫之陳》有“𠃬”字，與葛陵簡“祝”字右旁所从同。**有四說：一、釋爲“祝”**。陳偉（2004D：41）從整理者釋“兄”，兄（或作祝）禱，不見於包山簡、望山簡。沈培（2007C）釋作祝，祝祭。祝、禱是並列動詞。楊華（2007：368）此處的“祝”可能與疾病治療的祝由術有關。祝禱，由專門的祝者（巫醫）先行祝由之術，再行禱詞儀式。**二、釋爲“兄”，恭順**。陳斯鵬（2005A）釋爲“兄”，讀爲“恭”，恭順的意思。**三、釋爲“咠”**。徐在國（2005）：應是“咠”，即“揖”之初文。范常喜（2006B）也釋作“咠”和“禴”，認爲“咠禱”可能是楚祭禱簡中常見的“罷禱”。**四、名詞**。陳偉（2013：54）：祝者，專事祭禱者。

⑩逹瘻：**慢慢痊愈**。晁福林（2011）：認爲簡文中“虘”都應是“廌”旁，因爲楚簡的簡省寫法最終把“廌”頭與“鹿”頭混合了。“廌”通“薦”，常與“祭”搭配，說明“薦”有祭禱義，有時加“疒”旁用作爲疾病而舉行祭禱的專用字。故“少遅薦”是指不必太匆忙舉行薦祭的意思。

陳偉（2013：54）：此爲兩組貞問，簡甲三42至簡零533爲一組，可連讀；簡甲三34至簡零251、179爲一組。簡零251與簡零179爲宋華強（2010：36）拼合。整理者後補“故說之”。

【今譯】

……蔞茖到楚國迎娶楚女那年的三月丁酉日……C7_01_N3：42

……（蔞茖）到楚國迎娶楚女那年的三月丁酉日……C7_01_N3：34

……用……馬的復德這一貞問工具進行貞問……C7_01_Y4：59

……希望不會有問題。占測說：對未來長遠命運的貞問是吉利的，（病情）在一點點慢慢……C7_01_Y4：84

病症不見好轉，六天後到了癸卯日才完全痊愈。那禍咎和之前龜卜得到的禍咎相同……C7_01_N3：39

……之，祝者祭禱……C7_01_O：533

……對未來長遠命運的貞問是吉利的，（病情）在一點點慢慢好轉。因爲這個緣故……C7_01_O：251 + C7_01_O：179

【釋文】

〼□爲坪夜君①〼C7_01_O：490

〼陵君爲〼C7_01_Y4：123

☐又（有）祱（祟）見☐C7_01_Y4：111
☐乍（作），[②]不爲訧（尤）[③]☐C7_01_O：472

【匯釋】

①坪夜君：**指墓主“平夜君成”，爲楚封君。**坪夜，讀爲平輿，輿、夜古音相近。平輿是楚邑，在今河南省駐馬店市，與新蔡縣相鄰（裘錫圭，1979B）。

②乍：**同“作”，發作。**

③訧：**通“尤”，過失。**陳劍（2004B）：訓爲“過”。袁金平（2007B：30－35）：簡文又寫作“蚘”“𢜺”“訧”“忧”，皆从尤得聲，簡文還寫作“忢”，又、尤古音屬匣母之部，十分接近，可以改換聲符。《周易》數見“無尤”，訓爲“過也”。邴尚白（2009：200）讀作“尤”，指過失、錯誤。

【今譯】

……替平夜君……C7_01_O：490
……陵君替……C7_01_Y4：123
……有禍祟出現……C7_01_Y4：111
……發作，不是過失……C7_01_O：472

【釋文】

☐至師於陳（一）（陳）之戢（歲）十月壬〔戌〕[①]☐C7_01_N3：49
☐至師〔於陳〕之戢（歲）十月壬戌☐C7_01_O：526＋C7_01_N3：37

【校記】

（一）《十四種》作“陳”，此處從整理者。

【匯釋】

①至師：**“至”通“致”。有三說：一、挑戰。**邴尚白（2009：137）：致師，挑戰之意。**二、派遣軍隊。**宋華強（2010：399）認爲楚國早在楚惠王十一年（前478年）滅陳，“致師”不可能是挑戰之意，疑與《左傳》僖公二十八年“鄭伯如楚，致其師。杜預注：致其師者，致其鄭國之師，許佐楚也”中“致其師”同義，故簡文“致師”是指出於某種原因向陳地派遣軍隊。**三、招致或集合軍隊。**陳偉（2013：55）認爲簡文的陳並不能確定是陳國還是滅於楚之後的陳地。如是前者，“致師”疑如呂思勉（1982：318）說“引敵出戰，即兵法致人而不致於人之‘致’”。如是後者，其年代下限不能確定，“致師”則可解釋爲“集合軍隊”義。

陳：**同“陳”，陳國。**

【今譯】

……向陳國發起挑戰那年的十月壬戌日……C7_01_N3：49

……向陳國發起挑戰那年的十月壬戌日……C7_01_O：526 + C7_01_N3：37

【釋文】

☑□貞，（一）七月至各（二）（冬）𡦹（栾）之月尚①☑C7_01_N3：107

☑〔占〕之：𠄢（恒）貞亡（無）咎，君身少（小）又（有）②C7_01_O：201

☑□八月又（有）女子之貴，③九月、十月又（有）外□④☑C7_01_Y4：106

【校記】

（一）整理者在“貞”後皆用冒號。

（二）《十四種》作“冬”，此處從整理者。以下同。

【匯釋】

①七月：**七個月。**陳偉（2013：55）楚曆七月見於睡虎地秦墓竹簡《日書》“歲”篇簡66正叁“四月楚七月，日十六夕六”。楚簡七月常稱“夏栾”，因而這裏的七月並非楚曆的七月。

②君：**指平夜君成。**

身：**身體。**

③貴：**有四說：一、通“惻”，訓爲感，憂愁的意思。**宋華強（2010：82－83）疑讀爲“惻”，《廣雅·釋詁》：“惻、感，悲也。”簡文有“女子之感”，與“女子之貴”文句類似，惻、感應當義同。**二、同“賕”。**李守奎（2003：387）認爲與“賕”一字異體。**三、通“賕”。**何琳儀（2004B：10）：“貴”字从貝、之聲，讀作“賕”，《集韻》：“畜財也。”**四、通“呰”，詆毀。**袁金平（2007B：45）讀爲“呰”，意思是詆毀，古人認爲言語是會作祟爲禍的。《說文》：“呰，苛言也。”段注：“凡言呰毀當用呰。”“八月有女子之呰”大概就是“八月有女子之毀言。”

④“外”下一字殘泐，整理組未釋，宋華強（2010：2）釋爲“喪”。

本簡預言八、九、十月之事，疑與簡201爲同次貞問。

【今譯】

……貞問，七個月後到一月希望……C7_01_N3：107

……占測：從長遠來看沒有災難，平夜君成身體一點點……C7_01_O：201

……八月有女子的憂愁，九月、十月有外……C7_01_Y4：106

【釋文】

☑〔我王於林丘之戢（歲）〕九月乙卯之日①☑C7_01_O：431

☑㠯（以）尨黿爲君𡙕（卒）戢（歲）之貞，②尚毋☑C7_01_Y4：103

☐需（靈）君子[③]☐C7_01_O：355

☐君、埅（地）宔（主）、需（靈）君子。[④]己未之日弍禱卲（昭）[⑤]C7_01_Y4：82

☐君牆（將）又（有）憙（憙）□[⑥]☐C7_01_O：89

【匯釋】

①〔我王於林丘之戠〕：據全簡所記曆日推測而補。《十四種》（2013：54）：疑認爲前端所缺文字是“我王於林丘”。宋華強（2010：407）：通過全簡曆日的整理確定出現九月的衹有“我王於林丘之歲”。乙卯：**天干地支紀日。**

②目：**同“以”，用，介詞。**

尨黿：**卜龜名，一種占卜工具。**尨，雜色的，簡文還寫作“䍳”；黿，龜名。指龜殼顏色不純。《周禮·牧人》“尨用可也”，杜預注：“謂雜色不純。”

䘚戠：**“䘚”同“卒”，“戠”同“歲”。有三說：一、滿一年。**邴李零（1993：432）：卒，訓爲終、盡，滿一歲。陳偉（1996：152）：“䘚”讀“卒”，借作“萃”，集的意思。集歲，則爲周歲。這就避免了曾憲通先生所說“盡卒歲”嫌重複的邏輯問題。邴尚白（2009：148）認爲，“卒歲”在文獻上有幾個不同的含義，或指一整年，或“過完到年底的時間”，或“度過歲月”。葛陵簡的“卒歲”與睡虎地秦墓竹簡同義，都是指一年。**二、卒歲，占卜之日到歲末。**宋華強（2010）：就葛陵簡而言，“卒歲”都是從占卜所在的月份到歲末這段時間，而“集歲”是指從占卜所在月到次年同一月份。**三、第二年。**曾憲通（1993）：“䘚”與《三體石經》“狄”字之古文形體相同，王國維疑是“𥘉”字訛誤，“狄”“易”相通，“䘚歲”爲“易歲”，次年的意思。

爲君䘚戠之貞：張玉金（2011：215）分析，“爲”是介詞，“貞”是謂語中心，“卒歲”是時間名詞“一整年”，“爲＋君卒歲”是介賓短語作狀語，“之”用於狀語和中心語之間。

③需君子：**“需”通“靈”。有兩說：一、巫。**宋華強（2010：233）：“靈”字从“巫”之意，楚語中的“巫”可直接稱“靈”。“靈君子”似與楚簡中一般祭禱的“巫”有所不同，也許就是《史記·封禪書》中荆巫所祠的“巫先”。《廣雅·釋詁》云：“靈子，巫也。”楚人稱神靈爲“君”也多見，所以“靈君子”就是巫。**二、五祀之一。**袁金平（2006A）認爲是“五祀”中“竈”的別稱，即是竈神。

④埅宔：**“埅”同“地”，“宔”通“主”。地主：掌管土地的神祇。**朱德熙、裘錫圭、李家浩（1995：90）：《國語·越語下》：“皇天后土，四鄉地主正之。”

⑤己未：**天干地支紀日。**

弍禱：**祈禱。**晏昌貴（2005）認爲是“𪚥禱”，即“一禱”。可參閱簡甲三160“𪚥禱”匯釋。

卲：**通“昭”，此處大概指楚昭王。**

⑥牆：**通“將”，將要、將會，時間副詞。**

憙：**同“憙”，後作“喜”，喜悅。**《說文·喜部》：“憙，說也。”段玉裁：“說者，今之悅字。”徐灝箋：“喜、憙古今字。”

【今譯】

……那年〔君主在林丘〕九月乙卯日……C7_01_O：431

……用雜色的卜龜這種占卜工具替平夜君成貞問，希望不會……C7_01_Y4：103

……靈君子……C7_01_O：355

……君、地主神、靈君子。己未日祈禱昭王……C7_01_Y4：82

……平夜君成將會喜悅……C7_01_O：89

【釋文】

我王於林丘戠＝（之歲）九月□①▨C7_01_N3：1

▨之黿爲君𢼸（卒）戠（歲）之貞▨C7_01_Y4：34

▨又（有）咎，恐[(一)]（恒）占之：兆卜（兆）〔無咎〕②▨C7_01_N3：44

▨〔無〕咎，又（有）敓（祟）見於卲（昭）王③▨C7_01_N3：128

▨少遲（遲）迖[(二)]（速）從郢𡉚（來），④公子見君王，⑤尚怡（怡）懌，⑥毋見▨C7_01_Y4：110、117

▨箸（筮）於東陵，⑦盟目（以）長剌⑧▨C7_01_Y4：149、150

▨兩㸲。⑨占之：吉▨C7_01_Y4：62

▨酉之日，弌禱大（太）、北方⑩□▨C7_01_Y4：148

▨帀（師）賓之⑪□▨C7_01_O：224

【校記】

（一）《十四種》作“恒”，此處從整理者。

（二）《十四種》作“速”，此處從整理者。

【匯釋】

①我王：**楚王**。邴尚白（2009：138）認爲：與“王”的稱謂不同，或境外、境内有别，因爲“林丘”非楚國境内，所以加“我”字以表明。今按：“我王”下似乎抄漏一個動詞。

林丘：**地名，廩丘，在今山東范縣東南**。何琳儀（2004B：3）讀作“廩”。“林丘”即《史記》所記“廩丘”。邴尚白（2007：107）卻以爲《史記》所言“救魏於廩丘”指的是趙國，與楚國無關。

之歲：簡文寫作“戠＝”，有合文符號。

②兆卜：**同“兆”。有三説：一、兆象**。于成龍（2004A）認爲，“兆卜無咎”是據兆象看沒有災禍，既是說龜占，又是說蓍占。**二、預兆**。邴尚白（2009：207）：簡文的“兆”應該指卜兆或預兆，卜兆有吉、有凶，而不能單訓爲“吉”。“兆無咎”指所得預兆沒有災禍。**三、通“兆”，吉利**。陳偉（2004：37－42）將“兆卜”

與“無咎”斷開，讀爲“兆”，訓爲“吉”。認爲“䜪”在句子中的位置正好與卜筮簡的“吉”字相當。

③敓：**通“祟”，鬼神之害。**

④逞迷：**“逞”同“遲”；“迷”通“速”，簡文還寫作“遬”。**遲速：**儘快，偏指“速”。**宋華強（2007B：47）：“遲速”是偏義複詞，義偏指“速”，與“緩急”類似。整理組於其間斷讀，不當其爲偏義複詞。

郢：**楚王所居之處皆可稱“郢”，指郢都。**《史記》記載楚文王遷都郢地，而《世本·居篇》則是楚武王徙郢。清華簡《楚居》篇明確記載了徙郢者爲楚武王。郢不是一個固定的地名，而是武王之後王居的通稱。關於郢都故址，傳統說法是在今湖北省荆州市紀南城。而童書業（1980：231－233）考定春秋楚郢都在漢水中游一帶。石泉（1988：417）認爲在今湖北省宜城縣南境的蠻河下游北岸靠近漢水邊。黄盛璋（1963）：宜城“楚皇城”並非楚郢都，而是楚鄢郢。吳良寶（2010：44）認爲楚郢都指紀南城尚有一定的疑問，而要證明宜城“楚皇城”是楚郢都則需更多的材料。

逨：**同“來”，傳來。**

⑤公子：**有兩說：一、指平夜君成。**宋華強（2010：64）：“公子”大概就是指平夜君成。**二、封君之子。**邴尚白（2007：142）：此簡是替“公子”貞問的命辭，“公子”在文獻中一般指諸侯之子，新蔡簡的“公子”可能是指楚國封君之子。

⑥怡懌：**“怡”同“怡”，怡、懌義近，愉悅。**《爾雅·釋詁》：“怡、懌……樂也。”

⑦箬：**同“筮”，筮占。**

東陵：**地名，筮占處所。**宋華強（2010：68）認爲與簡乙四100作爲地名的“東陵”不同，結合簡零303，簡甲二13、14及簡甲三207，認爲“東陵”既是筮占之所，又是薦牲之處，可能指的是宗廟。

⑧盬：**貞人名。**

長刺：**占卜工具。有兩說：一、卜具。**整理組（1991）釋爲“刺”，徐在國（2003D）改釋。天星觀簡有“長刺”。晏昌貴（2005）：江陵天星觀一號墓楚簡有“義懌以新長刺爲邸陽君番勝貞”，從包山簡和葛陵簡看，大英、大央、漆蓍、承命是蓍具，長靁、白靁、保家、新長刺、長保爲卜具。邴尚白（2007：134）認爲“刺”“筮”二字同見，何琳儀之說不可信。**二、筮具。**何琳儀（1998：916）讀“刺”爲“筮”。

⑨牂：**母羊。**

⑩大：簡文還寫作“祆”。**有四說：一、同“太”，神名。**李零（1993：438）：釋“太”，神名，太一。**二、上帝。**于成龍（2004A：103）：簡文中將至上神寫作“大”，是以“大”言“天”，是上帝的意思。**三、人鬼災害之神。**李家浩（2005：185）：簡文可能是一個从“大”从“卜”聲的字，疑讀爲《周禮·地官·族師》“春秋祭酺”的“酺”。“酺”或作“步”“布”。**四、厲鬼。**董珊（2007）：“𡗜”

从“大”聲，讀爲“厲”，指“厲鬼”。

北方：**方位神**。

⑪市：**後作“師”**。宋華強（2010：344）疑指鄉師。

賓：**迎接**。宋華強（2010：334）疑即甲骨卜辭“王賓某某”之“賓”，即《禮記·禮運》“禮者所以儐鬼神”之“儐”。文獻記載，鄉師可以參加祭祀活動。

【今譯】

我國君王在林丘那年九月……C7_01_N3：1

……的卜龜替平夜君成貞問……C7_01_Y4：34

……有禍咎，對長遠命運的占測：兆象顯示（沒有禍咎）……C7_01_N3：44

……（沒有）禍咎，有禍祟出現在昭王身上……C7_01_N3：128

……儘快有好消息從郢都送來，希望平夜君成順利見到楚王，並在郢都住得愉快。沒有出現……C7_01_Y4：110、117

……在東陵進行筮占之事，貞人盥用長刺作爲筮占工具……C7_01_Y4：149、150

……兩隻母羊。占測：吉利……C7_01_Y4：62

……酉日，祈禱太一神、北方神……C7_01_Y4：148

……鄉師迎接他們……C7_01_O：224

【釋文】

☐郙黲爲君貞，① 才（在）郢爲三月，② 尚自宜訓（順）也。③ 鼈占之：亡（無）④ C7_01_Y4：35

☐𦊆（荆）层（夷）之月己巳之日□⑤☐C7_01_N3：51

【匯釋】

①郙：**簡文寫作“肙”。有兩說：一、通“駽”，黑色**。李家浩（2006：79）：望山簡所記車蓋文字“肙綝之純”的“肙”讀爲“駽”，黑色的意思。“郙”，指絲織品的顔色。**二、通“宛”**。陳偉（1998：105）應讀爲从肙从卩之字，即古書的“宛”字。邴尚白（2009：177）：引顏世鉉所說“似應讀作‘宛’，楚國要邑，在今河南省南陽市。”與“衛筸”一樣，“郙”是產地名。宋華強（2010：157）：卜龜修飾詞。

黲：**卜龜名**。簡文還寫作“黔”。李家浩（2006：79）：“黲”和“䖆”“䗕”可能讀爲《周禮·春官·龜人》“地龜曰繹”的“繹”或《爾雅·釋魚》“龜……仰者謝”之“謝”。宋華強（2010：153）：“䖆”“䗕”“黲”“黔”是一字異寫，是同一種龜。並據李家浩觀點認爲簡文“靈”“䗕”正好相當於《周禮·春官·龜人》的“靈屬”和“繹屬”。

駽黲：**黑色的卜龜，占卜工具**。宋華強（2010：157）：郙黲，黑色有文采的黲龜。

②才：**通“在”，介詞。**

爲三月：**有三月。**陳偉（2013：57）：爲，有也。宋華強（2010：64）：預計在郢都逗留三個月。

③尚自：**即“尚且”，狀態副詞。表示動作行爲或情况繼續進行或依然如故。**可譯爲“還”。（何樂士，2006：349）

訓：**通“順”。順暢、順利。**《國語·周語》：“先王之訓也。”《史記·周本紀》作“順”。

④䰻：**貞人名。**

亡：**通“無”，沒有。**

⑤㔷层：**“㔷”同“𠛬”。𠛬夷：代月名，楚曆四月的異名。**

【今譯】

……（用）黑色的卜龜替平夜君成貞問，他將在郢都逗留三個月，希望還算順利。䰻占測：沒有C7_01_Y4：35

……四月己巳日……C7_01_N3：51

【釋文】

☐〔之月己丑〕之日，公子命彭[(一)]（彭）定㠯（以）少（小）龙䗯爲①☐C7_01_N3：133

☐君貞，既才（在）郢，②牆（將）見王，還返毋又（有）咎。③趄䰻④☐C7_01_Y4：44

☐中，⑤君又（有）行，⑥君又（有）子，牆（將）感之，⑦弗卹（恤）也。⑧䷁䷫。⑨習之㠯（以）衛〔箺〕⑩☐C7_01_Y4：95

☐先，少（小）又（有）外言感也，⑪不爲𢙇（尤）。⑫君牆（將）又（有）志成也。⑬☐C7_01_N3：10

【校記】

（一）《十四種》作“彭”，此處從整理者。

【匯釋】

①公子：**這裏應是平夜君成之子。**

彭定：**“彭”同“彭”**，部件“口”或是無義羡符。彭定，**貞人名。**

龙䗯：**顏色不純的卜龜，占卜工具。**于成龍（2004A：32）：“䗯”字的簡體。宋華強（2010：151）應該分析爲从“黽”，“埜”省聲。“䗯”“䗯”和“黔”（簡乙四35）、“黔”（簡甲二5）是一字異體，是同一種龜名。並據李家浩認爲“䗯”“䗯”和“黔”可能讀爲《周禮·春官·龜人》“地龜曰繹”的“繹”或《爾雅·釋魚》“龜……仰者謝”之“謝”，認爲簡文“靈”“䗯”正好相當於《周禮·春官·龜人》的“靈屬”和“繹屬”。即“尨黿”是靈屬，“尨䵹”是繹屬。

②既：**副詞，常出現在命辭的開頭，表示一種既定的情況。**

③還返：**同義複詞，返回。**

④趄䜌：**貞人名。**與上文稱“䜌”者，應是同一人。

⑤中：前面殘泐或是“幾”“幾之”，或是月份。

⑥君：**指墓主“平夜君成”，爲楚封君。**

又行：**“又”通“有”，有行，出門在外。**古代貴族出門常要占卜吉凶。

⑦牆：**通“將”，將要，將會，時間副詞。**

慼：**有兩說：一、憂愁。**宋華強（2010：63）：當訓爲憂慼之“慼”。**二、親近。**范常喜（2006C）：讀爲“愛戚”之“戚”，訓爲“親近”。今按：聯繫後面“弗衃”一語，應該從宋氏訓爲“憂”。

⑧弗：**否定副詞。**

衃：**通“恤”，憐惜、憐憫。**

⑨䷁䷫：**卦畫，左坤右姤。**表明占卜用的是筮法。

⑩習：**用同一種方法貞問一事，超過三次，第四次就稱作“習”**（湖北省荊沙鐵路考古隊，1991A：57）。李零（2001B：276）：包山簡的“習占”不記時間，承上省略。于成龍（2004A：64）：習卜是對前三貞而言。一輪三貞，吉凶已定。習有重複義，再加一貞來加強確定占斷結果。習卜與前面三貞是同一日爲同一事進行的。晏昌貴（2005）據新蔡簡甲三52、甲三41，認爲習占確實是在同一日內。

衛〔筆〕：**“衛”，簡文還寫作“衟”，衛國。**筆，宋華強（2010：368）據簡文補。衛筆：**衛國之筆，卜筮工具。**

⑪外言：**有兩說：一、親近關係以外的話。**宋華強（2010：183）：“外言”在古書中有兩種意思：在家門以外的話和親近關係以外的話，多含挑撥之意或讒慝之意。這裏取後者。**二、公務相關的話。**邴尚白（2009：198）：跟公務有關的話。

慼：**憂愁。**

⑫訧：**通“尤”，過失。**參閱簡零472“𡰥”字匯釋。

⑬志：**意志。**連劭名（1997：7）認爲，志是人的意願。

【今譯】

……（月己丑）日，公子虩讓貞人彭定用雜色的小龜替……C7_01_N3：133

……平夜君成貞問：已經在郢都了，將要面見君王，希望從楚王處回來不會有禍咎。趄䜌……C7_01_Y4：44

……中，平夜君成將要出行，他有孩子，將爲他們憂戚，不用憐惜。（筮卦）多次用衛（筆）進行占卜……C7_01_Y4：95

……起先，很少有小人讒言方面的擔憂，沒有過失。平夜君成將會心想事成。……C7_01_N3：10

【釋文】

☐長筆爲君卒（卒）戠（歲）貞，[①] 居郢，[②] 尚毋又（有）咎。㝃占[③] ☐ C7_01_Y4：85

☐於埅（地）宔（主）一牂。C7_01_Y4：86

☐□才（在）郢，躳（躬）[④] ☐C7_01_O：90

☐筆爲君貞，才（在）行，[⑤] 還☐C7_01_Y4：55

☐各一痒（牂）。C7_01_Y1：3

【匯釋】

①長筆：**卜筮的工具。**

爲：**介詞，替。**

②居郢：**平夜君成客居楚王所居之郢都。**此處從整理者點斷。參閱簡乙四110、117注。

③㝃：**貞人名。**

④躳：**通"躬"，身體。**

⑤才行：**"才"通"在"，在行，出門在外。**

【今譯】

……長筆替平夜君成貞問一年的吉凶，客居在郢都應該不會有禍咎吧。㝃占測……C7_01_Y4：85

……給地主神一頭母羊。C7_01_Y4：86

……在郢都，身體……C7_01_O：90

……筆替平夜君成貞問，出門在外，返回……C7_01_Y4：55

……各一頭母羊。C7_01_Y1：3

【釋文】

☐〔我王於林丘〕之戠（歲）九月甲申之日，[①] 攻差（佐）㠯（以）君命取悳（德）霝（靁）[②] ☐C7_01_Y4：144

☐咎□□□禱埅（地）宔（主）一痒（牂），備（佩）玉兆，[③] 㠯（以）□至室□☐C7_01_N3：52

【匯釋】

①甲申：**天干地支紀日。**

②攻差：**"差"通"佐"。攻佐：官職名，攻尹的下屬。**邴尚白（2009：170）：讀作"工佐"，爲掌百工之官工尹的下屬。是通曉卜筮的非專職人士。陳偉（2013：59）："攻差"的"差"，或爲攻人之名，或與"攻"同爲職名，讀爲"佐"。

悳霝：**"悳"通"德"，"霝"同"靁"。德靁：占卜的工具。**宋華強（2010：

143）讀“悳”爲“熾”，赤也。“霝”字下殘斷，疑爲“黿”，“熾黿”即“赤靈”。陳偉（2013：6）釋“霝”爲“靈”。

③備：**佩戴**。

玉𠁁：**簡文或稱“𠁁玉”。有兩説：一、以蜃甲爲飾之玉**。宋華強（2010：369）：從簡文辭例“璧玉𠁁”（簡乙四43）、“佩玉𠁁”（簡甲三52）來看，“玉𠁁”大概就是指“佩玉𠁁”“璧玉𠁁”。“𠁁”應該是玉類物名，疑當讀爲“珧”。珧，蜃甲裝飾的玉。**二、有色澤的玉**。羅新慧（2005）：應是有色澤、色彩之玉。

【今譯】

……那年九月甲申日，攻佐按照平夜君成的命令拿來德黿……C7_01_Y4：144

……禍咎……用一頭母羊祝禱地主神，佩戴了蜃甲裝飾的玉，以……至室神……C7_01_N3：52

【釋文】

☑八月癸丑之①☑C7_01_O：423

☑弭（一）、元龜、筶（筮）□②☑C7_01_O：297

☑告大☑C7_01_O：432

☑不爲☑C7_01_O：438

☑吝（文）夫人③☑C7_01_O：387

☑尚果見④☑C7_01_O：63

☑果也C7_01_O：280

☑方、司命⑤☑C7_01_O：378

☑大（太）一犕⑥☑C7_01_O：402

☑郞山一⑦☑C7_01_O：237

☑之，祝禱於□晟（？）⑧☑C7_01_O：439

☑□於□之丘☑C7_01_O：374

☑曰：吉☑C7_01_O：398

☑一璧⑨□☑C7_01_O：371

☑吉，既成⑩☑C7_01_O：396

【校記】

（一）《十四種》作“咠”，左半部未釋。此處從整理者。

【匯釋】

①癸丑：**天干地支紀日**。

②弭：**祭祀物品**。

元龜：**大龜，占卜的工具**。《詩經·魯頌·泮水》“元龜象齒”，毛傳：“元龜尺二寸。"《尚書·金縢》"今我即命於元龜"，孔安國注："就受三王之命於大龜。"

簭：**同"筮"，卜筮工具。**

③吝夫人：**"吝"同"文"。文夫人：文君夫人。**宋華強（2010：118）推測，文夫人是平夜君成的母親。

④果：**占卜能夠實現。**楊華（2007：369）讀爲"祼"，"祼告"是灌祭的意思。2008年又提出"果"是《周禮》中的龜卜"八命"之一"果"，占問某事能否實現，簡102、59"爲賢子郛果告大司城瘥"屬於命辭，而此簡"尚果見"可得到證明。史萍（2009：56）：果，意思是占卜能否實現。

⑤司命：**有兩說：一、生死之神。**何琳儀（2004A）：司命，又見望山簡、天星觀簡，乃掌管生命之神。楊華（2006）：司命與生死、疾病有關，"司命"之祭在春秋戰國時期很流行。晏昌貴（2006A）："司命"在天、地、人系統都有，但一直司職生命年壽。**二、五祀之留神。**陳偉（1996）："司命"是五祀中的"留神"，屬於地祇。

⑥犆：**牛牲，簡文還寫作"犆"。**何琳儀（1998：822）疑讀爲"牲"。宋華強（2010：389）：犆、犆可能就是"牲"字異體。

⑦郈山：**山神名。有兩說：一、危山。**晏昌貴（2006）：楚卜筮簡的"危山""山"即古代字書所說"三危山"。在楚人神話傳說中是長生不老之地，這是出卜筮簡祭禱的原因。**二、涗山。**陳偉（1996：170）釋作"峗"，疑是《漢書·地理志》南郡高成縣的涗山。

⑧晟：**某神靈名。**

⑨璧：**玉璧，祭祀物品。**

⑩既成：**已經完成。**邴尚白（2007：159）認爲，"既成""既告且禱""既敘之"是事後補上的"附辭"，是已祭禱、攻解等的記錄，有時會與前面的簡文相隔較遠，甚至書寫於竹青一面。陳偉（2013：59）指祭禱的某一步驟完成。

【今譯】

……八月癸丑日的……C7_01_O：423

……弭、大龜、筮具……C7_01_O：297

……禱告大……C7_01_O：432

……不爲……C7_01_O：438

……文夫人……C7_01_O：387

……希望能夠實現……C7_01_O：63

……果然C7_01_O：280

……方神、司命之神……C7_01_O：378

……太一神一頭牛牲……C7_01_O：402

……郈山之神……C7_01_O：237

……他，祝禱……晟神……C7_01_O：439

……在……丘……C7_01_O：374

……說：吉利……C7_01_O：398

……一塊玉璧……C7_01_O：371

……吉利，已經完成……C7_01_O：396

【釋文】

☐八月乙卯之日，鄭卜子悈𠂤（以）⿱⿱黽⿰黽黽弁頁之⿰黽巂爲君三戠（歲）貞[①]☐C7_01_Y4：98

☐卯之日，𠂤（以）君之竆（躬）身不安之古（故）[②]☐C7_01_O：220＋C7_01_Y4：125

☐貞，占之：逃（兆）亡（無）咎，[③]又（有）☐C7_01_O：100

【匯釋】

①鄭卜子悈：**貞人，名字叫鄭悈**。邴尚白（2009：169）：與“鄭悈”不同，“鄭卜子悈”之“鄭”是鄭國，“鄭悈”之“鄭”是姓氏。而鄭卜子悈用卜具，鄭悈用筮具，更說明二者並非同一人。

⿱⿱黽⿰黽黽弁：**有三說：一、低頭**。宋華強（2007B）引李家浩說，“⿱⿱黽⿰黽黽弁”讀爲“俛”，是《說文》“頫”字異體，“頫”訓爲“低頭”。**二、通“鼉”，水蟲**。何琳儀（2004B）：疑讀爲“鼉”。弁、鼉均屬元部，或可通假。**三、貞人名**。邴尚白（2009：169）：疑讀爲“卞”，卞氏之卞，認爲是人名。可能因爲是貞人，所以疊加“黽”旁。

頁：**用爲“首”，頭部**。

⿰黽巂：**卜龜名**。宋華強（2007B）：“蠵”字異體，大龜。“俛首之蠵”即“俯首之龜”。徐在國（2003D）：應當釋爲“蛙”。“蛙”在簡文中能否讀爲“卦”，待考。

三戠貞：**貞問三年吉凶**。陳偉（2004D：35）認爲與常見的歲貞類似，屬於常規性貞問。宋華強（2007B）：“三歲”衹是虛指一個比集歲更長的時間段，猶言“數歲”。包山簡211貞問時限是“集歲”，後占辭也說“三歲無咎”，這裏的“三歲”可能也是虛數。

簡乙四98缺圖片，無摹本對照。

②𠂤：**同“以”，因爲，原因介詞**。

竆：**通“躬”，身體**。

③逃：**同“兆”，兆象**。宋華強（2010：398）讀爲“兆”。

宋華強（2010：34）拼合簡零220、簡乙四125。

【今譯】

……八月乙卯日，貞人鄭悈用低頭的卜龜替平夜君成貞問三年的吉凶……C7_01_Y4：98

……卯日，因爲平夜君成身體不適……C7_01_O：220＋C7_01_Y4：125

……貞問，占測說：兆象顯示沒有禍咎，有……C7_01_O：100

【釋文】

☐三乘，①尚吉。占之：吉。癸☐C7_01_Y4：151

☐未之日☐C7_01_O：540

☐一犬，門一羊②☐C7_01_N1：2

【匯釋】

①乘：**量詞，古代以四爲乘**。三乘，即十二匹馬。

②門：**神名，五祀之一**。《禮記·祭法》："王爲群姓立七祀，曰司命，曰中霤，曰國門，曰國行，曰泰厲，曰戶，曰竈。"鄭玄注："門、戶，主出入。"《禮記·祭法》："大夫立三祀，曰族厲，曰門，曰行。"鄭玄注："行，主道路行作。"

【今譯】

……十二匹馬，希望吉利。占測說：吉利。癸……C7_01_Y4：151

……未日……C7_01_O：540

……一隻狗，門神一頭羊……C7_01_N1：2

【釋文】

☐辛未之☐C7_01_O：80

☐目（以）君之枽旻（得）瘤①□☐C7_01_Y4：132

☐於諹（盟）祖（詛）、無②☐C7_01_N3：227

☐命會尹（？）目（以）③☐C7_01_O：84

☐於諹（盟）祖（詛）□☐C7_01_N3：231

☐□批（一）（必）果廷④☐C7_01_Y2：26

☐〔祝〕韓（二）（融）、穴熊、卲（昭）〔王〕⑤☐C7_01_O：560、522、554

☐瘨（瘥），無咎□□☐C7_01_N3：226

【校記】

（一）《十四種》，整理者作"此"，今從宋華強（2010：105）。

（二）《十四種》作"融"，此處從整理者，下同。

【匯釋】

①枽：宋華強（2010：299）疑是"蕭"。

旻：**同"得"**。

②諹祖：**"諹"通"盟"，"祖"通"詛"。有兩說：一、不祥之咒**。李零（1993：422）認爲本指誓告於神，詛其不信者。此指由詛咒造成的不祥。**二、盟詛**

之神。朱德熙、裘錫圭、李家浩（1995：98）："祖" 从示，疑似指盟詛之神。

無：宋華強（2010：380）：可能是神靈名，疑讀爲"褋"；也可能表示一種祭禱行爲。

③畬尹：**職官名**。

④扎果廷：**"扎"通"必"**（宋華強按）。宋華強（2010：105）推測，"廷"爲動詞，出庭受審的意思。"必果廷"與《禮記・檀弓下》"於是弗果用"之"弗果用"句式相同。若是猜測成立，則此簡可能屬於司法文書，也和求取祭物有關。整理者（2003）釋作"此果廷"。

⑤〔祝〕韹：**"韹"通"融"。祝融：楚人三先祖之一**。參閱下文簡乙三31"三楚先"匯釋。

穴熊：**楚人三先祖之一**。

卲〔王〕：**楚昭王**。

【今譯】

……辛未日……C7_01_O：80

……因爲平夜君成……C7_01_Y4：132

……對盟詛之神、無……C7_01_N3：227

……命令畬尹按照……C7_01_O：84

……對盟詛之神……C7_01_N3：231

……必果廷……C7_01_Y2：26

……（祝）融、穴熊、楚昭（王）……C7_01_O：560、522、554

……痊愈，沒有禍咎……C7_01_N3：226

【釋文】

☑君柭龜[①]☑C7_01_O：245

☑無龍[②]C7_01_O：572

☑鄵（蔡）□[③]☑C7_01_O：660

☑尹申☑C7_01_O：516

☑又（有）大咎☑C7_01_O：298

☑□君至□☑C7_01_O：664

☑可之箕（?）□☑C7_01_O：652

【匯釋】

①柭：宋華強（2010：411）讀爲"祓"。"祓龜"見於《史記・龜策列傳》"常以月旦祓龜"，祓，洗濯。

②無龍：**應是人名**。簡甲三346－2、簡384有"陽無龍"。

③鄵：**同"蔡"**。

【今譯】

……平夜君成洗濯卜龜……C7_01_O：245

……無龍C7_01_O：572

……蔡……C7_01_O：660

……尹申……C7_01_O：516

……有大的禍咎……C7_01_O：298

……平夜君成到……C7_01_O：664

……可之篨……C7_01_O：652

【釋文】

▱〔爲〕賢子郛果告大司城瘂①▱C7_01_O：102、59

▱爲賢子䞑哀告大〔司城〕②▱C7_01_Y4：57

▱告大司城▱C7_01_O：235、545

【匯釋】

①賢子：**有三說：一、賢能的兒子。**宋華強（2010：304）讀爲“賢子”。**二、職官名。**袁金平（2007B）認爲“賢子”疑爲官職名。**三、幼子。**楊華（2007：369）讀爲“豎子”，指未及冠的童子。本簡和簡乙四57作“臤₌”，整理者讀爲“臤子”。

郛：**人名。當爲平夜君成之子。**

果：**占卜能夠實現。**楊華（2007：369）讀爲“祼”，“祼告”是灌祭的意思。2008年又提出“果”是《周禮》中的龜卜“八命”之一“果”，占問某事能否實現，屬於命辭，簡零63“尚果見”可得到證明。史萍（2009：56）：果，意思是占卜能否實現。

大司城：**神靈，這裏指擔任大司城的某位先輩。**楊華（2007：369）以爲是神靈名。宋華強（2010：305）疑讀爲“大司成”，是掌管貴族子弟教育的神靈。

瘂：**神靈名。**

②䞑：**人名。當爲平夜君成之子。**

〔司城〕：據上簡補。

簡零102、59和簡乙四57是平夜君成爲其二子“郛”“䞑”向大司城禱告之文。

【今譯】

……替賢能的兒子郛向大司城瘂禱告，祈求占卜的結果能夠實現……C7_01_O：102、59

……替賢能的兒子䞑向大（司城）禱告……C7_01_Y4：57

……向大司城禱告……C7_01_O：235、545

【釋文】

▨□擇之囯（域）宔（中），[1] 晉𩵦爲酓（熊）相之𢼸（昭）告大[2]▨C7_01_Y4：134

【匯釋】

①擇：宋華強（2010：300）讀爲“繹”，大概訓爲“陳”，陳列祭品。

囯：**有兩說：一、通“域”，封域。**宋華強（2010：300）：同“囗”，牛、又可相通。上博簡有“九囗”，當讀爲“九域”。所以，“囯”讀爲“域”，域中，或指平夜君成的封域。**二、通“牢”（整理者）。**

②𩵦：**有兩說：一、釋爲“縣”（整理者）。二、釋“弔”，讀作“叔”。**宋華強（2010：302）：“晉”下一字“𩵦”釋爲“弔”，與上文連讀作“晉叔”。楚國本有“晉”氏，《左傳》昭公二十七年有大夫“晉陳”。

酓相：**“酓”通“熊”，楚器銘文均作“酓（歙的省體）”，史書則作“熊”。**熊相，姓氏，也見於包山簡85、171、198。宋華強（2010：303）：熊相是姓氏，之是名字。“熊相”爲楚國先公熊霜之後，以楚先公名爲氏。

𢼸：**通“昭”。**楊華（2007：369）讀爲“昭”並與“告”連讀爲“昭告”，意思是明告。《儀禮·士冠禮》：“禮儀既備，令月吉日，昭告爾字。”鄭注：“昭，明也。”

【今譯】

……在封域之內選擇。晉縣替熊相之昭告大……C7_01_Y4：134

【釋文】

▨瘧受君鐱[1]▨C7_01_Y4：56

▨君鐱▨C7_01_O：480

▨祝禱於▨C7_01_O：243

▨□有（侑），禱安（?）[2]▨C7_01_O：394

▨之，祝▨C7_01_O：720

▨飤。是日祭王孫厝（厭）一冢，[3] 酉（酒）食。[4]▨C7_01_Y3：42

【匯釋】

①鐱：**金，進獻神靈的物品。**《玉篇》：“鐱，金也。”

②有：**通“侑”。**整理者：將其視爲“賽禱”的另一種說法。由於缺乏文獻對應，“侑禱”也可能不是禱名。邴尚白（2007：187）認爲“侑”有報的意思。陳偉（2013：61）釋作勸，並認爲此後應點斷，其下疑爲“侑辭”。

安：此字存疑。整理者釋爲“毋”。

③是日：**這一天。**

王孫𢉦：**“𢉦”通“厭”。王孫厭：祭祀對象。有兩說：一、平夜君成之父。**劉信芳（2004B：7）認爲王孫厭是墓主平夜君成之父，因非正常死亡故衹能享受單獨祭祀，不能與祖先同祭，因爲他未被列入祀譜。**二、平夜君成之兄。**宋華強（2006C）從祭品等級推斷可能是平夜君成早亡的兄長，地位與包山簡中無後者相當。

豕：**豕牲。有五說：一、通“豵”，小豬，亦泛指小獸。**湯餘惠（1993：75）改釋爲“豕”，通“豵”。《詩經·召南·騶虞》“壹發五豵”，毛傳：“一歲曰豵。”劉信芳（2003：218）也讀爲“豵”。**二、通“豮”，公豬。**何琳儀（1998：360）認爲此字有些寫法已經聲符化爲从豕主聲的“豕”，作爲犧牲疑通“豮”，公豬的意思。**三、通“椓”，去勢的豬。**白于藍（1998）：通“椓”，指去勢之豕。楊華（2007）從白于藍，認爲䝃公豬旨在氣血，而用閹割過的豬旨在追求肥美，即“肥豕”。**四、同“豬”。**禤健聰（2006：83）、大克西也（2006：272）：同意何琳儀分析成从豕主聲，但認爲是“豬”字異體。《爾雅》：“豬，豕子。”宋華強（2010：116）從戰國中期以前語音變化之魚侯兩部尚未合流，反駁“豬”爲“豠”字異體。**五、通“豜”，三歲的豬。**此字亦見於包山簡202，整理者釋爲“豜”。今按：確定是豬牲，在祭禱文書中經常出現“䝃一豭，禱一豕”。既然豭是公豬，“豕”就不該再是公豬，否則重複。白于藍、楊華等或許可從，但還需要更多的材料來考證。

④酉：**酒。**

【今譯】

……神靈接受平夜君成進獻的祭品金……C7_01_Y4：56

……平夜君成的金……C7_01_O：480

……祝禱……C7_01_O：243

……侑禱……C7_01_O：394

……它，祝……C7_01_O：720

……飼養。這一天用一頭豬牲、酒食祭禱王孫厭。……C7_01_Y3：42

【釋文】

王復於藍郢之〔歲〕[①]☐C7_01_Y4：54

王復於藍郢之〔歲〕☐C7_01_N3：297

☐□之月丁嬛（亥）之日，[②]奠（鄭）怵㠯（以）長筆爲君𤕠（卒）戢（歲）貞[③]☐C7_01_Y4：105

【匯釋】

①藍郢：**楚別都。**劉彬徽（2001：202）：跟春秋時“藍縣”有關，西周時聃國故地，位於今湖北省鐘祥市。邴尚白（2009：137）：比照“王徙於鄩郢”，說“王復於藍郢”，可能是因爲楚王經常在藍郢處理政事，而藍郢離江陵的郢都不遠，所

以說“返回藍郢”。吳良寶（2010：58）：“藍郢”之“藍”是地名，但不用和“藍尹”聯繫在一起，地望待考。

②嬛：**通“亥”。簡文還寫作“㱘”。**

③奠惏：**“奠”通“鄭”。鄭惏：貞人名。**

長篳：**蓍草名，卜筮工具。**邴尚白（2009：167）：長蘆葦。

【今譯】

楚王回到藍郢那年……C7_01_Y4：54

楚王回到藍郢那年……C7_01_N3：297

……月丁亥日，鄭惏用長篳這種卜筮工具替平夜君成貞問一年的吉凶……C7_01_Y4：105

【釋文】

☐〔王復於〕藍郢之戠（歲）各（冬）栾（栾）之月丁嬛（亥）之日，[1]鄭痰目（以）駁靁爲君[2]☐C7_01_Y4：63、147

☐之日廌（薦）大（太）一犕，[3]緩（纓）之目（以）兆玉，[4]旂（祈）之。[5]既成，社（攻）逾而厝（厭）之。[6]氏（是）日國[7]☐C7_01_N3：111

☐田，又（有）祱（祟）見☐C7_01_O：4

☐郢之古（故），命惁（祈）福[8]☐C7_01_Y4：113

【匯釋】

①各栾：**“各”同“冬”，“栾”通“栾”。冬栾之月：楚代月名，楚曆一月的異名，由此可見冬栾是楚曆建首。**

②鄭痰：**貞人，姓鄭名痰。**

駁靁：**卜龜名，占卜工具。有兩說：一、顏色雜駁的卜龜。**李零（1993：433）認爲“駁”指顏色駁雜。《漢書・梅福傳》：“白黑雜合謂之駁。”簡零122貞人所用占卜工具“尨靁”，也是一種雜色龜。**二、“駁”通“皎”，潔白明亮。**宋華強（2010：155）：駁从“爻”聲，懷疑應讀爲“皎”。爻、交常常相通，簡零170的“詨”作爲占卜工具的修飾詞應該也是通“皎”，大概是指潔白又明亮的顏色，比之白色更爲鮮艷。

③廌：**通“薦”，進獻。**《國語・晉語三》：“補乏薦饑，道也，不可以廢道於天下。”韋昭注：“薦，進也。”

④緩：**簡文還寫作“瓔”。有三說：一、同“纓”，表纏繞義。**羅新慧（2005）：新蔡簡的“緩”就是文獻中的“嬰”，用作動詞，繫繞的意思。**二、祭品。**徐在國（2004）：葛陵簡中“纓”“瓔”應與《山海經》中的“嬰”字用法相同，作祭品。**三、祭法。**于成龍（2005）認爲，是祭法，即“以玉祀神”之專語。晏昌貴（2005）認爲，從辭例表示，“纓”確實是以玉祭神的專名，“纓”是用來

或進一步說明“禱”的。

⑤旂：**通“祈”，祈福。**

⑥社：**有兩說：一、通“攻”，祭祀名。**李家浩（2000A：75）：應是六祈“攻說”之“攻”的專字，指攻祭。**二、祭祀專人。**何琳儀（2004A）：專指祭祀之人，與《周禮·大祝》屬下職能類似。陳偉（2013：62）：“社”是名詞，指專職的“祝”。于成龍（2004A：73）：“社”从示，表示與祭祀有關，“工”是執技之義。執技之人多謂“工”。典籍中以“工”稱“祝”的例子很多，《儀禮·少牢饋食禮》有“皇尸命工祝”。

社逾：**有三說：一、攻解。**袁金平（2007B）：“逾”應是祭祀名或責讓手段，“攻逾”與“攻解”義同。**二、攻人從祭壇下來。**陳偉（2013：62）認爲，參照《儀禮·特牲饋食禮》中提到的“祝告利成，降，出”，“逾”應該是降、下之義。祭祀完成後，祝者從祭壇下來。**三、“逾”通“刲”，訓爲“割”。**宋華強（2010：426）：對照簡甲三 360“斗句逾三豭，禱三冡”與簡甲三 278“虡剮二豭，禱二冡”，“逾”和“剮”語法位置相同，“逾”應該也是祭禱或用牲動詞。疑讀爲“刲”，訓爲“割”。

𤰈：**通“厭”，指厭祭。**祭時無尸，僅以饌供食。《禮記·曾子問》“攝主不厭祭”，鄭玄注：“厭，厭神也。”陳偉（2013：62）認爲從祭祀的次序看，厭祭在祭“太”之後進行，與《儀禮》之《特牲饋食禮》《少牢饋食禮》記載“尸”起饗神之饌設於西北隅稱“陽厭”近似。邴尚白（2007：23）：“𤰈禱”與“祝禱”一樣，是一種比較隨意的祭禱用語組合。

⑦氏：**通“是”，這，指示代詞。**

國：**平夜君成封地。**陳偉（2013：62）疑讀爲“域”，或如字讀，似指平夜君成封地。

⑧𢘓福：**“𢘓”通“祈”，祈求福祐。**

【今譯】

……（楚王回到）藍郢那年的一月丁亥日，鄭痎用雜色卜龜替平夜君成……C7_01_Y4：63、147

……日進獻太一神一頭牛，將裝飾了的玉懸掛在牛牲上，向神祈求福祐。結束後，接着進行攻祭解除禍咎，又舉行厭祭。在這一天封域……C7_01_N3：111

……田地，有禍祟出現……C7_01_O：4

……郢的緣故，命令人祈求福祐……C7_01_Y4：113

【釋文】

☐〔王〕復於藍郢之戠（歲）各（冬）𡦗（栾）之月丁嬛（亥）之日，鄭尹〔丹〕[①]☐C7_01_O：294、482＋C7_01_Y4：129

又（有）咎。痎占之☐C7_01_N3：345－1

□之戠（歲）各（冬）𥜽（栾）□C7_01_O：496

□之月丁睘（亥）之日，②郱輓㠯（以）𧗪（衛）(一)韋（箑）爲君卒（卒）戠（歲）之貞。③□。占之□C7_01_Y4：102＋C7_01_O：506

□行，又（有）外𠸍（喪）④□C7_01_Y4：52

□𥚨(二)（祟）⑤□C7_01_O：265

【校記】

（一）《十四種》作“衛”，整理者作“䢹”，今隸作“𧗪”。

（二）《十四種》整理者作“祱”，今依據字形隸作“𥚨”。

【匯釋】

①黽尹：**黽，職官名，執掌貞卜之事。**馮勝君（2005）釋爲“龜”，龜尹可能是職官名“龜人”。宋華強（2010：138）：龜尹地位高於龜人，龜尹是龜人之長。

②睘：**通“亥”。**

③郱輓：**貞人名。**

𧗪韋：**“𧗪”同“衛”，“韋”同“箑”。衛箑：卜筮工具。**

宋華強（2010：397）拼合下文簡零421、零496、乙四102、零506四枚殘簡，補“郢之歲”。

④外𠸍：**“𠸍”同“喪”。指兄弟喪在遠處。**也見於睡虎地秦簡《日書》甲種86背：“會眾，其後必有子將弟也死，有外喪。”睡虎地秦墓竹簡整理小組（1990：221）注：“外喪，《禮記·雜記》疏：‘謂兄弟喪在遠者。’”陳偉（2013：63）指門外之喪。

⑤𥚨：**通“祟”，**禍祟。**簡文多寫作“祱”。**

【今譯】

……（楚王）回到藍郢那年一月丁亥日，黽尹（丹）……C7_01_O：294、482＋C7_01_Y4：129

有禍咎。痎占測……C7_01_N3：345－1

……那年一月……C7_01_O：496

……月丁亥日，郱輓用衛箑替平夜君成貞問到年底的吉凶……占測……C7_01_Y4：102＋C7_01_O：506

……出行，有兄弟死在外地……C7_01_Y4：52

……禍祟……C7_01_O：265

【釋文】

王復於藍〔郢之歲〕□C7_01_O：421

□䷝䷴。①𨟻（應）寅㠯（以）②□C7_01_Y4：79

⍁大留（牢），[③]百[④]⍁C7_01_Y4：25

⍁□亡（無）不⍁C7_01_O：240

【匯釋】

①䷝䷴：左離右漸。

②鄜寅：**“鄜”通“應”。應寅：貞人名。**

③大留：**“留”通“牢”。大牢：古代帝王、諸侯祭祀社稷時，牛、羊、豕三牲全備之稱。**

④百：**有五説：一、祭禱時的一種儀式。**楊華（2005）：如字讀，後代寫作“貉”，又寫作“貊”。樂、百、貢是祭禱儀式組合。“百之”是一種儀式動作，即以十百倍之虔誠進行祭禱，而求十百倍之神祐，其中必定包含着立標爲位，號祝祭禱。**二、祓除。**何有祖（2007B）：“百”通“祓”，“祓之”與“樂之”“貢之”連用，當是指在娛神的同時向神祈福以消除災咎。**三、通“各”。**宋華強（2010：252）指出“百”應讀爲表示“來”“至”義的“各”。根據“樂之”“百之”“贛”這一類話在祭禱簡中出現的位置及其相互關係，認爲它們所記錄的是筮祭禱儀式結束後娛神降神活動。**四、百鐘。**何琳儀（2004A）：與《淮南子・時則訓》“律中百鐘”之“百鐘”暗合。百鐘，林鐘也。是月陽盛陰起，生養萬物，故云百鐘。**五、通“栢”，焚燒柏樹。**范常喜（2006A：69）：疑當讀如“栢”，指“焚栢以祭”，用於爲袪病而做的禱祀。

【今譯】

楚王回到藍郢那年……C7_01_O：421

……䷝䷴。應寅用……C7_01_Y4：79

……大牢這種祭品祭祀，百……C7_01_Y4：25

……沒有不……C7_01_O：240

【釋文】

王復於⍁C7_01_O：670

⍁藍⍁C7_01_O：633、634

⍁嬛（亥）之日，鮇[（一）][①]⍁C7_01_O：154、77

⍁之𪓊奠⍁C7_01_O：450

⍁〔占之〕曰：宜少（小）⍁C7_01_O：136

⍁餺藍[②]⍁C7_01_O：416

【校記】

（一）陳偉（2016）作“鮴”，《十四種》未隸定，此處從整理者。

【匯釋】

①穌：**貞人之姓氏。**參閱下文簡零 122。

②鍔：**意義不明。**

【今譯】

楚王回到……C7_01_O：670

……藍……C7_01_O：633、634

……亥日，穌……C7_01_O：154、77

……的卜龜……C7_01_O：450

……（占測）說：應一點點……C7_01_O：136

……鍔藍……C7_01_O：416

【釋文】

☐卒（卒）戠（歲）貞，占之：兆亡（無）咎，又（有）☐C7_01_Y4：38

☐〔占〕之：兆亡（無）咎。中見（幾）君王又（有）亞（惡）於外[①]☐C7_01_Y4：23

☐王□□見（幾）☐C7_01_O：47

亡（無）敚（祟），見（幾）中又（有）外䘮（喪）[②]☐C7_01_N3：270

【匯釋】

①中見：**"見"通"幾"，訓爲"期"。中期：時間詞。**

亞：**通"惡"，不好的事。**

②見中：**期中。同"中幾"。**

陳偉（2013：63）：以上簡可能是同日爲同一事所做的兩次貞問，簡乙四 38 至簡甲三 270 屬於同次貞問。邴尚白（2007：143）認爲是貞問君王之事。

【今譯】

……貞問一年的吉凶，占測：兆象顯示沒有禍咎，有……C7_01_Y4：38

……（占測）：兆象顯示沒有禍咎。中期君王有兄弟死在外邊……C7_01_Y4：23

……君王……期……C7_01_O：47

沒有禍祟，期中有兄弟死在外邊……C7_01_N3：270

【釋文】

☐黃佗占之：兆亡（無）咎。[①]未及中見（幾）君王☐C7_01_N3：43

☐占之：君身亡（無）咎☐C7_01_N3：48

☐占之：兆亡（無）咎☐C7_01_N3：47

☐尚毋又（有）咎。占☐C7_01_N3：38

【匯釋】

①黄佗：**貞人名。**

【今譯】

……黄佗貞測：兆象顯示沒有禍咎。沒有到中期君王……C7_01_N3：43

……占測：君王身體沒有禍咎……C7_01_N3：48

……占測：兆象顯示沒有禍咎……C7_01_N3：47

……希望沒有禍咎。占測……C7_01_N3：38

【釋文】

齊客墬（陳）異至（致）福於王之戠（歲）獻馬之月乙丑之日，[①]〔稣〕鼈㠯（以）龙〔竈爲〕君集戠（歲）之貞，[②]尚毋又（有）咎。占曰：兆亡（無）咎，君牺（將）喪礻弋，[③]又（有）火戒，[④]又（有）外☐C7_01_N3：217＋ C7_01_O：122＋C7_01_Y4：122

【匯釋】

①齊客：**齊國使者。**

墬異：**"墬"同"陳"，專指田齊氏之陳。陳異：人名。**

至福：**有兩說：一、"至"通"致"，福，祭祀的酒肉。古代臣子祭祀後，將祭肉奉獻给国君，表示爲君王和国家添福。**李家浩（2001）："致福"也見於包山簡205，致胙的意思。"致福"就是"致胙"。**二、得福。**李零（1993）認爲是得福。

獻馬之月：**楚代月名，楚曆十二月的異名。**

②〔稣〕鼈：**貞人名。**沈培（2007B：423）認爲"鮴""盧"當表同一姓，很可能是後來的"虞"姓。邴尚白（2007：135）從整理者釋"稣鼈"，認爲簡甲三342－2的"盧萴"可能與他是同一人。今按：整理者補作"稣"，也可根據簡甲三342－2補作"盧"，因爲"盧鼈""稣鼈"可能是同一人。

集戠：**滿一年。**李零（1993：432）："集"訓爲合，指滿一歲。朱德熙、裘錫圭、李家浩（1995：93）："集歲"當讀爲"帀歲"，指周歲。劉信芳（2003：211）：作爲祭祀用語，指滿一年的一段時間。這段時間往往跨兩個曆法年度。

③喪礻弋：**喪失職位。**宋華強（2010：181）："礻弋"讀爲"職"。

④火戒：**火警。**《說文》："警，戒也。"袁金平（2007B：38）認爲，"有火戒"與睡虎地秦簡《日書》甲種簡85背壹"外有火敬（警）"意義一致。

陳偉（2013：63）：簡甲三217、零122、乙四122應是一簡之折，大體拼接。

【今譯】

齊國使者陳異將祭肉獻給楚王那年的十二月乙丑日，（稣）鼈用雜色的卜龜（替）平夜君成貞問一年的吉凶，希望不會有禍咎。占辭：兆象顯示沒有禍咎，但平夜君成恐最終將失去職位，會有火警，會有……C7_01_N3：217＋C7_01_O：122＋

C7_01_Y4：122

【釋文】

▨□。䷌䷇。① 是 箒 切 而 口 亦 不 爲 大 詢，② 勿 卹（恤），亡（無）咎。▨C7_01_O：115、22

▨亓（其）繇（繇）曰：氏（是）日未兑，③大言𢇍（絶）𢇍（絶），④少（小）言惙惙。⑤若組若結，⑥夂(一)（終）目（以）□⑦▨C7_01_N3：31

▨□□是目（以）胃（謂）之又（有）言。⑧亓（其）𠨍亡（無）〔咎〕▨C7_01_O：232

【校記】

（一）夂：《十四種》作“終”，此處從整理者。

【匯釋】

①䷌䷇：**左同人、右比**。筮卦，説明是筮占。後面接的是對筮卦之象的描述和引用的筮書成辭。邴尚白（2009：245）認爲，從保留的卦畫可知，葛陵簡的繇辭應爲實際筮占的記録，而不是筮書。

②是：**宋華強（2010：173）讀爲“寔”，表示對動作或事態的强調。**

箒切：**有三説：一、“箒”通“刺”，“切”通“創”。刺創：創傷**。宋華强（2010：167－171）認爲，“箒”从冊得聲，冊、刺古音可相通。“切”大概是“戕”字的異體。箒切，應讀作“刺創”或是“刺戕”。戕，訓爲“傷”。**二、創口很深**。何琳儀（2004A）：“箒”通“賾”，深義。“切”通“創”。賾創，很深的創口。**三、讀爲“忍”**。邴尚白（2009：244）：切，或可讀爲“忍”。

而：**通“爾”，第二人稱代詞，你，你的。**

箒切而口：**刺創你的口。意思是使你的口舌受傷。**

亦：**轉折副詞**。宋華强（2010：174）：在《古代漢語虚詞詞典》中“亦”有用作轉折副詞的用法，連接轉折複句。常常與表示讓步的連詞“雖”“自”“唯”配合使用，但有時省略也並不奇怪。

大詢：**有兩説：一、“詢”通“垢”，耻辱**（何琳儀，2004A）。宋華强（2010：174）：“詢”與“垢”古書通作，詞義相同。**二、辱罵**。邴尚白（2009：244）：詢，疑應訓爲辱罵，大詢，破口大罵的意思。

③亓：**同“其”，指示代詞。**

繇：**有兩説：一、卦兆之占辭，貞問時所得的文辭**。于茀（2005）：龜卜的繇辭。宋華强（2010：289）認爲“繇”兼指龜卜和筮占的占辭。**二、歌謡**。整理者、禤健聰（2003）讀爲“謡”，指句式整齊而且押韻的歌謡。

氏日：**“氏”通“是”**。宋華强（2010：167）改釋爲“昏”，認爲新蔡簡中的幾例“是日”都是合文，此字下無合文符號。

兌：**有兩說：一、《周易》兌卦。**于成龍（2006：22）："未兌"當與《周易》"和兌""孚兌""來兌""商兌""引兌"及王家臺《歸藏》"兌兌"性質相同。新蔡繇文既有"兌"字，又用以解言辭。此與《周易》《歸藏》之"兌"完全相同。宋華強（2010：167）："兌"前一字改釋成"末"，並斷讀爲"昏末，兌"。**二、通"說"。**禤健聰（2003）：說的意思。

④讉：下有重文或合文符號，整理者析讀作"讉言"，並與下文"小言"連讀。禤健聰重新標點如文。**有三說：一、通"斷"。**宋華強（2010：178）：據劉釗"䜌"是"斷""絕"二字的古文的看法，認爲此疑讀爲"斷斷"，意爲誠實、專一。**二、通"絕"，憂愁。**禤健聰（2003）釋作"讉讉"，讀作"絕絕"，與"惙惙"意近，言有憂忡，故"若組若結"也。**三、連續。**于成龍（2004A）：从言讉聲。䜌即繼的古字。"讉讉"形容大言接連不斷。于茀（2005：69）讀作"絕"，當是棄絕之義，"大言絕絕"的意思是大言棄絕語言。

⑤少：**同"小"**（陳偉，2004：38）。

惙惙：于成龍（2006：22）讀如綴，訓爲連接。禤健聰（2003）：憂忡的意思。于茀（2005：69）應讀爲"綴綴"，話說不停的樣子。"大言絕絕，小言綴綴"與《莊子・齊物論》"大言淡淡，小言詹詹"的思想相合。

⑥若組若結：**語言有組織、有條理、有章法。**宋華強（2010：180）指"若組"即"如組"。"若結"是指語言嚴密，持論堅牢。形容多言不止（于茀，2005：69）。于成龍（2006：22）：前文說讉讉大言、惙惙小言紛繁若結。

⑦夂：**同"終"，最終。**

⑧胃：**通"謂"，稱呼，叫作。**

又言：**《周易》爻辭有"有言"，多指不好的事情，是人們不希望出現的。**宋華強（2010：183）："有言"大概是"有外言"的省略。"外言"指的是親近關係以外的話，多含挑撥之意或讒慝之意。

【今譯】

……䷹。卦象顯示會使你的口舌受到創傷，但也不算是太大的恥辱，不必憂慮，沒有凶咎。……C7_01_O：115、22

……繇辭說：在這一天未兌，大言應該專一，不要枝蔓；小言應該彼此關聯，連綴不離，說話要有組織，語言嚴密，立論堅定。最終……C7_01_N3：31

……因此叫作"有言"。兆象顯示沒有（禍咎）……C7_01_O：232

【釋文】

☐白文末白☐，① 是目（以）胃（謂）之喪祇，② 駁靇馬（遇）☐☐☐目（以）火☐③☐C7_01_Y4：45

☐☐☐祀筭（筮）爲君貞，④ 居郢，很（一）（還）反（返）至於東陵，⑤ 尚毋又（有）咎。占曰：兆亡（無）咎。又（有）祱（祟）☐ C7_01_Y4：100＋

C7_01_O：532、678

☐㠯（以）兆卜玉，型（荆）王㕣（就）禱型牢，兆，⑥文王㠯（以）俞[二]（逾）㕣（就）禱大牢，⑦兆☐C7_01_Y4：96

☐解於大（太），⑧㕣（就）禱□□□□☐C7_01_O：151

【校記】

（一）《十四種》，整理者作"還"，今依據字形作"儇"。

（二）《十四種》作"俆"，整理者作"豙"，今依據字形作"俞"。

【匯釋】

①白文末白□：**兆象的描述，大概是卜龜紋路的變化。**

②喪衼：**喪失職位**。宋華強（2010：181）："衼"讀爲"職"。

③駁龗：**占卜工具**。龗，原未釋，宋華強（2010：166）釋出。參閱簡乙四63、147。

禺：**通"遇"，古音相通**。古人在說明出現某種兆象之時會用"遇"這個動詞。宋華強（2010：181）疑當讀爲"遇"。"駁龗遇"云云，實在解釋駁龗上所出現的兆象。其下有火字，大概是據兆象以釋占辭中的"有火戒"一句。

整理者判斷"以火"前空二字，宋華強（2010：166）認爲空三字。

④衵筭：**"筭"同"筮"，衵，應是修飾詞。衵筮：蓍草名，卜筮工具。**

⑤儇：**同"還"，返回。**

反：**後作"返"，返回。**

東陵：**有兩說：一、地名，在平夜君成封邑境内**。劉彬徽（1995：356）：包山簡有"東陵連敖"，東陵應是縣名。鄭威（2008）認爲東陵城應該位於平夜君成封邑所在地葛陵城正東方向的閏水流域，今阜陽市與新蔡縣之間的範圍内，東陵的得名或許與方位有關。邴尚白（2009：162）：東陵或許就是今湖北、河南、安徽間的江、淮分水嶺大別山。**二、行政區劃名**。宋華強（2010：66）：簡乙四141有"東陵龜尹丹"，認爲東陵有自己的官吏，應是行政區劃性質的地名。東陵地望離平輿縣葛陵故城不遠，是平夜君成所居的都邑。

⑥型王：**"型"同"荆"。荆王：楚荆王。**

㕣禱：**"㕣"同"就"。就禱：前往祈禱或準備祈禱**。邴尚白（2007：184）指出"己丑之日""就禱"，三天後"壬辰之日禱之"，那麼"就禱"不是實際的禱名，它沒有出現在卜筮簡"說辭"和祭禱方案中。疑泛指前往祈禱或準備祈禱。

型牢：**祭祀物品**。楊華（2006B：206）讀作"鉶牢"，即"鉶鼎之牢"，指的是肉羹與鹽、菜調和的一組祭品。

型牢，兆：宋華強（2010：370）據簡文"大牢，饋之"和包山簡"酒食，犒之"之例，認爲當斷作"型牢，兆"，"兆"讀爲"犒"，饋、犒，是祭禱的具體奉祭方式。此句句讀爲"荆王就禱型牢，兆；文王以逾就禱大牢，兆"，而整理者斷讀爲“荆王就禱，㸷牢，𠨧；文王以逾，就禱大牢，𠨧”。

⑦文王：**楚文王**。

㠯俞：**“俞”通“逾”。以逾：以降的意思**。何琳儀（2003）：以降，指文王以下的先王。宋華強（2006M）釋爲“𡓉”，讀作“逾”，後又改釋“俞”（2010：369）。張玉金（2011：182）：“以逾”是以“以”爲語素的方位名詞，“以”是連詞，“逾”是動詞，後來“逾”表義虛化，和“以”融爲一體，有了方位名詞的用法。

大牢：**古代帝王、諸侯祭祀社稷時，牛、羊、豕三牲全備之稱。**

⑧解：**攻解。**

【今譯】

……白文末白……因此叫作喪失職位，雜色卜龜上出現了……又火……C7_01_Y4：45

……用蓍草爲平夜君成貞問，居住在鄩都，返回到東陵，希望不會有禍咎。占測說：兆象顯示沒有禍咎。有災禍出現……C7_01_Y4：100 + C7_01_O：532、678

……用蜃甲裝飾的玉，用𤘘牢這種祭品前去向楚荆王進行祈禱，並加以犒勞，用大牢這種祭品向楚文王以來各位先王時期的神靈祈禱，並加以犒勞……C7_01_Y4：96

……攻解太一神降下的禍祟，前往祭禱……C7_01_O：151

【釋文】

齊客墬（陳）異至（致）福於王之戢（歲）獻▨C7_01_N3：27

▨之月乙嬛（亥）之日，彭定㠯（以）駁靇爲君𡢁（卒）戢（歲）貞，占▨C7_01_O：257 + C7_01_Y4：46

齊客墬（陳）異至（致）福於王之戢（歲）獻馬之月，穌𩰫㠯（以）尨靇爲君𡢁（卒）戢〔歲〕▨C7_01_N3：33

齊客墬（陳）異至（致）福於王〔之〕戢獻▨C7_01_N3：20

▨尨𦺅爲君𡢁（卒）戢（歲）貞，占之□▨C7_01_Y4：130

齊客墬（陳）異至（致）福於王之戢（歲）猒（獻）▨C7_01_O：165、19

▨尨𦺅爲君貞，㠯（以）亓（其）㕞（肩）伓（背）疾[①]▨C7_01_Y4：61

齊客墬（陳）異至（致）福於王之戢（歲）▨C7_01_N3：272

▨童首㠯（以）㒚（文）靇爲[②]▨C7_01_Y4：234

【匯釋】

①㕞：**有兩說：一、同“肩”，肩膀**。宋華強（2010：315－319）：從字形和文意來看，應該釋爲肩部義的“㕞”。**二、通“綮”，筋肉結節之處**。張光裕、陳偉武（2006：90）疑讀爲“肯綮”之“綮”。

伓：**通“背”，背部。**

敢伓疾：**肩背並稱的症候名在古醫書中常見。“肩背疾”“背膺疾”“胛疾”與傳統中醫所說的心痛症相合。**

②童首：**貞人名。**

昬黿：**“昬”通“文”，紋飾。有花紋的卜龜。**宋華強（2010：142）：即“𥎦”之省。

【今譯】

齊國使者陳異將祭肉獻給楚王那年的十二月……C7_01_N3：27

……月乙亥日，彭定用顏色雜駁的卜龜替平夜君成貞問一年的吉凶，占測……C7_01_O：257 + C7_01_Y4：46

齊國使者陳異將祭肉獻給楚王那年的十二月，觗鼂用雜色的卜龜替平夜君成貞問一年的吉凶……C7_01_N3：33

齊國使者陳異將祭肉獻給楚王的（那年）……C7_01_N3：20

……用雜色的卜龜替平夜君成貞問一年的吉凶，占測……C7_01_Y4：130

齊國使者陳異將祭肉獻給楚王那年的十二月……C7_01_O：165、19

……雜色的卜龜替平夜君成貞問，因爲他的肩背疾病……C7_01_Y4：61

齊國使者陳異將祭肉獻給楚王那年的十二月……C7_01_N3：272

……童首用有花紋的卜龜替……C7_01_Y4：234

【釋文】

☑亡（無）咎，又（有）敚（祟），與鼂同敚（祟），[①] 見於大（太）☑C7_01_N3：3

☑大（太），備（佩）玉兆。睪（擇）日於是見（幾），[②] 寓（賽）禱司命、司彔（禄），[③] 備（佩）玉兆，睪（擇）日於□☑C7_01_N3：4 + C7_01_O：219

【匯釋】

①與：**介詞。**何琳儀（2004A）：相當於“及”。《爾雅·釋詁下》“逮，與也”，郝懿行：《檀弓》《論語》鄭注云：“與，及也。”

鼂：**貞人名。**何琳儀（2004A）：疑“鼂”之異文，可理解成从黽、皂聲的形聲字，讀若朝，乃“匽鼂”之本字。邴尚白（2007：26）認爲“鼂”是貞人名，疑是簡甲三 33 的“觗鼂”。

與鼂同敚：**和卜龜所占得的祟相同。其訓釋及句讀有兩說：一、“與鼂同敚”連讀，前後點斷。**沈培（2007B：424）：“與鼂同敚”是說此次某貞人所得之祟與“鼂”這個貞人所得之祟相同。把“移貞人之祟”的“貞人之祟”理解爲“貞人所得之祟”。**二、“與鼂”屬上讀。**整理者標點爲：又（有）敚（祟）與鼂，同敚（祟）見於大（太）。

②睪日：**"睪"通"擇"。擇日：選擇吉利日子。**《禮記·曾子問》："擇日而祭於禰，成婦之義也。"孔穎達疏："謂選擇吉日。"

③寋禱：**"寋"通"賽"。賽禱：報酬性祭禱。**李家浩（2001B）：得福後實現祈禱時對神祇許諾的祭祀。

司录：**"录"通"祿"。司祿：天神名。**

宋華強（2010：43）拼合簡甲三4和零219。

【今譯】

……沒有人鬼災禍，有神靈降下的禍祟，和貞人龜所求得的祟相同，出現在太一神處……C7_01_N3：3

……太一神，佩戴玉璧。在這段時間選擇吉利日子祭禱司命天神、司祿天神，佩戴玉璧，在……選擇吉利日子……C7_01_N3：4＋C7_01_O：219

【釋文】

☐頣(一)（夏）𡰥、亯月寋（賽）禱大水，①備（佩）玉𠨧。睪（擇）日於屈栾②C7_01_Y4：43

☐□栾寋（賽）禱於型（荆）王𠂤（以）偷（逾），③訓（順）至文王𠂤（以）偷（逾）④☐C7_01_N3：5

☐睪（擇）日𦎫（就）☐C7_01_O：318

【校記】

（一）《十四種》作"夏"，此處從整理者。

【匯釋】

①頣𡰥：**"頣"同"夏"。夏𡰥：楚代月名，楚曆七月的異名。**宋華強（2010：374）釋作"頣"。

亯月：**楚代月名，楚曆六月的異名。**宋定國、賈連敏（2000）：亯月，楚"六月"名。

大水：**河川神靈。有六說：一、天水。**朱德熙、裘錫圭、李家浩（1995：97）疑是天水，或指大江之神，又可指星名。**二、大川。**李零（1993：438）：大川，九河。**三、地祇神靈。**陳偉（1996D）："大水"和"二天子""郚山"一樣屬於地祇。據《禮記》載，大水是淮水的別名。**四、眾水之神。**湯璋平（2004：117）：大水之神是水域神，掌管地上的江河湖海。**五、洪水。**吳郁芳（1996：77）：當是"洪水"，《楚辭》裏"大波之神"是"陽侯"，所以，"大水"應該就是陽侯一類的神靈。**六、海神。**晏昌貴（2006：230）認爲"大水"也可能是海神。

②屈栾：**楚代月名，楚曆二月的異名。**

③以偷：**以降的意思。**參閱簡乙四96匯釋。

④訓至：**“訓”通“順”。順至：順延到。**

文王：**楚文王。**

【今譯】

……七月、六月賽禱大水之神，佩戴蜃甲裝飾的玉。在二月選擇好日子……C7_01_Y4：43

……賽禱荆王以降，順延至楚文王以降……C7_01_N3：5

……挑個好日子前去祭禱……C7_01_O：318

【釋文】

☐〔獻馬之月〕乙嬛（亥）之日，黄佗吕（以）詨□□爲君[①]☐C7_01_O：170

☐女子之慼，[②]又痀疾𢓊[(一)]（作），[③]不爲訧（尤），[④]詡☐C7_01_O：204

☐〔占〕之：恆（恒）☐C7_01_O：202

【校記】

（一）《十四種》作“作”。此處從整理者。

【匯釋】

①詨：**有兩説：一、通“皎”，潔白的。**宋華強（2010：155）：“詨”是占卜工具的修飾詞，疑讀爲“皎”，意爲白色的，指白色的龜。**二、通“珓”。**何琳儀（2004A）：讀爲“珓”。《集韻》：“珓，杯珓，巫以占吉凶器者。”珓，用兩個蚌殼或像蚌殼的竹、木片做成的器具。

②女子之慼：**慼，憂愁。**宋華強（2010：83）：“女子之慼”的意思或可參《詩經·小雅·斯干》“女子之祥”及《漢書》“女憂”，女子吉兆的象徵或女子的禍患。

③痀疾：**疑當指拘急或拘癔之症。中醫所謂拘急常見於腹部或四肢，指肢體牽引不適或有緊縮感、礙於屈伸之症狀**（張光裕、陳偉武，2006：86）。

𢓊：**同“作”，發作。**與上文簡零472“𧊒”同。

④訧：**通“尤”，過失，錯誤。**參閲簡零472“尤”匯釋。

【今譯】

……（十二月）乙亥日，黄佗用潔白的……替平夜君成……C7_01_O：170

……會有女子的憂愁，又痙攣發作，沒有過失，詡……C7_01_O：204

……（占測），長遠……C7_01_O：202

【釋文】

☐〔齊客陳異致福於〕王之戢（歲）𩞃[(一)]（獻）馬之月乙睘（亥）之日[①]

▨C7_01_O：214

獻（獻）馬之月乙還（亥）之日，盧匙㠯（以）龙龗爲②▨C7_01_N3：342－2

獻馬之月〔乙〕還（亥）之日，鄦喜㠯（以）定③▨C7_01_N3：32

之，亡（無）咎。牆（將）又（有）喜。奠（鄭）憲習之㠯（以）隓（隨）侯〔之〕④▨C7_01_N3：25

▨之日，㠯（以）君之不瘽（懌）也⑤▨C7_01_N3：283

▨一犆，⑥臺（就）禱卲（昭）王、蕙（惠）王，⑦屯（純）⑧▨C7_01_Y4：12

【校記】

（一）《十四種》整理者作"獻"，今依據字形作"獻"。

【匯釋】

①獻：**同"獻"。**

②盧匙：**貞人名。**與簡甲三 33"穌鼈"可能是同一人。參閱簡零 122 匯釋。

③鄦喜：**貞人名。**

④奠憲：**"奠"通"鄭"。鄭憲：貞人名。**

隓：**通"隨"。**

隨侯之：陳偉（2006：81）認爲是某種占卜工具。新蔡簡所記占卜工具中，或以人名繫之，尤其對照簡甲三 114、113"衛侯之筮"，"隨侯"也是人名，恐怕是隨國之侯。宋華強（2010：420）：未必是實指，也許是一種美稱。《禮記·明常傳》"祟鼎、貫鼎、大璜、封父龜"恐怕也不是封父古國傳下來的龜，而是某種龜的美稱。邴尚白（2009：168）：與"衛侯"一樣，或許是衛、隨的小侯，衛、隨兩國距離平輿不遠。

⑤不瘽：**"瘽"通"懌"，歡喜，這裏指身體上的舒泰。不懌：指生病。**

⑥犆：**牛牲。**參閱簡零 402"犆"匯釋。

⑦蕙王：**"蕙"通"惠"。惠王：楚惠王。**

⑧屯：**通"純"，副詞，都、皆的意思。**

【今譯】

……（齊國使者陳異將祭肉獻給）楚王那年的十二月乙亥日……C7_01_O：214

十二月乙亥日，盧匙用雜色的卜龜替……C7_01_N3：342－2

十二月（乙）亥日，鄦喜用定……C7_01_N3：32

……之，沒有禍咎。將會有好事。鄭憲多次用隨侯的……C7_01_N3：25

……日，因爲平夜君成身體不適……C7_01_N3：283

……一頭牛牲，前往祭禱昭王、惠王，都……C7_01_Y4：12

【釋文】

☐莗(一)（封）中尚大篙，[①]占之：和☐篙，[②]黍篙□[③]☐C7_01_Y4：136 + C7_01_O：415

☐篙☐C7_01_O：368

【校記】

（一）整理者釋作“封”，《十四種》釋作“𡉚”，此處從宋華強（2010：58）。

【匯釋】

①莗：**通“封”，封地，平夜君成封邑內。**宋華強（2010：367）釋“莗”，“莗”同“葑”，讀爲“封”。

尚：**勸令副詞，用於謂語前。**卜筮簡占卜命辭常用詞，表示一種願望或祈使。李學勤（1989：81）：庶幾。卜筮辭多見冠“尚”於首的語句。

大篙：**“篙”通“熟”。大熟：大豐收。**楚簡常以“篙”字表示歲熟之“熟”，如上博簡《柬大王泊旱》“歲安篙（熟）”“四疆皆篙（熟）”。“大熟”見於文獻，如《尚書·金縢》“秋大熟”“歲則大熟”。邴尚白（2009：202）稱此類簡爲收成簡。

②和☐：**表示一種農作物。**

宋華強（2010：367）“之”後點斷。今按：“占之”後點斷，應用冒號。

③黍：**五穀之一。**

宋華強（2010：60）拼連簡乙四136及零415。並且認爲上與簡零172“貞，楚邦既”構成同組貞問，占問莊稼收成之事。

【今譯】

……封邑內的莊稼希望會有好收成。占測：和☐、黍等農作物將會獲得好收成……C7_01_Y4：136 + C7_01_O：415

……好收成……C7_01_O：368

【釋文】

☐一熊牡、一羊（騂）〔牡〕[①]☐C7_01_O：71、137

☐𠧞亡（無）咎，幾（幾）中[②]☐C7_01_O：336、341

☐貞，□占之：𠧞亡（無）咎。君☐C7_01_Y4：133

占之：𠧞亡（無）咎。君又（有）☐C7_01_N3：218

☐□鄗之☐C7_01_O：145

䢵良之☐C7_01_O：211

☐之𠧞☐C7_01_O：389

☐無咎無☐C7_01_O：128

☐癸☐C7_01_O：140

☐玉一璧☐C7_01_O：57

☐料亡（無）咎。C7_01_O：83

☐各束絵（錦）[3]☐C7_01_O：409

☐珈（加）璧☐C7_01_O：727

☐大臺□[4]☐C7_01_O：467

【匯釋】

①熊牡：**黑色的雄性牲**。熊，袁金平（2009B：83）同張勝波釋，認爲此字有兩種讀法，一爲“驪”，意爲黑色，二與“雄”字音近通用。宋華強（2010：396）疑應讀“黑”，古書有“騂黑”並稱之例，如《小雅·大田》：“來方禋祀，以其騂黑，與其黍稷。”張勝波（2006：55）：釋作“羸”。

羊：**同“騂”，赤色牛羊豬**。《禮記·效特牲》：“牲用騂，尚赤也。”

羊牡：**赤色的雄性牲**。丁成龍（2004A：83）：“大”代表上帝，祭禱時所用的犧牲是“騂牡”，其他簡楚封君用於享祭上帝的犧牲均爲“特牲”。

②幾：**同“幾”，訓爲“期”**。

③絵：**“絵”同“錦”，錦帛**。

④大臺：**祭祀物品**。

【今譯】

……一頭黑色的雄性犧牲、一頭赤色的雄性犧牲……C7_01_O：71、137

……兆象顯示沒有禍咎，期中……C7_01_O：336、341

……貞問，……占測：兆象顯示沒有禍咎。平夜君成……C7_01_Y4：133

占測：兆象顯示沒有禍咎。平夜君成有……C7_01_N3：218

……鄱的……C7_01_O：145

鈇良的……C7_01_O：211

……兆象……C7_01_O：389

……沒有禍咎沒有……C7_01_O：128

……癸……C7_01_O：140

……玉璧一塊……C7_01_O：57

……兆象顯示沒有禍咎。C7_01_O：83

……在束帛……C7_01_O：409

……加上玉璧……C7_01_O：727

……大臺……C7_01_O：467

【釋文】

句邦公鄭途（余）穀大䧹（城）邶（茲）竝（方）之戢（歲）屈柰（栾）之月癸未之日，[1]諸〔生〕[2]☐C7_01_Y1：32＋C7_01_O：319＋C7_01_Y1：23、1

□衜（衛）箽，忻（祈）福於袂，[3]一羊（騂）牡、一熊牡；司䄍、司折[4]□C7_01_N1：7

公北、陞（地）宔（主）各一青義（犧）；[5]司命、司禇（禍）各一勴，[6]與禱曆（厭）之。[7]或□C7_01_Y1：15

【匯釋】

①句郑：**有兩說：一、古楚地名，今湖北襄陽市西。**何琳儀（2003：67）：即句邘，疑讀爲“皋滸”，楚地。“郑”疑从“邑”，从“盂”省，可直接隸定作“邘”。**二、釋爲“句亶”，今湖北宜城市。**蘇建洲（2008）：簡文“邘”應分析从邑“甹”聲，疑讀爲“亶”。句亶，楚地名。在今湖北宜城市南境。

句郑公：**句郑縣公。**河南省文物考古研究所、河南省駐馬店市文化局、新蔡縣文物保護管理所（2002：16）：公，縣公。

鄭途穀：**人名。**

䤚：**䤚同“城”，用作動詞，築城。大城：大規模築城**（河南省文物考古研究所、河南省駐馬店市文化局、新蔡縣文物保護管理所，2002：16）。

郎竝：**地名。**河南省文物考古研究所、河南省駐馬店市文化局、新蔡縣文物保護管理所（2002：16）：讀作“茲方”，地名。《史記・楚世家》：“肅王四年，蜀伐楚，取茲方。於是楚爲扞關以距之。”《正義》：荆州松滋縣古鳩茲地，即楚茲方是也。

句郑公鄭余穀大城茲方之歲：河南省文物考古研究所（2003：183）：此簡所記應在楚肅王四年之前。邴尚白（2007：92）：根據簡甲三8、18，簡乙四44；簡乙一14；簡乙一32、23、1三組簡文所記月份、干支，查對公元前400至前377年間的曆表，加上楚國加強邊防可能是在蜀國進攻前不久，所以此年絕對年份以楚肅王二年或三年（前379或前378）的可能性最大。

②謠〔生〕：**貞人名。**何琳儀（2004A）以爲“後生”，人名。何有祖（2007A）以爲从“言”从“客”。

③忻福：**“忻”通“祈”。祈福：祈求福祐。**

袂：**神名。**新蔡簡多寫作“大”。參閱簡零151。

④司䄍：**天神名。**晏昌貴（2006）：讀爲“司祲”，是執掌“祲祥之氣”之神。楊華（2006B：204）亦讀爲“司祲”，與《周禮・春官》“眡祲”之掌相近，主太陽運氣。

司折：**天神名。有兩說：一、司慎天神。**何琳儀（2004A：3）疑讀作“司慎”，天神名。《左傳》襄公十一年有“司慎司盟，名山大川”，注“天神也”。**二、少司命。**晏昌貴（2006）：“司折”即《楚辭》之“少司命”。少司命，司小兒之命，管理夭亡者的神靈。

⑤公北：**神祇名。**

青義：**“義”通“犠”，“犠”同“犧”。青犧：青色的牛牲。**

⑥司禍：**“禍”通“禍”。司禍：天神名。**李零（1988：62）：即司中，少司命。陳偉（1996：168）：相當於五祀中的“竈神”。晏昌貴（2006）：掌錄籍之神。

肋：**某種犧牲。**宋華強（2010：226）：疑是“膚”字異體，讀爲楚簡中的“羖”或“牯”。“牯”“羖”一字異體，或是“牯”借作“羖”，指羊牲。“羖”應讀爲“羯”，指閹割了的公羊。

⑦與禱：**一種祭禱。**參閱簡乙二 24、36“舉禱”匯釋。

曆：**通“厭”，指厭祭。**陳偉（2013：62）認爲厭祭是在祭“太”之後進行的，與《儀禮》之《特牲饋食禮》《少牢饋食禮》記載“尸”起饗神之饌設於西北隅稱“陽厭”近似。邴尚白（2007：23）：“曆禱”與“祝禱”一樣，爲祭禱用語組合。

陳偉（2013：68）：整理者將簡乙一 32 和簡乙一 23、1 綴合，補入“余穀”兩字，後陳劍將簡零 319 補入。

【今譯】

句邦公鄭余穀在茲方大規模築城那年的二月癸未日，諸生……C7_01_Y1：32 + C7_01_O：319 + C7_01_Y1：23、1

……用衛國的筆，用一頭赤色的雄性牲和黑色的雄性牲向太一神祈福；向司戠天神、司折天神……C7_01_N1：7

各用一青色的牛牲祭禱公北、地主神；各用一牲祭禱司命、司禍之神，與禱後進行厭祭。又……C7_01_Y1：15

【釋文】

句邦公奠（鄭）余穀大城邺（茲）竝（方）之戢（歲）屈奈（栾）之月癸未〔之日〕☑C7_01_Y1：14

☑大𨻰（城）邺（茲）竝（方）之戢（歲）頣（夏）𡰥之月癸嫚（亥）之日，趄鼈㠯（以）郙黝爲[①]☑C7_01_N3：8、18

☑〔句邦〕公奠（鄭）途（余）〔穀〕☑C7_01_O：222

☑城邺（茲）竝（方）之戢（歲）屈奈（栾）☑ C7_01_Y4：21 + C7_01_O：700 + C7_01_O：503

☑奠（鄭）余穀☑C7_01_O：342

☑奠（鄭）余穀☑C7_01_N3：391

☑戢（歲）屈奈（栾）之☑C7_01_O：414

【匯釋】

①趄鼈：**貞人名。**

郙黝：**黑色的龜。**宋華強（2010：156）指黑色的黝龜。參閱簡乙四 35 注。

宋華強（2010：33）拼合簡乙四 21、零 700、零 503。

【今譯】

句郑縣公鄭余穀在茲方大規模築城那年的二月癸未日……C7_01_Y1：14

……在茲方大規模築城那年的七月癸亥日，趄醬用黑色的卜龜替……C7_01_N3：8、18

……（句郑）縣公鄭余（穀）……C7_01_O：222

……在茲方築城那年的二月……C7_01_Y4：21 + C7_01_O：700 + C7_01_O：503

……鄭余穀……C7_01_O：342

……鄭余穀……C7_01_N3：391

……年二月……C7_01_O：414

【釋文】

☑□公城鄩（鄩）之戢（歲）亯月[①]☑C7_01_N3：30

王自肥遺郢逘（徙）於鄩（鄩）郢之戢（歲）亯月[②]☑C7_01_N3：240

☑謠生㠯（以）□□爲君貞，牆（將）逾〔取啬〕[③]☑C7_01_N2：16

☑還返尚毋又（有）咎。〔占〕之：兆亡（無）咎。未☑C7_01_N3：229

☑舉禱子西君、吝（文）夫人[④]☑C7_01_Y2：24、36

【匯釋】

①鄩：**同"鄩"**。邴尚白（2009：138）：新的陪都。宋華強（2010：399）疑此字所从非"尋"字，而是"菉"。

②肥遺郢：**楚國別都**。何琳儀（2004A）：凡楚王駐蹕之處皆可稱"郢"。宋華強（2010：71）認爲"肥遺郢"是楚國的一處別都。清華大學出土文獻研究與保護中心（2010：191）指出，《清華大學戰國竹簡・楚居》簡 13－14 記"白公起禍，焉徙襲郢，改爲之，焉曰肥遺"的"肥遺"在葛陵簡甲三 240 稱"肥遺郢"。**其地望有兩説：一、山東肥城**。何琳儀（2004A）：是《漢書・地理志》記載的泰山郡"肥成"，在今山東肥城。**二、安徽壽縣**。邴尚白（2009：138）與何琳儀先生考證的"肥陵"與今安徽壽縣有關。今按："肥遺郢"與其他出土文獻"鄢郢""栽郢"及新蔡的"鄩郢""藍郢"等是一樣的，在郢前面冠以地名，都是與楚王相關，可見確實不是尋常的城邑。

逘：**通"徙"，簡文還寫作"遷"，遷徙**。

鄩郢：**"鄩"同"鄩"**。鄩郢，宋定國、賈連敏（2000）認爲與包山簡"郯"爲一字異體，在"郢"前冠以地名，這些地名非一般城邑，可能是一些別都。**其地望有兩説：一、衛地，戰國時之剛平邑，今河南濮陽清豐縣西南**。何琳儀（2004A）：鄩，或許是文獻記載的"斟尋"，舊址剛平。從《史記》所載"築剛平以侵衛"得知地望在衛地。**二、湖北黃岡黃梅縣**。羅運環（2006）：鄩郢是等級較高的楚別都，即漢代的尋陽縣，今湖北黃梅縣西南。

王自肥遺郢徙於鄩郢之歲：陳偉（2013：69）：是"王徙於鄩郢"的全稱。**關**

於這一簡的紀年。**有兩說：一、楚肅王四年。**劉信芳（2004B）是根據紀年簡推算的結果，“王徙於鄩郢之歲”是墓主平夜君成的去世年，該墓的絕對年代爲楚肅王四年（即前377年）。**二、楚悼王四年。**劉彬徽（2007）、武家璧（2009）根據《中國先秦史曆表》推算，此年應該是楚悼王四年（即前398年）。李學勤（2011）：由清華簡《楚居》證實楚王徙鄩年份是楚悼王四年。

③逾：**下，方位名詞作狀語。**

宋華強（2010：373）補“取菑”，拼接三簡連讀。取菑，參閱簡零169。

④舉禱：**有三說：一、“舉”通“舉”，舉禱，一種祭禱。**湖北省荆沙鐵路考古隊（1991A：54）讀作舉，殺牲盛饌曰舉。舉禱即舉禱。劉信芳（2003：226）：“舉禱”讀作“舉禱”。依朔、望日準備豐盛的食物祈禱。**二、與禱。**李零（1993：437）：“舉禱”讀爲“與禱”，可能是始禱。李家浩（2001B：34）認爲，與禱、翟禱的區別在於翟禱用牲，與禱不用牲。邴尚白（2007：186）認爲，“與禱”與鬼神作祟有關，可能是他們認爲觸犯了鬼神，認爲需要親自謝罪或陳說，以求化解、消災。**三、旅禱。**宋華強（2010：390）讀“舉禱”爲“旅禱”。旅，祭名。（參閱簡甲三136“翟禱”匯釋）

子西君：**楚昭王、惠王時期的令尹子西。**河南省文物考古研究所（2003：183）：昭王之兄、惠王及文君的伯父。他在受祭時位次往往排在最後，個別時候列於“文夫人”之前。

【今譯】

……公築城鄩郢那年的六月……C7_01_N3：30

楚王從肥遺郢遷徙到鄩郢那年的六月……C7_01_N3：240

……謠生用……替平夜君成貞問，將要往下（前往菑地）……C7_01_N2：16

……希望返回封邑時不會有禍咎。（占測說）：兆象顯示沒有禍咎。沒有……C7_01_N3：229

……祭禱子西君、文君夫人……C7_01_Y2：24、36

【釋文】

王遷（徙）於鄩(一)（鄩）郢之戢（歲）亯月己巳之日，①謠生邑（以）衜（衛）篳爲君貞，將（將）逾取菑，②還返尚☐C7_01_Y1：26、2＋C7_01_O：169

【校記】

（一）《十四種》作“尋”，整理者作“𢿌”，今依據字形作“鄩”。

【匯釋】

①鄩郢：**“鄩”同“鄩”。鄩郢：地名。**參閱簡甲三240。

②逾：**順流而下。**何琳儀（2004A）：順流而下。宋華強（2010：74）：與簡乙

四9參讀，當訓爲“越”。此簡沒有後接江河名作賓語，順流而下的說法恐怕不對。今按：未涉及江河，但未必不能取“下”義，或許是方位上的上下。

取：**有兩說：一、通“趣”，前往**（陳偉，2004：36）。**二、攻取**。何琳儀（2004A）結合文獻典籍理解爲“攻取”。

莤：**地名。有四說：一、釋爲“稟”，地名**。陳偉（2004：36）認爲是稟地。**二、古郴縣**。何琳儀（2004A）：“林”的通假字。與鄂君啓周節中的“郴”通假，即《漢書·地理志》桂陽郡“郴縣”，在今湖南郴州。**三、釋爲“藺”，地名**。邴尚白（2009：163）釋爲“藺”，包山簡150有“貸上藺之王金不賽”，“藺”“上藺”疑皆是地名。**四、簿籍**。晏昌貴（2007A）：“莤”的意思是廩籍。

取莤：**有五說：一、前往莤地**。陳偉（2004：36）：前往莤地，當是在平夜君成前往稟地時就在貞問回程會否有禍咎。**二、攻取莤地**。何琳儀（2004A）：與《史記·吳起列傳》記載楚悼王時“南平百越”有關，當是攻取莤地。**三、發放口糧的記錄**。晏昌貴（2007A）：“取莤”二字如字讀，發放口糧的記錄。**四、河流名**。史萍（2009）：“取莤”是長江支流。**五、叢林**。宋華強（2010：291）：“取莤”疑讀爲“叢林”。“叢”从“取”得聲，“莤”所从是“廩”的初文，“廩”與“林”相通。猜測或許和楚國先輩“篳路藍縷，以啓山林”的艱辛立國之事有關。

【今譯】

楚王遷徙到鄩郢那年的六月己巳日，謠生用衛國的筆替平夜君成貞問，將要前往莤地，希望返回封地時……C7_01_Y1：26、2＋C7_01_O：169

【釋文】

☐舉禱於卲（昭）王大牢，樂之，百，贛（貢）①☐C7_01_Y2：1

禱於吝（文）夫人𦋺宰（牢），②樂虘(一)（且）贛（貢）之；舉禱於子西君𦋺宰（牢），樂☐C7_01_Y1：11

☐勮，斨之。③C7_01_Y3：27

【校記】

（一）《十四種》作“且”，此處從整理者。

【匯釋】

①贛：**有三說：一、通“貢”，進獻**。楊華（2005：254）：向神祇進獻物品。邴尚白（2007：197）認爲，當如包山簡244“贛之衣裳各三稱”，讀爲“貢”。**二、歌舞**。宋國定、賈連敏（2004）讀爲“贛”，載歌載舞。宋華強（2010：254）：通“贛”，表示爲神靈跳舞或歌舞的意思。**三、通“侃”**。袁金平（2007B：74）讀如鐘銘“喜侃”之“侃”。

②𦋺宰：**“宰”同“牢”。𦋺牢：祭祀物品**。楊華（2006B：206）讀作“鍘

牢”，即“鍘鼎之牢”，指的是肉羹與鹽、菜調和的一組祭品。

③斯：整理者（2003）讀作“祈”。

【今譯】

……用大牢這種祭品向昭王祈禱，奏樂，舉行娛神降神儀式，進獻祭品……C7_01_Y2：1

用㔴牢這種祭品向文夫人祈禱，奏樂並且進獻貢祭品；用㔴牢這種祭品向子西君祈禱，奏樂……C7_01_Y1：11

……祭牲，祈福。C7_01_Y3：27

【釋文】

王遷（徙）於敼（鄩）郢之戢（歲）亯月己巳之日，公子虩命諮生𠂤（以）衛〔篁〕爲君貞，[①] 牆（將）逾取菑，還返尚毋又（有）咎。生占之曰：兆☐C7_01_Y1：16＋C7_01_N1：12

【匯釋】

①公子虩：**命貞者，“公子”是尊稱，“虩”是名字，疑是平夜君成之子。**邴尚白（2009：191）認爲，或即平夜君成之子。在簡文中多是命貞者，占卜的對象仍是“君”，即平夜君成。

【今譯】

楚王遷徙到鄩郢那年的六月己巳日，公子虩命令諮生用衛國的篁替平夜君成貞問，將要前往菑地，希望返回封地時不會有問題。諮生占測：兆象……C7_01_Y1：16＋C7_01_N1：12

【釋文】

☐尚毋爲蚘（尤）。[①] 諮生占之☐C7_01_N3：143

☐生之敓（說），歸（饋）一璧[②]☐C7_01_Y3：50

☐之戢（歲）亯月☐C7_01_O：51

☐丁丑之日，㦰[(一)] 尹[③]☐C7_01_O：271

☐之古（故）罜〔禱〕☐C7_01_O：406

☐大資十月[④]☐C7_01_O：192

☐犠（犧）𠂤（以）逨（來）[⑤]C7_01_O：146

☐犠（犧）與☐C7_01_O：242

☐三羊（騂）☐C7_01_O：693

☐此至東☐C7_01_O：76

☐之少多，我㣎（作）[⑥]☐C7_01_O：302

☐余鐈絧(二)⑦□☐C7_01_O：16
☐迒於☐C7_01_O：64
☐□成逾☐C7_01_O：58

【校記】

（一）整理者作“蕺”，《十四種》《合集二》作“𢦏”，今據字形作“戴”。
（二）《十四種》右半部未隸定，作“絧。

【匯釋】

①蚘：**通“尤”，過失**（邴尚白，2007：146）。整理者（2003）讀作“憂”。
②歸：**通“饋”，饋薦玉璧**（楊華，2005）。宋定國、賈連敏（2002）：饋食，一種祭禮。
③尹：**楚官名**。裘錫圭、李家浩（1989：526）：釋爲“緘尹”，讀爲“箴尹”，楚官名，諫官。
④大資：**錢財**。宋華強（2010：97）：“大”釋爲“六”。
⑤犧：**犧牲，祭祀物品**。
逨：**同“來”，動詞，帶來，送來**。
⑥怍：**同“作”**。
之少多，我作：整理者與《十四種》均無斷句，宋華強（2010：97）於“之少多”後點斷，認爲此和求取祭物多少有關。
⑦余：宋華強（2010：103）疑當讀爲“舍”。
絧：宋華強（2010：103）疑是“資”字。

【今譯】

……希望不要有甚麼過失（得罪神靈）。謠生占測……C7_01_N3：143
……生的說辭，進獻一塊玉璧……C7_01_Y3：50
……那年六月……C7_01_O：51
……丁丑日，戴尹……C7_01_O：271
……的緣故祭禱……C7_01_O：406
……大資十月……C7_01_O：192
……祭牲送來……C7_01_O：146
……祭牲和……C7_01_O：242
……三頭赤色的……C7_01_O：693
……這裏到東……C7_01_O：76
……多少，我作……C7_01_O：302
……余鐈絧……C7_01_O：16
……迒於……C7_01_O：64

……成逾……C7_01_O：58

【釋文】

☐斁（鄗）郢之戢（歲）頣（夏）𥎦（栾）之月己丑之日，君𦊓於客[①] ☐C7_01_O：216＋C7_01_Y3：49＋C7_01_Y2：21＋C7_01_Y2：8

☐郢之戢（歲）頣（夏）𥎦（栾）之月己丑之日，君𦊓於客☐C7_01_Y1：5

☐〔夏〕𥎦（栾）之月，己丑之日☐C7_01_O：267、269

【匯釋】

①𦊓：**有兩說：一、繩索。**宋華強（2016）："𦊓"同"蠅"，讀爲"繩"，用作動詞，用繩索將筮占工具穿、掛起來。**二、通"朝"。**劉釗（2003）：見於《郭店楚簡》，認爲是"鼁"字異體，"𦊓"與"朝"古音相通。邴尚白（2010：189）：通"朝"，疑指平夜君成朝見楚王。

於客：宋華強（2010：81）：疑讀爲"烏客"。**指一種用簬竹所做的黑色的筮具。**"君𦊓於客"大概跟平夜君成親自莅臨筮占有關，後面應該接的是"命某人貞"。

陳偉（2013：70）：簡零216可與簡乙三49、乙二21、乙二8綴合。

【今譯】

……鄗郢那年的七月己丑日，平夜君成用繩索將於客穿起來……C7_01_O：216＋C7_01_Y3：49＋C7_01_Y2：21＋C7_01_Y2：8

……郢那年的七月己丑日，平夜君成用繩索將於客穿起來……C7_01_Y1：5

……七月己丑日……C7_01_O：267、269

【釋文】

☐與烟，旨（幾）[①]☐C7_01_O：124

☐吉。君身（?）☐C7_01_N1：8

☐毋死。占之：𠧞不死，亡（無）祱（祟）☐C7_01_N3：40

☐〔昭〕王、惠〔王〕☐C7_01_O：361

☐玉，𦅻禱於三楚祧（先）各一痒（牂），[②] 瓔（纓）之𠧞〔玉〕[③] ☐C7_01_Y3：41

☐之，是日遶（就）禱於[④]☐C7_01_N3：102

☐𦅻禱於二天子各兩痒（牂），[⑤]瓔（纓）之㠯（以）𠧞玉。C7_01_N3：166、162

☐命一痒（牂），瓔（纓）之㠯（以）〔𠧞玉〕☐C7_01_Y2：22

☐一痒（牂），瓔（纓）☐C7_01_O：587、598、569

☐室宇（中）戠（特）[⑥]☐C7_01_Y1：8

☐之戶，一戶[⑦]☐C7_01_O：325

☐戠（特）牛，樂之。𠅤（就）禱戶一羊，𠅤（就）禱行一犬，[⑧]𠅤（就）禱門☐C7_01_N3：56

☐〔是日〕祭王孫□☐C7_01_O：313

☐祭王孫𢉩（厭）☐C7_01_Y3：24

【匯釋】

①𤹉：**同“痼”**。簡零238亦有此字。

②三楚祧：**“祧”同“先”。三楚先：楚人的三位先祖。與“楚先”的區別有兩說：一、兩者一致，指老童、祝融、穴（鬻）熊**。賈連敏（2004B）：新蔡簡中稱“三楚先”，其後不再綴老童、祝融、穴熊具體先祖名，所以“三楚先”就是指老童、祝融、穴熊。魏宜輝、周言（2004）認爲“三楚先”與“楚先”所指一致，都是指楚人的三位先祖。黄德寬（2005：4）指出，望山、包山和新蔡簡的“老童、祝融、鬻熊”與“老童、祝融、穴熊”相合，所謂“鬻熊”的“毓”，可讀爲“穴”。李家浩（2010：5－44）指出，上古音幽部與微、文二部音轉，“穴”與“毓（鬻）”可以相通，“毓（鬻）熊”和“穴熊”是同一人。**二、兩者不同，“穴熊”和“鬻熊”非一人**。劉信芳（2005：10）：“三楚先”是楚人先祖祀譜的代稱，特指“老童、祝融、穴酓”。“楚先”指楚先祖、先公中三位最傑出的代表人物“老童、祝融、媸酓”，兩者不同。曹菁菁（2009：6）認爲“三楚先”指老童、祝融、鬻熊。簡文不能證明穴熊屬於“三楚先”，“穴”與“鬻”不能相通。

③㻫：參閱上文簡甲三111“糸日女”匯釋。

④䢓禱：**“䢓”同“就”**。參閱簡乙四96“𠅤禱”匯釋。

⑤二天子：**有兩說：一、帝女，湘山之神**。劉信芳（1993）：二天子，即湘君和湘夫人，爲堯的女兒。陳偉（1996D）：從劉說，“天子”即“帝女”，帝之二女是洞庭山神，洞庭之山就是湘山。**二、二山**。湯餘惠（1993A）：山神。《山海經》中二天子各一山，加上崒山就是“三天子鄣山”。李家浩（2005：193）從湯說，簡文“二天子”是“三天子鄣山”中的兩山。

⑥室宙：**“宙”同“中”。室中：地祇神靈**。“室”亦見於包山簡，湖北省荆沙鐵路考古隊（1991B：336）認爲，“室”即典籍文獻裏的“中霤”。“中霤主堂室居處。”陳偉（1996：165）：“室”是“中霤”的異名。袁金平（2006A）：新蔡“室中”與包山簡“室”相同，都是指“中霤”。

戠：**有兩說：一、通“特”，雄性**。李零（1993：440）：古書有以雄獸或三歲獸爲“特”。**二、數詞“一”**。湖北省荆沙鐵路考古隊（1991A：53）：似讀作特，單一。陳偉（1996：175）：簡書記“戠牛”“戠豬”均不使用數詞，而其他場合則必稱“一”或“兩”，可見舊注訓特爲“一”是有道理的。

⑦戶：**神名，五祀之一**。《禮記·祭法》：“王爲群姓立七祀，曰司命，曰中霤，曰國門，曰國行，曰泰厲，曰戶，曰竈。”鄭玄注：“門、戶，主出入。”

⑧行：**神名，五祀之一**。《禮記·祭法》：“大夫立三祀，曰族厲，曰門，曰

行。”鄭玄注：“行，主道路行作。”

【今譯】

……與烟，這段時間……C7_01_O：124

……吉利。平夜君成身體……C7_01_N1：8

……希望不會死亡。占測：兆象顯示不會死亡，沒有禍祟……C7_01_N3：40

……（昭）王、惠（王）……C7_01_O：361

……玉璧，各用一頭羊牲向楚國三位先祖祈禱，將裝飾了的玉懸掛在羊牲上……C7_01_Y3：41

……他們，這一天前往……祭禱……C7_01_N3：102

……各用兩頭羊牲祭禱二天子，將裝飾了的玉懸掛在羊牲上。C7_01_N3：166、162

……命一頭母羊，將裝飾了的（玉）懸掛在羊牲上……C7_01_Y2：22

……母羊，將裝飾了的……C7_01_O：587、598、569

……室中之神一頭公牛……C7_01_Y1：8

……的戶神，一戶……C7_01_O：325

……公牛，奏樂。用一頭羊牲前去祭禱戶神，用一隻狗前去祭禱行神，前去祭禱門神……C7_01_N3：56

……（這一天）祭禱王孫……C7_01_O：313

……祭禱王孫厭……C7_01_Y3：24

【釋文】

☐〔不〕瘽（懌）之古（故），忻（祈）福於司禍（禍）、司磋、司鮀各一痒（牂）[①]☐C7_01_Y3：5

☐一勎，北方兄（祝）禱乘良馬、珈（加）〔璧〕[②]☐C7_01_Y4：139

☐□就（就）禱三楚先屯一牂，[③]緩（纓）之兆玉；就（就）禱□□☐C7_01_N3：214

【匯釋】

①司禍：**“禍”通“禍”。司禍：天神名。**李零（1988：62）：即司中，少司命。陳偉（1996：168）：相當於五祀中的“竈神”。晏昌貴（2006）：掌錄籍之神。

司磋：**天神名。**

司鮀：**天神名。**楊華（2006C）：即文獻中的“司怪”，《晉書·天文志》：“文昌六星，……五曰司命、司怪，太史主滅咎。”宋華強（2010：429）卻認爲“鮀”與“怪”兩字讀音相距較遠，恐難相通。

②兄：**同“祝”，祝禱。**

乘良馬：**四匹良馬。乘，量詞。**《儀禮·聘禮》：“勞者禮辭。賓揖，先入，勞者從之，乘皮設。”鄭注：“物四曰乘。皮，麋鹿皮也。”于成龍（2005）認爲，四匹良馬相當於“庭實”（獻上的陳於庭中的財物），璧是用於“致財”（獻上的財物，本簡爲“乘良馬”）之“享玉”（用於進獻的玉）。

珈〔璧〕：**“珈”通“加”。加璧：相當於《儀禮·覲禮》“束帛加璧”之“加璧”。**陳偉（2004）：珈，讀爲“加”，用在聘享場合，指在束帛之上加以玉璧，用以禱祠神靈。

③戠禱：**“戠”同“就”**。參閱簡乙四96“𦎫禱”匯釋。

【今譯】

……患病的緣故，各用一頭羊牲向司禍天神、司褑天神、司𦚗天神祈求福祐……C7_01_Y3：5

……一牲，用四匹良馬加上（玉璧）……祝禱北方神……C7_01_Y4：139

……全部用一頭羊牲準備向楚國三位祖先祭禱，將裝飾了的玉懸掛在羊牲上；準備祭禱……C7_01_N3：214

【釋文】

☑返（及）江、灘（漢）、沮（沮）、漳，[①]延（延）至於瀤（淮）。[②]是日戠（就）禱楚祧（先）老嫜、祝〔融〕（融）[③]☑C7_01_N3：268

☑瘧（續）一巳。[④]或㠯（以）肩䔠求亓（其）㮚（祟），[⑤]又（有）祱（祟）於大（太）、北☑C7_01_N3：110

☑戶、門。[⑥]又（有）祱（祟）見於卲（昭）王、蕙（惠）王、文君、文夫人、子西君。[⑦]𦎫（就）禱☑C7_01_N3：213

☑禱埅（地）宔（主）一牂，𦎫（就）☑C7_01_Y3：17

☑於成斗麋[⑧]☑C7_01_O：352

☑𦎫（就）禱子西君戠（特）牛。壬唇（辰）之日禱之。[⑨]☑C7_01_N3：202、205

【匯釋】

①返：**同“及”，介詞。**

江：**指長江。**袁國華（2006）：江即長江，河川名。也稱“大江”或“揚子江”。

灘：**同“漢”，漢水，長江支流。**

沮：**通“沮”，沮水。**

漳：**漳水。**

②延：**同“延”，延續、繼續。**宋華強（2010：358）認爲，“延”虛化爲兩事之間的承接副詞，表示動作行爲的先後關係，與“乃”“廼”“遂”義近，表示“接着、然後”。“及江、漢、沮、漳，延至於淮”就是說由遠及近望祭楚地大江大河，先望祭江、漢、沮、漳，接着望祭淮水。徐在國（2003C）訓作及。

瀤：**通“淮”，淮水**。袁國華（2006）：河川名，指的是發源自桐柏山的淮河。簡文“瀤”下似有重文符號，疑有可能是“淮水”的合文。

③楚祧：**“祧”同“先”。楚先祖**。參閱簡乙三41。

老嬞：**楚人先祖**。黄德寬（2005：4）：此字从女，表明“老童”爲女性。劉信芳（2005：6）：在三楚先中老童是始祖母的地位，是遠古族系分派以後楚人的女性先祖，與秦之祖先“女脩”類似。

祝〔[illegible]〕：**“[illegible]”通“融”。祝融：楚人三先祖之一**。

④瘠：**“𤺺”字之誤，“𤺺”通“續”**。宋華強（2010：388）疑是“瘨”或“瘨”字之誤，原文當是“一瘨/瘨巳”。𤺺（續）：**有四說：一、通“續”，延續**。陳偉（2006：81）：楚簡中此字恐讀爲“續”，延續的意思。與“已（疾病終止）”相對，“續”是病情持續的意思。**二、病情加重**。趙平安（2009：110）認爲，包山、天星觀簡中此字可讀爲“癃”，指“足不能行”，或指“癃疾”，或指“小便不暢”，還可以指病情加重。**三、通“篤”，病情加重**。劉釗（2002C）：从“賣”或“儥”字，讀爲“篤”，病勢沉重的意思。董珊（2003）：依劉釗釋爲“𤺺”。“疾一𤺺（篤）一已”應該是說病情時好時壞。**四、通“蠥”，病**。何琳儀（2004A）：讀爲“蠥”，典籍亦作“孽”，病也。

巳：何琳儀（2004A）釋爲“巳”，訓爲消失。董珊（2003）釋作“已”。陳偉（2013：72）：簡文中確定用作“已”字的“巳”徑釋作“已”。今按：原整理者將多處“巳”或“已”釋作“也”，簡甲三132釋“也”字作“[illegible]”，簡甲三138釋“巳”字作“[illegible]”，而釋“已”字作“[illegible]”，其實三個是完全不同的字形。

⑤肙蘁：**黑色的卜龜**。參閱簡乙四35。

繄：**通“祟”，鬼神之害**。參閱簡甲三39。

⑥門：**神名，五祀之一**。參閱簡零325。

⑦文君：**平夜君成之父**。河南省文物考古研究所（2003：183）：簡文又稱“坪夜文君”或“坪夜文君子良”，即曾侯乙墓竹簡中的“坪夜君”，包山簡中“文坪夜君子良”。見於《左傳》哀公十七年，爲昭王之子、惠王之弟，應是始封的坪夜君。宋華強（2010：118）：在新蔡卜筮簡中，出現次數最多的先人就是昭王和文君，都是大約20次。單獨出現的女性先人衹有文夫人，大約10次。由此推斷文夫人就是平夜君成的母親，文君是平夜君成的父親。

⑧斗：**有三說：一、从“主”，釋“斗”，意義不明**（宋華強，2010：462）。**二、釋“爵”**。徐在國（2003A）據上博竹書《緇衣》、楚燕客銅量銘、包山簡的“爵”字證此字釋爲“爵”，後一字釋作“彔”，讀爲“祿”。**三、釋爲“裸”**（整理者按）。

⑨壬脣：**“脣”同“辰”。壬辰：天干地支紀日**。

【今譯】

……到長江、漢水、沮水、漳水，一直延伸到了淮水。這一天前往祭禱楚人先

祖老童、祝融……C7_01_N3：268

……病情時好時壞。用黑色的卜龜占得作祟的鬼神，有災害出現在太一神、北方之神處……C7_01_N3：110

……戶神、門神。有禍祟出現在昭王、惠王、文君、文君夫人、子西君處。前去祭禱……C7_01_N3：213

……用一頭母羊祭禱地主神，前往祭禱……C7_01_Y3：17

……在成斗麇……C7_01_O：352

……前往祭禱子西君一頭公牛。壬辰日祭禱他們……C7_01_N3：202、205

【釋文】

☑頙（夏）篻（栾）之月己丑之日，㠯（以）君不瘽（懌）志（之）古（故），𨗳（就）禱霝（靈）君子一豬，[①] 𨗳（就）禱門、戶屯一𦍩（羖），[②] 𨗳（就）禱行一犬。壬㫰（辰）之日〔禱之〕。☑C7_01_Y1：28

☑頙（夏）篻（栾）之月己〔丑之日〕，㠯（以）君不瘽（懌）之古（故），𨗳（就）禱墬（陳）宗一豬。[③] 壬㫰（辰）之日禱〔之〕。☑C7_01_Y1：4、10 + C7_01_Y2：12

☑頙（夏）篻（栾）之月己丑之日，㠯（以）君不瘽（懌）之古（故），𨗳（就）禱三楚先屯一痒（牂），瓔（纓）之𤥑玉。壬㫰（辰）之日禱之。☑C7_01_Y1：17

【匯釋】

①霝君子：**某神靈。**“霝”是“靈”的古體。宋華強（2010：233）：“靈”字从“巫”之意，楚語中的“巫”可直接稱“靈”。“靈君子”似與楚簡中一般祭禱的“巫”有所不同，也許就是《史記・封禪書》中荊巫所祠的“巫先”。《廣雅・釋詁》云：“靈子，巫也。”楚人稱神靈爲“君”也多見，所以“靈君子”就是巫。袁金平（2006A）認爲是“五祀”中“竈”的別稱，即竈神。

豬：**豬牲。**晁福林（2011）：从“昔”得聲，或通“腊”，豬肉乾。

②𦍩：**羊牲。有四說：一、通“羖”，黑色的公羊，特指騸過的。**侯乃峰（2006）：从羊“攺”聲，讀爲“羖”。**二、母羊。**整理者（2003）讀爲“牂”。邴尚白（2007：25）認爲，望山一號墓簡 55 有“太一牂；后土、司命各一牂；大水一環”，可見“牂”與“牂”指不同的羊牲。**三、同“羯”，公羊。**朱德熙、裘錫圭、李家浩（1995：97）釋望山楚簡此字作“牂”，或爲“羯”的異體。**四、同“羖”，義同“羖”。**劉信芳（1998：35）認爲是“羖”的異體。

③墬宗：**“墬”同“陳”。陳宗：某神靈。**宋華強（2010：374）認爲是神靈名號。也可能指陳國先祖。

【今譯】

……七月己丑日，因爲平夜君成患病，用一頭豬向靈君子進行祈禱，用一頭羊

向門神、戶神祈禱，用一隻狗向行神祈禱。壬辰日（祭禱他們）……C7_01_Y1：28

……七月己丑日，因爲平夜君成患病，用一頭豬前去向陳宗祈禱。壬辰日對他進行祭禱……C7_01_Y1：4、10 + C7_01_Y2：12

……七月己丑日，因爲平夜君成患病，準備對三位楚國先祖都用一頭母羊進行祈禱，用裝飾了蜃甲的玉懸掛在羊牲上。壬辰日祭禱他們……C7_01_Y1：17

【釋文】

☐〔王〕大牢，百之，贛（貢）。壬唇（辰）之日禱之。☐C7_01_O：40

☐禱子西君戠（特）牛。壬唇（辰）之日禱之。☐C7_01_O：147

☐兩痒（牂），瑆（纓）之兆玉。壬唇（辰）之日禱之。☐C7_01_Y2：23 + C7_01_O：253

☐之日禱之。☐C7_01_N3：305

☐彭定☐C7_01_N3：168

☐骵（背），[1]㠯（以）☐C7_01_O：210 - 2

【匯釋】

①骵：通“背”，背部。

【今譯】

……備齊牛羊豕三牲祭禱楚王，百倍虔誠地祭禱，進獻祭品。壬辰日祭禱他們……C7_01_O：40

……用一頭牛向子西君祈禱。壬辰日祭禱他。C7_01_O：147

……兩頭母羊，將裝飾了的玉懸掛在母羊上。壬辰日祭禱他們。C7_01_Y2：23 + C7_01_O：253

……日祭禱他們。C7_01_N3：305

……彭定……C7_01_N3：168

……背部，又……C7_01_O：210 - 2

【釋文】

☐少（小）臣成迷（速）瘳，[1]是☐C7_01_N3：16

☐㠯（以）心痵（悶），[2]爲集☐C7_01_Y4：7

☐戠（歲）貞，自☐C7_01_O：177

☐嬰良之敚（說）。[3]嬰禱於卲（昭）王、吝（文）☐C7_01_Y3：28

【匯釋】

①少臣成：“少”同“小”。小臣成：平夜君成自稱，小臣是謙稱。

迷：通“速”，快速。

②心痵：簡文還寫作“心忞”“心痵”。**有兩說：一、“悗”的異體，“悗”通“悶”。心悶，内心悶亂的意思。**李家浩（2000：146）：九店楚簡見“忞”，是“悗”的異體，又“悗”通“悶”，應讀爲“悶”。《黄帝内經太素·調食》楊上善注：“悗，音悶。”張光裕、陳偉武（2006）：應讀爲“悗”。李零（1999B：146）：所从疑是“娩”的古體。**二、卜筮工具。**陳偉（2010：97）：從語法位置看當是卜筮的工具，不看作疾病用語。

陳偉（2013：73）：此簡與簡零 177 可相接。宋華強（2010：381）：簡乙四 8 與乙四 7 可拼合。

③嬰良：**貞人名。**

斂：**有三說：一、通“說”，以辭責讓，免除禍祟。**湖北省荆沙鐵路考古隊（1991：53）：通“說”，爲解除憂患進行的祭禱。沈培（2007B）：“說”祭，包含以辭責讓的意思，也包含使祟解除的意思。**二、通“說”，訴說，以辭告神。**李家浩（1997）：訴說、陳說之意，向神訴說將會發生的災禍以求解脱。李學勤（2006：194）：告神的祝詞，“說”沒有責讓的意思，“攻”才有責讓的意思。**三、通“奪”，攘奪。**何琳儀（1998：1032）：斂，奪。李零（2000：283）：“斂”是“奪”的早期寫法，奪取、奪去。于成龍（1999）也認同攘奪的說法。

【今譯】

……小臣我快快痊愈……C7_01_N3：16

……又心悶，爲滿一年……C7_01_Y4：7

……年貞問，從……C7_01_O：177

……嬰良的攻解方案“說”。祭禱昭王、文……C7_01_Y3：28

【釋文】

臣成敢[①]⧄C7_01_Y4：28

自我先人，㠯（以）⧄C7_01_O：217

⧄罷夜遂先人⧄C7_01_N3：13

⧄貞，楚邦既[②]⧄C7_01_O：172

⧄于天之[③]□⧄C7_01_O：114

⧄□聒（聞）智（知）[④]⧄C7_01_O：173

⧄〔司〕命一勍⧄C7_01_O：15

⧄选（先）之一璧[⑤]⧄C7_01_N3：142－1

⧄□㠯（以）亓（其）古（故），舉禱吝（文）⧄C7_01_Y3：8

⧄之，甚吉。C7_01_Y4：24

⧄韷（融）、空（穴）酓（熊）各一痒（牂），[⑥]瓔（纓）之兆玉。壬唇（辰）之日禱之。⧄C7_01_Y1：24

⧄之日禱之⧄C7_01_N3：88

☑□之月己亥之日趄鬻☑C7_01_Y4：4

【匯釋】

①敢：**謙詞，恭謹冒昧地。**

②楚邦：**楚國。**

③于：**介詞。**宋華強（2010：284）：新蔡簡的兩例“于”字和秦惠文王禱病玉版銘文中的“于”字一樣，都出現高級貴族向神靈禱告的祝文中，具有一種恭敬而典重的性質，所以其介詞用字都不約而同地出現了“存古”的現象。

宋華強（2010：294）將簡零173、114與簡乙四31連讀，“之”後補“若”，“聞知于天之若不（否），遷……”推測意爲：對於天之所善所惡無所聞知，故而有過，觸怒了神靈，降下禍祟，懇求神靈原諒。

④聒智：**“聒”同“聞”，“智”通“知”。聞知：見聞知識。**

⑤选之：**“选”通“先”，動詞。先之：在祭祀前先用某祭品。**李零（1999C：525）：秦駰禱病玉版中的“壹璧先之”是“先奠璧，後埋牛、羊、豕和車馬”。李家浩（2001A：99）：秦駰禱病玉版中的“壹璧先之”皆位於祭品之末，“之”顯然指它前面的祭品。陳偉（2004：41）：“先之”與《左傳》襄公二十六年“先之一玉”、《說苑·權謀》“先之一璧”相同。羅新慧（2007）：意爲先向神靈進獻物品，再進獻祭牲。于成龍（2004A：92）：當訓爲“前導”之義。

⑥空畲：**“空”同“穴”，“畲”通“熊”，即穴熊，楚人三先祖之一。**

【今譯】

臣成冒昧……C7_01_Y4：28

從我先祖，用……C7_01_O：217

……罷夜遂先祖……C7_01_N3：13

……占卜，楚國已經……C7_01_O：172

……對於天的……C7_01_O：114

……聽說……C7_01_O：173

……（司）命一犧牲……C7_01_O：15

……在之前先奉上一塊玉璧……C7_01_N3：142－1

……因爲它，舉禱文……C7_01_Y3：8

……他，非常吉利。C7_01_Y4：24

……祝融、穴熊各一頭母羊，將裝飾了的玉懸掛在母羊上。壬辰日祭禱他們。……C7_01_Y1：24

……日祭禱他們……C7_01_N3：88

……月己亥日趄鬻……C7_01_Y4：4

【釋文】

王遷（徙）於鄩（鄩）郢之戢（歲）頣（夏）筡（栾）之月乙巳之日，㬝（許）定㠯（以）陵尹懌之大保（寶）豙（家）爲君貞，[①]既伓（背）雁（膺）疾，[②]㠯（以）▨C7_01_Y1：20 + C7_01_Y2：25 + C7_01_O：205 + C7_01_Y3：48 + C7_01_Y3：22

王遷（徙）於𣪊（鄩）郢之戢（歲）頣（夏）筡（栾）之月乙巳之日，䫜與良志㠯（以）陵尹懌之大保（寶）〔家〕[③]▨C7_01_Y1：12 + C7_01_O：117

王遷（徙）於𣪊（鄩）郢之戢（歲）頣（夏）筡（栾）之月乙巳之日，洍𧥄㠯（以）陵[④]▨C7_01_Y1：18

自頣（夏）筡（栾）之月㠯（以）至苿（來）戢（歲）頣（夏）筡（栾）尚毋又（有）大咎。[⑤]〔洍𧥄〕▨C7_01_Y1：19

▨痵（悶），尚毋〈毋〉又（有）咎。▨C7_01_N2：33

▨之日，䫜與良志㠯（以）▨C7_01_Y2：44

▨□〔戊〕申㠯（以）迟（起）己彰（酉）禱之[⑥]▨C7_01_Y2：6、31

【匯釋】

①㬝定：**“㬝”通“許”。許定：貞人名。**

陵尹懌：**陵地長官，名字爲懌。**邴尚白（2007：126）：“陵尹懌”應是私名前冠以職官名，“陵尹”是楚官名，又見於《左傳》昭公十二年及包山簡179。馬承源（2004：201）認爲，“陵尹”可能是掌管山陵的長官，也可能“陵”是地名，陵縣縣令。

大保豙：**“保”通“寶”，“豙”同“家”。有兩說：一、龜名，一種占卜工具。**李零（1993：432）：讀爲“寶家”，可能是古書所說的“寶龜”。宋華強（2010：378）：疑讀爲“大寶夏”，與《上博簡·柬大王泊旱》簡1“大夏”是同一種卜龜，“家”“夏”古音相通，其關係類似“大寶龜”。**二、蓍草名。**朱德熙（1995：205）：“豙”和“𡉚”一樣讀爲“蓍”，認爲是蓍草。邴尚白（2009：175）認爲“𡉚”可能是由於“家”“室”或“豕”“至”音近而替代的訛誤字形，抑或根本與“豙”是不同的卜筮用具。

②伓雁疾：**“伓”通“背”，“雁”通“膺”。背膺疾：胸背痛。**

陳偉（2013：74）：三段殘簡可綴合。

③䫜與良志：**貞人名。**

陳偉（2013：74）簡乙一12、零117可綴合。

④洍𧥄：**貞人名。**

⑤苿戢：**“苿”同“來”，“戢”同“歲”。來歲：來年。**

自……以至……：**時間連詞，從……到……**張玉金（2011：115）：“自”是時間介詞，和“以至”構成介詞結構，表示時間的起點和終點。

⑥迟：**有三說：一、同“起”。**李天虹（2003）：起的異體字，郭店簡亦見。從文意看，“起”在這表示日期的訖止，疑應讀作“極”，至、到的意思。**二、訓爲**

“迄”。楊華（2005）：“以起”可訓爲“以迄”，從哪天開始，到哪天爲止。**三、讀如本字**。何有祖（2007D）：“起”讀如本字更好，“以起”後斷讀，從某日開始的意思。**四、病愈**。陳偉（2009）：認爲“起”應該是病愈的意思。此句句讀爲“戊申之夕以起，己酉禱之”。

【今譯】

楚王遷徙到鄩郢那年的七月乙巳日，貞人許定用陵地長官懌的叫作大寶家的龜作爲占卜工具替平夜君成貞問，平夜君成已經有背部、胸部病痛，而又……C7_01_Y1：20＋C7_01_Y2：25＋C7_01_O：205＋C7_01_Y3：48＋C7_01_Y3：22

楚王遷徙到鄩郢那年的七月乙巳日，頣與良志用陵縣長官懌的大寶（家）卜龜……C7_01_Y1：12＋C7_01_O：117

楚王遷徙到鄩郢那年的七月乙巳日，貞人涎（謍）用陵……C7_01_Y1：18

從七月到來年七月希望不會有大的禍咎。貞人涎（謍）……C7_01_Y1：19

……心悶，希望不要有禍咎……C7_01_N2：33

……日，頣與良志用……C7_01_Y2：44

……戊申日夜晚開始到己酉日祭禱它……C7_01_Y2：6、31

【釋文】

王遷（徙）於鄵（鄩）郢之〔戠〕（歲）☐C7_01_Y4：66

☐巳之日，謍（許）定㠯（以）陵尹懌之大保（寶）豕（家）□☐C7_01_N3：216

☐之，舉禱型（荆）社型（亡）犟（牢）、酉（酒）食，① 頣（夏）社戠（特）牛、酉（酒）食，② 舉禱☐C7_01_N3：243

☐大（太）犟（牢），③饋，延（棧）鐘樂之。④C7_01_N3：261

☐墮（殤）子肥豬，⑤ 酉（酒）食。虞（且）⑥☐C7_01_Y4：80

☐起己彭（酉）禱之。☐C7_01_N3：144

【匯釋】

①型社：**“型”同“荆”，“社”通“亡”。荆亡：死於荆楚之地的亡魂。**屬於人鬼神靈。楊華（2006B：208）：“社”，讀作“亡”。“荆亡”“夏亡”指平夜君家族中死於荆楚之地和中原之地的亡魂。“荆亡”所享祭規格高於“夏亡”。宋華強（2010：422）認爲並不能判定“荆亡”地位高於“夏亡”，因爲文夫人和子西君用牲都是既用“型牢”，又用“特牛”，有時同用“型牢”“特牛”，很難說“型牢”規格高於“特牛”。

型犟：**“犟”同“牢”，古代稱作祭品的牲畜。**楊華（2006B：206）：讀作“鉶牢”，即“鉶鼎之牢”，指肉羹與鹽、菜調和的一組祭品。

②頣社：**即“夏亡”，死於中原之地的亡魂。**

③大牢：**“大”通“太”，“牢”同“牢”。太牢：祭祀物品。**

④延鐘：**“延”通“棧”。有三說：一、編鐘。**徐在國（2006）：均讀作“棧鐘”。李家浩（1998）：信陽簡2－018中的“前鐘”和天星觀簡中的“鐘”讀爲“棧鐘”，義爲編鐘。**二、前鐘。**陳偉（2003：97）釋簡乙一29、30和簡甲三136“𦝫”字作“逌”。前鐘，已見於信陽1號楚墓竹簡2－018（作“前”）與天星觀楚墓竹簡（作“鍆”）。**三、懸鐘。**何琳儀（2004A）：“𦝫鐘”疑讀爲“縣（懸）鐘”。

⑤㱩子：**“㱩”通“殤”，未成年而死者。**宋華強（2010：437）：“㱩”讀作“殤”。“殤子”，《莊子·齊物論》：“莫壽於殤子。”陸德明《釋文》：“殤子，短命者也。”包山簡222祭禱對象有“殤”。

⑥虘：**同“且”，連詞。**

【今譯】

楚王遷徙到鄩郢那年……C7_01_Y4：66

……巳日，貞人許定用陵地長官愲的叫作大寶家的龜……C7_01_N3：216

……之，祭禱荆楚亡魂用𦍋牢、酒食，祭禱中原亡魂用牛牲、酒食，祭禱……C7_01_N3：243

……進獻祭品太牢，編鐘奏樂……C7_01_N3：261

沒有成年就死去的人用肥豬、酒食。並且……C7_01_Y4：80

……到己酉日祭禱他們。C7_01_N3：144

【釋文】

王遷（徙）於鄩（鄩）郢之戢（歲）頣（夏）〔栾〕之月乙巳之日，洍醬㠯（以）陵尹懌之大保（寶）豪（家）爲君貞，伓（背）膺疾，㠯（以）痒（胖）瘬（脹）、心悆（悶）。[①]既爲貞，而敓（說）亓（其）祱（祟），[②]自頣（夏）㝫（栾）之月㠯（以）至桼（來）戢（歲）之頣（夏）㝫（栾），尚毋又（有）大咎。洍醬占之：巫（恒）貞吉，亡（無）咎。▨C7_01_Y4：67＋C7_01_O：103＋C7_01_N3：219＋C7_01_N3：117、120

王遷（徙）於鄩（鄩）郢之戢（歲）頣（夏）㝫（栾）之月乙巳之日▨C7_01_N3：225＋C7_01_O：332－2

▨王徙於鄩（鄩）郢之戢（歲）頣（夏）▨C7_01_O：79＋C7_01_O：142

▨戊申之夕㠯（以）迡（起）己〔酉禱之〕[③]▨C7_01_N3：126＋C7_01_O：95

【匯釋】

①㠯：**同“以”，訓爲“又”，順承連詞。**

痒瘬：**“痒”同“胖”，簡文還寫作“痵”。“瘬”同“脹”。胖脹：胸腹腫大，由心病引起。**張光裕、陳偉武（2006：86）：指腹滿。玄應《一切經音義》卷三引

《埤蒼》："胮脹，腹滿也。"宋華強（2010：315）："痒/瘽脹"與文獻《素問·藏氣法時論》中所說"心病者，胸中痛，肋支滿，肋下痛，膺背肩甲間痛，兩臂內痛；虛則胸腹大，肋下與腰間相引而痛"的"肋支滿""虛則胸腹大"相合。

②敓：**有三說：一、通"說"，以辭責讓，免除禍祟**。湖北省荊沙鐵路考古隊（1991：53）：通"說"，六祈之"說"，爲解除憂患進行的祭禱。沈培（2007B）：六祈之"說"祭，包含以辭責讓的意思，也包含使祟解除的意思。**二、通"說"，訴說，以辭告神**。李家浩（1997）：訴說、陳說之意，將會發生的災禍之事向神訴說以求解脫。李學勤（2006：194）：告神的祝詞，"說"沒有責讓的意思，"攻"才有責讓的意思。**三、通"奪"，攘奪**。何琳儀（1998：1032）：敓，奪。李零（2000：283）："敓"是"奪"的早期寫法，奪取、奪去。于成龍（1999）也認同攘奪的說法。

亓：**同"其"，代詞**。

宋華強（2010：378）：簡乙四67、零103、甲三219拼合。

③戊申之夕：**戊申日的夜晚**。

㠯起：**"㠯"同"以"。有四說：一、表示日期的起始**。李天虹（2003）：從文意看，"起"在這表示日期的訖止，疑應讀作"極"，至、到的意思。**二、訓爲"迄"**。楊華（2005）："以起"可訓爲"以迄"，從哪天開始，到哪天爲止。**三、讀如本字**。何有祖（2007D）："起"讀如本字更好，"以起"後斷讀，從某日開始的意思。**四、病愈**。陳偉（2009）：認爲"起"應該是病愈的意思。此句句讀爲"戊申之夕以起，己"。

【今譯】

楚王遷徙到鄩郢那年七月乙巳日，貞人瀝賓用陵地長官懌的大寶家替平夜君成貞問，背部、胸部皆有病痛，並且有胸腹大、心悶煩亂的毛病。已經貞問結束，又舉行用言辭責讓使禍祟解除的說祭，從今年七月到來年七月，希望不會有大的禍咎。瀝賓占測：從長遠來看是吉利的，沒有禍咎。……C7_01_Y4：67 + C7_01_O：103 + C7_01_N3：219 + C7_01_N3：117、120

楚王遷徙到鄩郢那年七月乙巳日……C7_01_N3：225 + C7_01_O：332－2

……楚王遷徙到鄩郢那年七月……C7_01_O：79 + C7_01_O：142

……戊申日夜晚開始到己（酉日祭禱它）……C7_01_N3：126 + C7_01_O：95

【釋文】

☐爲箸告我𠋫所取於☐[①]☐C7_01_Y3：33

☐柰（祟），[②]與黽同敓（祟）[③]☐C7_01_O：241

☐亡咎，己酉昏（晨）禱之。[④]☐C7_01_O：307

☐無咎。疾迲（遲）瘥（瘥），又（有）瘄（續）。[⑤]㠯（以）亓（其）古（故）敓（說）☐C7_01_Y3：39

☐痒（牂），緅（纓）之兆玉。定占之曰：吉☐C7_01_N3：170

☐瘖（續）。㠯（以）亓（其）古（故）敚（說）之，寋（賽）禱北方☐C7_01_Y3：61

【匯釋】

①箸：宋華強（2010：103）疑當讀爲“書”，**文書。**

偯：**人名。**宋華強（2010：96）釋爲“偯”，求取祭物者的名字。

②柰：**通“祟”，災禍的意思。**偏重於鬼神之害，與“咎”有別。**有三說：一、釋“柰”，通“祟”。**張新俊（2006）視“米”爲“柰”的省體或異體，先是省“大”爲“山”，省“示”爲“朩”，再結合在一起變成“米”。釋爲柰，讀作祟。徐在國（2003）釋爲“凩”，讀爲“祟”。袁金平（2005）：釋爲“痳”，是“胖脹心悶”的簡稱，後又從“祟”之釋讀。**二、柰何。**陳偉（2008）指出“柰”爲“奈何”之“奈”，作“如何”解，“毋有柰”猶“無有如何”，即“不會怎麼樣”，與“毋死”近似。**三、疥瘡的形狀像米粒。**整理者（2003：192）釋作“米”，疑指疥瘡之狀。疥瘡本爲米粒狀的丘疹和水泡。

③與黽同敚：**和卜龜所占得的祟相同。**參閱簡甲三3“與䵷同敚”匯釋。

④昏：**通“晨”，早晨。**

⑤瘖：**通“續”，延續。**參閱甲三110匯釋。

【今譯】

……用文書登記好告訴我從……取得……C7_01_Y3：33

……禍祟，和貞人黽求得的禍祟相同……C7_01_O：241

……沒有禍咎，己酉日早晨祭禱它。C7_01_O：307

……沒有禍咎。疾病會快快痊愈的，但病情會持續一段時間。因爲這個緣故舉行說祭解除禍祟……C7_01_Y3：39

……母羊，將裝飾了的蜃甲的玉懸掛在母羊上。定占測：吉利……C7_01_N3：170

……延續。因爲這個緣故舉行說祭解除禍祟，賽禱北方之神……C7_01_Y3：61

【釋文】

☐兩義（犧）馬，①㠯（以）譻禱☐C7_01_Y2：9

☐之，寋（賽）禱大（太）一☐C7_01_Y3：20

☐㠯（以）一璧，既☐C7_01_O：188

☐大迳（一）（路）車②☐C7_01_O：123

☐絑（朱）迳（路），③驪（二）（麗）義（犧）馬④☐C7_01_Y3：21

☐義（犧）馬，女乘黃⑤☐C7_01_N3：84

☐乘鞾迳（路），⑥驪（麗）〔犧馬〕☐C7_01_Y2：10

□女乘驑[⑦]□C7_01_N3：183－1

□乘驑□C7_01_N3：167

【校記】

（一）《十四種》作“路”，此處從整理者。

（二）《十四種》作“驪”，此處從整理者。

【匯釋】

①義馬：**“義”通“犧”**。宋華強（2010：435）：“犧”指純色。**純色的馬。**

②大造：**“逄”通“路”**。大路裘錫圭、李家浩（1989：528）：古代的路車有所謂“五路”。《周禮・春官・巾車》記“王之五路”是：玉路、金路、象路、革路、木路。《禮記・月令》則謂“春乘鸞路，夏乘朱路，中央土乘大路，秋乘戎路，冬乘玄路”。

③絑逄：**“絑”通“朱”，“逄”通“路”。朱路：路車的一種。**

④騛：**有兩說：一、通“麗”，成對的。**徐在國（2003B）：讀作“麗”或“驪”，義爲兩，成對的。“麗犧（犧）馬”，義爲兩匹犧馬。裘錫圭、李家浩（1989：527）：“麗”，謂兩馬並駕。《漢書・揚雄傳》“麗鉤芒與驂蓐收兮”，顏師古注：“麗，並駕也。”字或作“驪”。《漢書・平帝紀》顏師古注引服虔曰：“併馬，驪駕也。”**二、黑色。**宋華強（2010：435）：當指馬的顏色。《説文・馬部》：“驪，馬深黑色。”“驪犧馬”指毛色爲純黑的馬。

⑤女乘：**婦女所乘坐的馬車。**彭浩（1984：65）認爲是婦人乘坐之車，車上皆有容蓋。朱德熙、裘錫圭、李家浩（1995：114）疑“女乘”指婦女所乘的四周遮蔽得比較嚴密的車子。

黄：**黃色。**宋華強（2010：435）認爲是“女乘”所駕馬的顏色。

⑥雚逄：**“雚”通“雀”，“逄”通“路”。雀路：相當於《禮記・月令》的“玄路”，路車的一種。**徐在國（2003B）：“雚”讀爲“雀”。《尚書・顧命》：“二人雀弁，執惠，立於畢門之內。”孔穎達疏引鄭玄曰：“赤黑曰雀，言如雀頭色也。”“雀路”相當於上引《禮記・月令》篇中的“玄路”。與曾侯乙簡184“鞘路”同。

⑦驑：宋華強（2010：435）引《説文》：“赤馬黑毛尾也。”

【今譯】

……兩匹純色的馬，用作祭禱……C7_01_Y2：9

……它，向太一神祭禱……C7_01_Y3：20

……用一塊玉璧，已經……C7_01_O：188

……大路車……C7_01_O：123

……朱路車，兩匹純色的馬……C7_01_Y3：21

……純色的馬，婦女乘坐的黄色的馬拉的車……C7_01_N3：84
……駕雀路車，兩匹（純色的馬）……C7_01_Y2：10
……婦女乘坐的赤色的馬拉的車……C7_01_N3：183－1
……乘坐的赤色馬拉的車……C7_01_N3：167

【釋文】

☰☷☳。[1]辛亥之☐C7_01_Y4：68

☐〔之〕日廌（薦）之□☐C7_01_O：23

☐巳之昏廌（薦）虘（且）禱之墬（地）宔（主），八月辛酉☐C7_01_Y3：60＋C7_01_Y2：13

日於九月廌（薦）虘（且）禱之，吉☐C7_01_N3：401

王遷（徙）於敾（鄩）郢之戢（歲）頭（夏）𥏦（栾）之月癸丑☐C7_01_N3：299

☐之日，鄦（許）定㠯（以）陵尹懌之大保（寶）豪（家）爲君貞，既伓（背）☐C7_01_Y2：27＋C7_01_O：296

☐悆（悶），𠦪（卒）戢（歲）或至頭（夏）𥏦（栾）☐C7_01_N2：8

之月尚毋又（有）咎，竆（躬）身尚自宜訓（順）。[2]定☐C7_01_Y1：9＋C7_01_Y2：17

☐子西君、吝（文）夫人各戠（特）牛☐C7_01_Y1：7＋C7_01_Y1：27

【匯釋】

①☰☷☳：左觀右復。

②竆身：“竆”通“躬”。躬身：身體。馬王堆帛書《六十四卦·（根）艮》：“根其竆。”通行本《易》作“躬”。

訓：通“順”，順利。這裏指身體健康。

【今譯】

……（筮卦）辛亥日……C7_01_Y4：68

……日進獻祭品……C7_01_O：23

……巳日晚上進獻祭品並且祭禱地主神，八月辛酉日……C7_01_Y3：60＋C7_01_Y2：13

……日在九月進獻祭品並且祭祷他們，吉利……C7_01_N3：401

楚王遷徙到鄩郢那年七月癸丑日……C7_01_N3：299

……日，許定用陵地長官懌的大保家替平夜君成貞問，已經背部……C7_01_Y2：27＋C7_01_O：296

……悶，到年底或到七月……C7_01_N2：8

……月希望不會有禍咎，身體希望還算健康。定……C7_01_Y1：9＋C7_01_Y2：17

……子西君、文夫人各一頭公牛……C7_01_Y1：7 + C7_01_Y1：27

【釋文】

□癸丑之日，彭定以（以）少（小）冦（尨）麓爲[①]□C7_01_N3：172 + C7_01_Y3：19

□〔丑〕之日，彭定以（以）少（小）冦（尨）麓爲□C7_01_Y3：38

以（以）少（小）冦（尨）麓爲君貞，伓（背）膺（膺）疾，以（以）痒（胖）瘬（脹）[②]□C7_01_Y3：43 + C7_01_Y2：11

【匯釋】

①冦麓：**"冦"同"尨"。顏色不純的卜龜，占卜工具。**參閱簡甲三133"尨麓"匯釋。

②痒瘬：**"痒"同"胖"，"瘬"同"脹"。胖脹：胸腹腫大，由心病引起。**參閱簡乙四67"痒瘬"匯釋。

宋華強（2010：42）：簡乙三43與簡乙二11拼合。

【今譯】

……癸丑日，彭定用雜色的小龜替……C7_01_N3：172 + C7_01_Y3：19

……丑日，彭定用雜色的小龜替……C7_01_Y3：38

用雜色的小龜替平夜君成貞問，背部胸部痛，又全身浮腫……C7_01_Y3：43 + C7_01_Y2：11

【釋文】

□吉。疾䢋（一）（速）敗（二）（損），[①]少（小）迮（遲）恚瘉（瘥）。[②]以（以）亓（其）古（故）敓（說）□C7_01_Y2：3、4

□於司命一勂，舉禱於□C7_01_N1：15

□一青義（犧），〔先〕之一璧；舉禱於墬（地）宔（主）〔一〕青義（犧），先之一璧；舉禱於二天子各痒（牂）□C7_01_Y2：38、46、39、40

□牆（將）䢋（速）又（有）閯（三）（閒），[③]無咎無敓（祟）□C7_01_N3：232、95

□牆（將）䢋（速）痯（瘥），無咎無敓（祟）□C7_01_Y3：2 + C7_01_N3：186

【校記】

（一）《十四種》作"速"，此處從整理者。

（二）《十四種》作"叚"，此處從整理者。

（三）《十四種》作"間"，此處從整理者。

【匯釋】

①遬：同“速”，快速。

𢼸：同“損”，病愈。

②恚：張新俊（2005）：讀爲“蠲”，除去的意思，引申爲病愈。

③閟：同“閒”，病愈。《左傳》文公十六年“諸君俟閒”，釋文：“閒，疾差也。”《集韻》：“閒，瘳也。”“有閒”的意思是“病情有好轉”。

【今譯】

……吉利。疾病會快快痊愈，一點點慢慢痊愈。因爲這個緣故要舉行說祭……C7_01_Y2：3、4

……司命一隻犧牲，祭禱……C7_01_N1：15

……一隻青色的犧牲，在之前先進獻一塊玉璧；祭禱地主神一隻青色的犧牲，在此之前先進獻一塊玉璧；祭禱二天子各一頭母羊……C7_01_Y2：38、46、39、40

……將會很快痊愈，沒有禍咎沒有禍祟……C7_01_N3：232、95

……將會很快痊愈，沒有禍咎沒有禍祟……C7_01_Y3：2＋C7_01_N3：186

【釋文】

□伓（背）膺𢜶（悶）心之疾，伓（背）膺𢜶（悶）心之疾，迖（速）瘳迖（速）瘨（瘥）。㠱（翼）日癸丑，①少（小）臣成之□C7_01_N3：22、59＋C7_01_O：106

□隹（唯）潒（顫）栗忎（恐）䰍(一)（懼），②甬（用）受繇（繇）元龜、晉（巫）筮（筮）曰：③有祱（祟）見于大川有汸，④少（小）臣成敬之䰍（懼）之，⑤敢甬（用）一元㹄痒（牂），⑥先之□C7_01_N3：15、60＋C7_01_O：198、203＋C7_01_O：651＋C7_01_Y4：48

□食，卲（昭）告大川有汸，曰：於（嗚）呼（虖）懷（哀）哉！⑦少（小）臣成募（暮）生㬎（早）孤⑧□C7_01_O：9＋C7_01_N3：23、57

□□少（小）臣成奉（逢）𢓊（害）戲（虐）⑨□C7_01_N3：64

□食，卲（昭）告大川有汸。少（小）臣成敢甬（用）解訛（過）懌(二)（釋）𢘋（尤），⑩若C7_01_N3：21＋C7_01_N3：61

【校記】

（一）《十四種》作“瞿”，此處從整理者。

（二）《十四種》作“㾾”，此處從整理者。

【匯釋】

①㠱日：**“㠱”通“翼”，第二天。**徐在國（2003A）：“㠱”讀爲“翼”。“翼日”即第二天。何琳儀（2004A）：“㠱”讀爲“若”。李天虹（2003）：從文意看，“㠱”可能讀作“一”。“一日癸丑”是“過了一天到了癸丑”，亦即“第二日癸丑”

的意思。甲骨文一般稱第二天爲“翌日”，但也有稱“一日”之例。

②隹：**通“唯”，語助詞，表發端**。于茀（2005）：應讀爲“唯”。

湪栗：**有三說：一、“湪”通“顫”，戰栗，因害怕發抖**。李天虹（2003）：從文意考慮，“湪”疑應讀作“顫”或“戰”，古音“蕩”屬定母陽部，“顫”“站”屬章母元部，“湪”“顫”“站”聲母相近。于茀（2005）：“湪栗”應讀爲“戰慄”。湪，定母陽部字，戰，章母元部字，元陽通轉，章母與定母準旁紐。**二、“湪”通“蕩”**。徐在國（2003A）：湪，訓爲“蕩”，“栗”當讀爲“慄”。蕩與慄、恐、懼義同，連用表示恐懼。**三、釋爲“溈”，通“危”**。何琳儀（2004A）：釋作“溈”，“湪栗”可讀“危栗”，亦可讀“畏慄”。

忎臞：**“忎”同“恐”，“臞”同“懼”。恐懼：恐慮，擔憂**。

③甬：**通“用”，表原因**（于茀，2005：70）。

受：**接受**。

繇：**同“繇”，古時占卜的文辭**。于成龍（2004A：18）認爲，“繇”有占卜之意。宋華強（2007B：178－179）：“繇”理解爲“占斷”更準確。

元龜：**大龜，占卜工具**。

晉箁：**“晉”同“巫”，“箁”同“筮”，楚系文字的寫法，多加飾筆。巫筮，有兩說：一、筮占的工具**。宋華強（2010：286）：“晉箁”應和“元龜”一樣，是名詞性結構，不是動賓結構。“晉”應釋爲“靈”，“箁”釋爲“蓍”。**二、筮占**。于成龍（2005：70）認爲，“巫”不是貞人名，與筮有某種聯繫。“巫筮曰”指筮占。這首繇辭是《周禮》先筮後卜之說的證據。邴尚白（2009：237）認爲，從包山、葛陵簡來看，楚國恐怕也沒有所謂“先筮後卜”的習俗。

用受繇元龜、巫筮曰：通過卜筮獲得判斷吉凶的繇辭（陳偉，2004：38）。邴尚白（2009：238）：簡文所說的恐懼大概是因爲占得神祟，即出於對鬼神的敬畏，“曰”字下所說的應是作祟的鬼神爲何。此簡可能是祝辭，即“修祀”時向作祟之鬼神的陳述。宋華強（2010：286）：意思是從元龜、靈蓍那裏知道自己的病是哪位神靈降下的禍祟。于成龍（2004A：18）認爲，以上兩句簡文是貞人命筮（龜）之辭。

④大川有汸：**神靈名。其訓釋及句讀有六說：一、“大川”點斷**。何琳儀（2004A）：“汸”疑水害之“害”的專用字。就簡零198、203來說，主張在“大川”後點斷，即“有祟見於大川，有汸（害）”。**二、“大川有汸”連讀，水名**。羅新慧（2007：71）“汸”常爲水名，“有”是詞頭，猶濟水之稱“有濟”。“大川”和“有汸”是同位語，指水神。據先秦時期“祭卜越望”以及“諸侯祭名山大川在其地者”的禮制判斷，應該是平夜君成封國境內的河流。晏昌貴（2007B：363）認爲“大川有汸”與《詛楚文·大沈厥湫》的“大沈厥湫”文例相同，“汸”與“湫”都是水名。汸讀爲渦。大川有汸或指大川淮渦水神。**三、“大川有汸”連讀，指大川邊上**。楊華（2006B：203）：“汸”讀爲“介”。“大川有汸”與《楚辭·九章·哀郢》“江介”同，謂大江左右。“有”字無實義。“有祟見於大川有汸”，意

思是有祟鬼在大川之水邊降臨。“昭告大川有汾”，是指平夜君成因此對大川及其水邊舉行冊告儀式和祭禱巫術。范常喜（2006C）：“有汾”可讀作“洧界”，即洧水邊上。**四、“大川有汾”連讀，大川之間**。袁金平（2007A）認爲是“大川之間”，泛指“大川”整個流域。簡文“昭告大川之間”，將“大川”人格化、神化，與楚簡習見神祇“大水”性質一致。**五、“有汾”作美稱修飾“大川”**。宋華強（2010：240）：“汾”當讀爲“潔”，或可能是“潔”的異體，“有潔”是用來修飾大川，讚美大川。“大川”是神靈名，指江、漢、沮、漳、淮這些河，是對楚地大江大河的一種統稱。“大川有汾”是對“大川”的一種美稱。**六、大川的龜屬**。王三峽（2007）：“汾”讀作“介”，義同“甲”，“有汾”即指有甲殼的水族。龜鱉作祟禍害人類之事並非沒有，《龜策列傳》中就有“此無他故，其祟在龜”的說法。

⑤敬：**恭敬**。何琳儀（2004A）：讀作“警”。

⑥敢：**謙詞，恭謹冒昧地**。

一元犕痒：**“痒”通“牂”。一頭牛、母羊。有兩說：一、犧牲**。陳偉（2003B：97）：《禮記·曲禮下》：“凡廟祭之禮，牛曰‘一元大武’……”鄭玄注：“元，頭也。”羅新慧（2007）：“一元”，全部新蔡簡僅兩見，是犧牲之數量詞。“犕”從字形看當爲牛牲。于成龍（2004A：71）：斷作“一元犕、痒”。“一元犕”是《周禮·春官·大祝》所掌之六號，與《曲禮》“一元大武”同指牛牲，兩者用詞相合。邴尚白（2007：215）認爲，“犕”可能是一種羊牲，不是“牲號”。**二、牲號**。宋華強（2010：288）：“一元犕牂”正是《大祝》“六號”所說的“牲號”。

⑦於唬悈哉：**“於”通“嗚”，“唬”通“虖”，“悈”同“哀”。表示哀痛的感嘆詞**。

⑧萛生：**“萛”同“暮”。暮生：生育晚**。宋華強（2010：127）：暮、晚義近，疑“暮生”就是“晚生”。從父母的角度是生育得晚，從子女的角度就是出生得晚。劉信芳（2004A）：應是針對平夜君成出生以後一段時間的家境而言，平夜君成之父王孫厭雖貴爲王孫，但在平夜君成的幼年已是家道中落。

曩孤：**“曩”同“早”。早孤：幼年失去父母**。劉信芳（2004A）以爲“早孤”就是幼而無父。

⑨奉：**後作“逢”，遭遇**。

讛戲：**有三說：一、“讛”通“害”，“戲”通“虐”，害虐，殘害**。何琳儀（2004A）：讀爲“逢害虐”，害虐，殘害。《尚書·武成》：“暴殄天物，害虐烝民。”**二、遏暴**。徐在國（2003A）釋“戲”爲“暴”，“讛”可能通“遏”。**三、險惡的疾病**。宋華強（2010：285）：此句敘述平夜君成祭禱祝號的緣由，當在此篇祝號文的篇首，與《尚書·金縢》周公冊祝之詞開頭說“惟爾元孫某，遘厲虐疾”文例同。

⑩訛：**通“過”，過失**。宋華強（2010：292）：責備、怪罪。楊華（2007：365）：讀爲“禍”。

懌：**通“釋”，解除**。徐在國（2003A）：讀爲“釋”。《說文》：“釋，解也。”

羅新慧（2007：72）：讀爲“斁”。《尚書・梓材》：“和懌先後迷民。”《釋文》：“懌字又作祛。”《說文》：“解也。”邴尚白（2009：197）：與“解”同義，免除、赦宥。

慦：通“尤”，罪過。宋華強（2010：293）：應當讀爲“尤”，表示責備、怪罪，與“過”同義。“嗚呼哀哉”以下就是在給自己“解過釋尤”。

【今譯】

……背部、胸部和心悶的疾病，背部、胸部和心悶的疾病快快痊愈。第二天癸丑日，小臣成……C7_01_N3：22、59 + C7_01_O：106

……害怕得發抖，恐慮擔憂，是因爲我從元龜、巫筮那裏接受到了繇辭，進行了占測：知道大川有汸在作祟，小臣成敬重、恐懼他，冒昧地用一頭牛和一隻母羊在祭禱前先奉上……C7_01_N3：15、60 + C7_01_O：198、203 + C7_01_O：651 + C7_01_Y4：48

……酒食，向大川有汸稟告，說：啊！小臣成晚出生，早成孤兒……C7_01_O：9 + C7_01_N3：23、57

……小臣成遇到了險惡的病……C7_01_N3：64

……酒食，向大川有汸稟告。小臣成因此冒昧地舉行祭禱，希望可以攻解我犯下的罪過，免除禍祟，若……C7_01_N3：21 + C7_01_N3：61

【釋文】

▨昔我先出自𨛜遖，①宅茲沮（沮）、章（漳）。②台（以）選（徙）𨺮（遷）凥（處）③▨C7_01_N3：11、24

▨渚、沮（沮）、章（漳）汲（及）江，④上逾取萅⑤▨C7_01_Y4：9

▨少（小）臣成拜手稽首，⑥敢甬（用）一元▨C7_01_Y4：70

▨饋，延（棧）鐘樂之▨C7_01_N3：145

▨□小子夜▨C7_01_O：39、527

▨尚敓敁（去）⑦▨C7_01_O：148

▨□□禱祠，枺有⑧▨C7_01_Y4：53

▨不𨺮（遷）▨C7_01_Y4：31

▨臨爾产毋（一）遠爾⑨▨C7_01_Y4：30、32

▨霝（靈）力休有成慶，⑩宜爾▨C7_01_N3：65

【校記】

（一）《十四種》漏釋，今據竹簡補。

【匯釋】

①𨛜遖：**有兩說：一、顓頊。**董珊（2003）釋爲“𨛜遖”，讀作“顓頊”。**二、均陵。**何琳儀（2004A）：“𨛜”可讀爲“均”，均陵，在今湖北丹江口以西水

庫之中。"遆"釋作"追"，讀爲"歸"，並應屬下讀，"歸宅"連讀，"往居"的意思。**三、洲水有關**。清華大學出土文獻研究與保護中心（2010：183）讀作"�追"，認爲"郢"與清華藏戰國楚簡《楚居》的洲水有關。

②宅兹：**居住在……處**。"宅兹沮、漳"是說早期楚都位於沮、漳水流域。

③選：**通"徙"**。

罨尻：**即"遷處"**。董珊（2003）："選"當讀作"徙"，"處"字下可以試補"於郢"或"於江漢"。何琳儀（2004A）：讀作"遷居"，其下可以補"於郢"。

④渚：晏昌貴（2007A）：或及五渚，在今南陽、襄陽之間，臨近漢水。

返：**同"及"，連詞**。

⑤逾：**順流而下**。何琳儀（2004A）：可能表示首先逆流而上，然後順流而下。宋華強（2010：291）把"逾"前的"上"與"江"連讀爲"江上"。"逾"取"越"義。

取蒿：參見上文簡乙—26、2簡零169。晏昌貴（2007A）根據簡文分析得出"取稟"路綫：先北後南，自沮、漳水南下至長江，然後自西向東，溯江而上，越過長江，到達長陽所在的今鄂西地區。"上逾取稟"就去取回發放口糧的簿籍。

⑥拜手稽首：**古代一種敬禮**。兩手先伏地，再把頭伏在手上，上身與地面平行。

⑦敘玞：**敘，除；"玞"同"去"；敘去，除去疾病**。宋華強（2010：296）：疑讀爲"除去"。"除""去"同義。何琳儀（2004B）：讀"捨去"，亦見於楚帛書《丙篇》"敘抾不義"。邴尚白（2009：200）：簡文"尚除去"疑非除去疾病，可能是除去不祥。

⑧林：何琳儀（2004A）：與"麻"字是一字分化。"麻有咎"，應讀"靡有咎"，相當於"無咎"。

⑨臨：**照臨，照射到達**。宋華強（2010：282）釋。

爾産：**"産"通"產"。爾產：後人**。宋華強（2010：295）："産"疑當讀爲"產"，《說文·生部》："產，生也。""爾"指先人，"爾產"謂爾所產，可能是平夜君成自稱。

逹：**通"遏"，絕，止**。宋華強（2010：295）：疑當讀爲"遏"，或是"遏"的異體。與《詩經·大雅·文王》"無遏爾躬"參照，遏，止、絕的意思。楊華（2007）：讀爲"害"，簡文可補"毋害爾子孫"。

⑩靁力休有成慶：**"靁"是"靈"的古體，靈力，威力**。徐在國（2003A）：休有成慶，與史頌簋"休有成事"、中山王壺"休有成工"句式一樣。《廣雅·釋詁一》："休，善也。"簡文的"慶"應讀作"賜"。《詩經·小雅·楚茨》"孝孫有慶"鄭箋："慶，賜也。"楊華（2007）："休"字有"蔭庇、賞賜"義，意思是稱頌祖先以其神力庇祐後人。"宜爾"後可補"子孫"，意爲：祈求保祐我子孫眾多、家族和樂。宋華強（2010：295）："休有成慶"見於春秋蔡侯鐘、鎛銘文，用法似與簡文無異。

【今譯】

……過去我的先輩是顓頊後人，早期建都於沮、漳水流域。又遷徙到……C7_01_N3：11、24

……渚水、沮水、漳水和長江，逆流而上又順流而下到莤地……C7_01_Y4：9

……小臣成兩手伏地，頭貼在雙手上，冒昧用一頭牛牲……C7_01_Y4：70

……進獻祭品，編鐘奏樂……C7_01_N3：145

……我平夜君成……C7_01_O：39、527

……希望可以除去……C7_01_O：148

……祭禱，沒有……C7_01_Y4：53

……不遷……C7_01_Y4：31

……（希望先祖的福澤）送達後人，不要自絕自己的（子子孫孫）……C7_01_Y4：30、32

……賜予的威力壯烈，祈求神靈保祐……C7_01_N3：65

【釋文】

王遷（徙）於鄩（鄩）郢之戠（歲）𩒨（夏）𡨊（栾）之月癸嬛（亥）[①]之日，彭定㠯（以）少（小）龙䡒□C7_01_N3：204

□爲君貞，伓（背）膺疾，㠯（以）□C7_01_O：199

□痒（胖）瘬（脹）、膚疾、㠯（以）𢙍（悶）心，[②]𡚸（卒）戠（歲）國（或）至峚（來）戠（歲）之𩒨（夏）𡨊（栾）□C7_01_O：306＋C7_01_N3：248

□𪚥（一）已，[③]又（有）祱（祟）□C7_01_O：339

□各大𥁰（牢），饋，[④]延（棧）鐘樂之，[⑤]舉禱子西君、文夫人各戠（特）牛，饋，延（棧）鐘樂之。定占之曰：吉。氏（是）月之□C7_01_O：13＋C7_01_N3：200

【匯釋】

①嬛：**有三說：一、通"亥"**。袁金平（2006B：361）：從音上考慮"亥""嬛"之間的聯繫應該是合理的。**二、訛誤**。李學勤（2004A：69）：從前後曆日看，夏栾不可能有癸亥。晏昌貴（2007：566）：簡甲三204"夏栾之月癸亥之日"僅一例，較有可能是抄手誤書。**三、通"巳"**。邴尚白（2009：127）："睘""還""嬛"應是"巳"的借字。武家璧（2009：73）認爲，"睘""嬛""還"與"巳"意近相通，"癸嬛"當釋爲"癸巳"。

②膚疾：**身體皮膚浮腫**。張光裕、陳偉武（2006：87）：大概指"膚脹"，《靈樞經·水脹》："膚脹者，寒氣客於皮膚之間，鼟鼟然不堅，腹大，身盡腫，皮厚，按其腹，窅而不起，腹色不變，此其候也。"

③𪚥：**通"一"，一時**。周鳳五（1999：46）根據郭店竹簡大量出現的用例，可以確定此字經常讀作"一"。

已：**停止**。這裏指病情終止，病愈。

④饋：**奉祭方式**。

⑤延鐘：**編鐘**。參見上文簡甲三261“延鐘”匯釋。

【今譯】

楚王遷徙到鄩郢那年七月癸亥日，彭定用小的雜色的卜龜……C7_01_N3：204

……替平夜君成貞問，背部胸部痛，又……C7_01_O：199

……胸腹腫大、皮膚浮腫、心情煩擾，到年底或到來年七月……C7_01_O：306 + C7_01_N3：248

……一時好，有禍祟……C7_01_O：339

……各用大牢這種祭品，並進獻祭品，用編鐘奏樂，各用公牛向子西君、文夫人祭禱，並進獻祭品，用編鐘奏樂。定占測說：吉利。這個月的……C7_01_O：13 + C7_01_N3：200

【釋文】

〼之日，暊與良志㠯（以）陵尹懌之髗髀爲君貞，[①]伓（背）膺疾，㠯（以）痒（胖）瘬（脹）、心悆（悶），卒（卒）戢（歲）或至〼C7_01_O：584 + C7_01_N3：266、277

〼埅（恒）貞無咎，遟（遲）瘛[(一)]（瘥）。㠯（以）亓（其）〼C7_01_O：330

〼樂之。占之：吉。〼惠王。良志占之，曰〼C7_01_N3：241

【校記】

（一）《十四種》作“疽”，此處從整理者。

【匯釋】

①暊與良志：**貞人名**。

髗髀：**占卜工具**。宋華強（2010：63）：當讀爲“髆髀”，指動物的肩胛骨，用作占卜工具。于成龍（2004A：32）認爲是龜名。

【今譯】

……日，暊與良志用陵地長官懌的動物肩胛骨替平夜君成貞問，背部胸部疼痛，又全身浮腫、心悶，到年底或到……C7_01_O：584 + C7_01_N3：266、277

……貞問長遠命運沒有禍咎，慢慢痊愈。因爲……C7_01_O：330

……奏樂。占測：吉利。……惠王。良志占測說……C7_01_N3：241

【釋文】

〼爲君貞，伓（背）膺疾，㠯（以）痒（胖）瘬（脹）、心悆（悶），卒（卒）戢（歲）或至頣（夏）𣎆（栾）之月尚〼C7_01_O：221 + C7_01_N3：210

☑貞，既伓（背）膺疾，目（以）☑C7_01_N3：238

☑丞（恒）貞，兆亡（無）咎，疾罷（一）☑C7_01_N3：365

☑瘔，[①]又（有）祱（祟）。目（以）亓（其）古（故）祱（說）之。塁禱卲（昭）王、文君☑C7_01_N3：344－1

☑競坪（平）王大單（牢），[②]饋，延（棧）鐘樂之。遯（迻）頙[③]☑C7_01_N3：209

【匯釋】

①瘔：**有三說：一、通“瘙”。**宋華強（2010：79）疑讀爲“瘙”，與上文“疥瘡”相關，又從音韻上證“瘔”與“瘙”可以相通。**二、疑讀“造”，訓爲“猝”**（何琳儀，2004B）。**三、疑當讀爲“疛”，指腹中急痛**（張光裕、陳偉武，2006：90）。

②競坪王：**有兩說：一、景平王，即古書中的楚平王。**李零（2001A：11）：“競平”是“雙字謚”。即景平王，就是古書中的楚平王。**二、強大的楚平王。**何琳儀（2004A）：秦王鐘銘曰“秦王卑命，競平王之定，救秦戎”。根據簡文上下語境，以及下文“延祭競平王”（簡甲三69），“競平”大概衹能從下讀爲“競平王”，即“強盛的楚平王”。

【今譯】

……替平夜君成貞問，背部胸部痛，又胸腹腫大、心悶，到年底或到七月希望……C7_01_O：221＋C7_01_N3：210

……貞問，背部胸部已經患病，又……C7_01_N3：238

……貞問長遠命運，兆象顯示沒有禍咎，疾病一時……C7_01_N3：365

……瘙癢，有禍祟。因爲這個緣故要攻解它。祭禱昭王、文君……C7_01_N3：344－1

……景平王用大牢這種祭品，進獻祭品，編鐘奏樂。移除……C7_01_N3：209

【釋文】

☑〔王徙於鄩[(一)]（鄩）〕郢之戠（歲）頙（夏）祭（柰）之月乙卯之日，郿（應）嘉目（以）衛侯之簭（筮）爲坪夜君貞，[①]既又（有）疾，尚逨（速）瘻（瘥），毋又（有）☑C7_01_N3：114、113

王遷（徙）於鄩（鄩）郢之戠（歲）☑C7_01_N3：183－2

☑頙（夏）祭（柰）之月乙☑C7_01_N3：159－3

☑卯之日，彭定目（以）各（駁）蘢[②]☑C7_01_O：108＋C7_01_N3：157

【校記】

（一）《十四種》作“鄩”，此處從整理者。

【匯釋】

①郿嘉：**“郿”同“應”。應嘉：貞人名。**

衛疾：**衛國之侯。**邴尚白（2009：168）：與“隋侯”一樣，或許是衛、隋的小侯，衛、隋兩國距離平輿不遠。

簟：**同“筮”，卜筮用的工具。**

②丞蘦：**卜龜名，占卜工具。有兩說：一、“丞”同“駁”，顏色雜駁。**李零（2002：433）認爲“駁”指顏色駁雜。**二、“丞”通“皎”，潔白的。**宋華強（2010：155）：駁、丞並从“爻”聲，懷疑應讀爲“皎”。爻、交常常相通，簡零170的“詨”作爲占卜工具的修飾詞應該也是通“皎”，大概是指潔白又明亮的顏色，比白色更爲鮮艷。

宋華強（2010：35）拼合簡甲三183－2與簡甲三159－3。

【今譯】

楚王遷徙到鄩郢那年七月乙卯日，應嘉用衛侯的蓍草替平夜君成貞問，已經患病，希望快快痊愈，不會有……C7_01_N3：114、113

楚王遷徙到鄩郢那年……C7_01_N3：183－2

……七月乙……C7_01_N3：159－3

卯日，彭定用雜色的卜龜……C7_01_O：108＋C7_01_N3：157

【釋文】

☑卯之日，諸〔生〕☑C7_01_O：130

☑坪夜君貞，既心悆（悶），瘁（肨）痮（脹），目（以）百腸體疾。卜簭（筮）爲祏（攻），[①]既☑C7_01_N3：189

☑又疾，尚遬（速）瘻（瘥），毋又（有）〔咎〕，盬（盬）䝬占[②]☑C7_01_O：121＋C7_01_N3：29

☑占之：義（宜）遬（速）又（有）閟（閒），無咎無敓（祟）□☑C7_01_N3：235－2

☑䎩（殺），道一冢□☑C7_01_N3：174

☑王爲坪夜☑C7_01_N2：21

【匯釋】

①簭：**同“筮”，卜筮用的工具。**

祏：**有三說：一、通“攻”，攻祭，以辭責讓。**何琳儀（2004A）：釋爲“祏”，又作“攻”。六祈之“五曰攻”，攻，祭名。**二、釋作“礿”**（陳偉，2003：96）。**三、通“位”。**于成龍（2004A：16）讀作“位”，認爲“爲位”是負責宗廟或祭壇陳設几、筵及人之坐、立、拜、獻之位。

②盬䝬：**“盬”同“盬”，貞人名。**

【今譯】

……卯日，謠（生）……C7_01_O：130

……平夜君成貞問，已經有心悶、腹脹的病痛，又渾身病痛，占卜卜筮以求攻解禍咎。已經……C7_01_N3：189

……患病，希望快快痊愈，不要有禍（咎），盬見□占測……C7_01_O：121 + C7_01_N3：29

……占測：應該快快痊愈，沒有禍咎……C7_01_N3：235－2

……羊牲，道神一家……C7_01_N3：174

……楚王替平夜君成……C7_01_N2：21

【釋文】

⧄之月，乙卯之⧄C7_01_O：20

⧄□鮝㠯（以）新[①]⧄C7_01_O：118

⧄髀爲坪夜⧄C7_01_O：311

⧄君貞，既又（有）疾，尚遫（速）瘻（瘥），毋又（有）咎。占之：難瘻（瘥）⧄C7_01_N3：194

⧄亓（其）古（故）敓（說）之。礜（禱）⧄C7_01_Y4：3

⧄□牐（將）遫（速）瘻（瘥）。𦢊或[②]⧄C7_01_Y2：45

⧄飤𦡞（豢）㠯（以）𦡞（豢），[③]飤𦡞（豢）㠯（以）〔豬〕[④]⧄C7_01_O：308

⧄〔老〕童、祝鸘（融）、穴熊芳（?）屯一[⑤]⧄C7_01_N3：35

⧄𦢨鮝占之曰：吉⧄C7_01_N3：71

⧄吉。卒（卒）⧄C7_01_N3：154

【匯釋】

①鮝：**貞人名。**下文簡甲三71有“𦢨鮝”，或是同一人。

②𦢊：**通“懼”，恐懼。**

宋華強（2010：388）：簡乙二45與簡乙二41可拼合，可供參考。

③飤𦡞：**飼養。𦡞，同“豢”，豕牲。飤豢：飼豢者，飼養豢的人家。**

④豬：**豬牲。**

⑤芳：宋華強（2010：425）疑讀爲“並”，“芳”“並”古音可以相通。“並屯”是義近詞連用，猶如古書常見的“並皆”。

【今譯】

……月，乙卯日……C7_01_O：20

……鮝用新……C7_01_O：118

……髀替平夜君成……C7_01_O：311

……平夜君成貞問，已經患病，希望快快痊愈，不要有禍咎。占測：難以痊

愈……C7_01_N3：194

……這個緣故要攻解它。祭禱……C7_01_Y4：3

……將會很快痊愈。恐怕又……C7_01_Y2：45

……飼養豢的人家用豢祭禱，飼養豬的人家用豬來祭禱……C7_01_O：308

……（老）童、祝融、穴熊都用一……C7_01_N3：35

……𧾷殳占測說：吉利……C7_01_N3：71

……吉利。到……C7_01_N3：154

【釋文】

☐頙（夏）𡩋（柰）之月丙唇（辰）之日，陵君（尹）〔懌〕[①]☐C7_01_O：200、323

☐丙唇（辰）之〔日〕☐C7_01_O：176

☐之，丙唇（辰）之日，㠯（以）君☐C7_01_O：109、105

☐之日，禪☐C7_01_O：190

☐□尹丁㠯（以）長☐C7_01_O：206

☐痮（脹）、膚疾、悆（悶）心☐C7_01_N3：291－2

☐□睪（擇）日於☐C7_01_O：5

☐車，義（犧）馬☐C7_01_O：167

【匯釋】

①君：同“尹”，長官。

【今譯】

……七月丙辰日，陵地長官懌……C7_01_O：200、323

……丙辰日……C7_01_O：176

……丙辰日，因爲平夜君成……C7_01_O：109、105

……日，禪……C7_01_O：190

……長官丁用長……C7_01_O：206

……腫大、全身浮腫、心悶……C7_01_N3：291－2

……挑選日子……C7_01_O：5

……車，犧馬……C7_01_O：167

【釋文】

王遷（徙）於鄩（鄩）郢之戠（歲）頙（夏）𡩋（柰）之月☐C7_01_N3：159－2

☐彔（?）滤，[①]諺生㠯（以）長筆爲君貞，既☐C7_01_Y3：7

☐墊公子虩命彭定㠯（以）少（小）冟（龙）騇爲君貞，[②]既伓（背）

☑C7_01_N1：25

☑疾，尚𨔣（速）瘻（瘥）。定貞（占）之：亙（恒）貞無咎，疾迻（遲）瘻（瘥），又（有）癥（續）。㠯（以）疾髍、瘬（脹）腹、㾓（膚）疾。[3]自頣（夏）㮚（栾）之月㠯（以）至各（冬）㮚（栾）之月，聿（盡）七月尚毋又（有）大☑C7_01_N1：24＋C7_01_Y1：31、25

☑之日，𥖝公子虩命彭定㠯（以）少（小）冟（尨）𩥇爲君貞，[4]既伓（背）☑C7_01_N2：5

☑膚疾、痒（胖）瘬（脹）、心悆（悶），卒（卒）戠（歲）或至頣（夏）㮚（栾）之月尚毋又（有）☑C7_01_Y3：35＋C7_01_N1：16＋ C7_01_O：275＋C7_01_O：93

☑與賓禱之☑C7_01_N1：23

【匯釋】

①滤：邴尚白（2009：189）讀爲“滸”，**水邊的意思**。今按：與下文點斷。彔滤，地名。

②𥖝公子虩：命貞者，“公子”是尊稱，“虩”是名字，疑是平夜君成之子。邴尚白（2009：191）：“𥖝公子虩”與平夜君成的關係尚不能定論。但諸侯之子在文獻裏一般稱“公子”，所以“𥖝公子虩”可能就是楚國封君之子。在簡文中多是命貞者，占卜的對象仍是“君”，即平夜君成。

③髍：**疑是某部位骨頭**。

④ 冟𩥇：**占卜工具**。

【今譯】

楚王遷徙到鄩郢那年七月……C7_01_N3：159－2

……彔滸。謠生用長筆替平夜君成貞問，已經……C7_01_Y3：7

……𥖝公子虩命令彭定用小的雜色的卜龜替平夜君成貞問，背部已經……C7_01_N1：25

……患病，希望快快痊愈。彭定占測：貞問長遠命運沒有禍咎，身體慢慢痊愈，但會持續一段時間。又疾病加重、胸腹腫大、全身浮腫。從七月到一月，再到七月底，希望不會有大……C7_01_N1：24＋C7_01_Y1：31、25

……那天，𥖝公子虩命令彭定用小的雜色的卜龜替平夜君成貞問，背部已經……C7_01_N2：5

……背疾，胸腹腫大、心悸，一年後到七月還不會有……C7_01_Y3：35＋C7_01_N1：16＋C7_01_0：275＋C7_01_0：93

……和賓客祭禱……C7_01_N1：23

【釋文】

☑君七日貞，[1]尚大☑C7_01_O：329

☐又（有）瘳，躳=（躬身）尚☐C7_01_N1：9

逹（遲）巳（已），又（有）祱（祟）。㠯（以）亓（其）古（故）敚（說）之。□☐C7_01_N3：96

☐〔占〕之曰：吉，無咎，遫（速）瘉（瘥）☐C7_01_N2：34

䷠䷎。[②]王遷（徙）於𩁹（鄩）郢之戢（歲）頣（夏）𥺁（柰）☐C7_01_Y4：15

☐□未良瘉（瘥）。䷆䷁。[③]或爲君貞，㠯（以）亓（其）不良恚瘳之古（故），[④]尚毋又（有）柰。倉占之☐C7_01_N3：184－2、185、222

☐牆（將）爲賡（續）於後☐C7_01_N2：32

☐占之曰：吉。𦘼（盡）八月疾瘉（瘥）☐C7_01_N2：25

☐〔占之〕曰：甚吉。未𦘼（盡）八月疾必瘉（瘥）。C7_01_N3：160

☐之祱（說）。𢾅（擇）日於八月之审（中）賽禱[⑤]☐C7_01_N3：303

☐五宔（主）山各一羖（羖）[⑥]☐C7_01_N2：29

【匯釋】

①七日貞：**貞問七天這段時間的吉凶**。陳偉（2004：35）：與常見的“歲貞”類似，屬於常規性貞問。卜筮的目的是詢求某個時間範圍內的休咎。

②䷠䷎：**左遯右謙**。

③䷆䷁：**左師右坤**。

④恚：張新俊（2005）：讀爲“蠲”，除去的意思，引申爲病愈。

⑤𢾅：**同“擇”，挑選**。擇日，選擇吉利日子。

賽禱：**報酬性祭禱**。

⑥五宔山：**“宔”同“主”，五主山，神靈**。宋華強（2010：423）：可能就是五山。

【今譯】

……平夜君成七日之內的吉凶貞問，希望大……C7_01_O：329

……痊愈，身體希望……C7_01_N1：9

會很慢病愈，有災禍。因爲這個緣故向神靈述説祈求……C7_01_N3：96

……（占測）説：吉利，沒有災禍，會很快痊愈……C7_01_N2：34

（筮卦）楚王遷徙到鄩郢那年七月……C7_01_Y4：15

……不見好轉。（筮卦）再替平夜君成貞問，因爲身體沒有很大程度上的痊愈，希望不會有禍咎。倉占測……C7_01_N3：184－2、185、222

……將一直延續到後面……C7_01_N2：32

……占測説：吉利。到八月底痊愈……C7_01_N2：25

……〔占卜〕説：很吉利。沒到八月，疾病一定痊愈。……C7_01_N3：160

……禍咎。在八月選擇好日子賽禱……C7_01_N3：303

……五主山各一頭羊牲……C7_01_N2：29

【釋文】

☐爲君貞☐C7_01_O：73

☐□於氏（是）凥（處）①☐C7_01_O：420

☐虘（且）君必遷（徙）凥（處）安善。② ䷌䷇。③ 或爲君貞，□□☐C7_01_N2：19、20

☐□。或爲君貞，㠯（以）亓（其）不安於氏（是）凥（處）也，亟（亟）遷（徙）去☐C7_01_N3：132、130

☐占之曰：甚吉，女（如）西北④☐C7_01_N3：129

☐而歸之□☐C7_01_O：197

☐遷（徙）去氏（是）凥（處）也，尚吉。定占之曰：甚吉。𠒂（幾）之宔（中）疾☐。䷆䷒。⑤亟（恒）生☐C7_01_N3：165＋C7_01_N3：236＋C7_01_N2：37

【匯釋】

①氏：**通“是”，代詞，這。**

凥：**通“處”，地方。**

②虘：**同“且”。**晁福林（2011）：當釋爲“鳫”，通“薦”，薦席、草席的意思。

安：**通“焉”，於是，在此的意思。**

③䷌䷇：**左同人右比。**

④女：**通“如”，和……一樣。**

西北：**方位神。**

⑤䷆䷒：**左師右臨。**

陳偉（2013：81）：簡甲三165與簡甲三236爲宋華強（2010：36）綴合，可與簡甲二37連讀，故放置一處。

【今譯】

……替平夜君成貞問……C7_01_O：73

……在此處……C7_01_O：420

……而且平夜君成必須遷徙居住在這個地方，才是吉利善事。（筮卦），又替平夜君成貞問……C7_01_N2：19、20

……又替平夜君成貞問，因爲他在此處不安適，所以趕快遷到……C7_01_N3：132、130

……占測說：非常吉利，就像西北神靈……C7_01_N3：129

……饋贈……C7_01_O：197

……遷去這個地方，希望吉利。定占測說：非常吉利。其中疾病……C7_01_N3：165＋C7_01_N3：236＋C7_01_N2：37

【釋文】

☐既心𢡃（悶）㠯（以）疾，𧊒（且）㾓（脹），瘠不☐C7_01_N3：291－1

☐亦豊（屢）出而不良又（有）閒（間），心（?）①C7_01_N3：101、94＋C7_01_O：401

☐瘠（疥）不出，今亦豊（屢）出，②而不良又（有）閒（間）。C7_01_N2：28

☐難出，今亦少☐C7_01_N3：135

【匯釋】

①亦：**通"夜"**。宋華強（2010：394）釋作"夜"。整理者（2003：188）讀爲"腋"。

豊：**通"屢"**。宋華強（2010：394）：讀作"屢"，用作修飾"出"的狀語，訓爲"疾""亟"，有急速的意思。

②瘠：**同"疥"，疥瘡**。由疥蟲引起的傳染性皮膚病。

出：**出來**。邴尚白（2007：25）：引周鳳五說，訓爲"絀"，減退的意思，簡文中指症狀緩解。

今：**今天**。宋華強（2010：394）：表示事情將要發生或者可能要發生的副詞。整理者（2003：188）：讀爲"旬"。

宋華強（2010：395）拼合簡甲三101、94和零401二簡。

【今譯】

……已經心悶，又生病並且腹脹，疥瘡不出……C7_01_N3：291－1

……（今）晚急速流出，但是不會有很大的好轉，心……C7_01_N3：101、94＋C7_01_O：401

……疥瘡不出，今晚會急速流出，但不會有很大程度的好轉。C7_01_N2：28

……難出，今晚一點點……C7_01_N3：135

【釋文】

☐古（故）敚（說）之。遯（迻）①☐C7_01_N3：169

☐瘖（續），㠯（以）亓（其）古（故）敚（說）☐C7_01_Y2：41

☐無咎。疾屖（遲）瘻（瘥）②☐C7_01_N3：173

☐〔無〕咎，又（有）敚（祟）見於大（太）☐C7_01_N3：177

☐疾遬（速）敗（損），③少（小）迲（遲）恚☐C7_01_Y3：47

☐之𩟄（夏）𥦿（栾），毋又（有）大咎☐C7_01_N3：151

☐閒（間），𢀝（卒）歲（歲）無咎☐C7_01_N3：158

☐𥦿（栾）毋又（有）大咎。占☐C7_01_N3：155

☐吝（文）君。占之曰：吉☐C7_01_N3：260

☐於北方一犕，先之〔㠯〕（以）（?）④☐C7_01_Y3：40

⍁□於吝（文）夫人三十乘⍁C7_01_Y3：46

⍁競坪（平）王目（以）逾，⑤至⍁C7_01_N3：280

⍁恆（恒）貞無咎，疾龍（一）瘻（續）龍（一）已⍁C7_01_N3：284

⍁□□宜少（小）迡（遲）叡[(一)]（瘥）⍁C7_01_N3：153

⍁祝昊（昃）禱之⑥⍁C7_01_N3：159－1

⍁鄦（鄦）郢之戠（歲）頣（夏）褻（栾）⍁C7_01_Y4：16＋C7_01_O：379

⍁戠（歲）頣（夏）褻（栾）⍁C7_01_O：360

⍁頣（夏）褻（栾）之月⍁C7_01_O：96

⍁頣（夏）褻（栾）之月⍁C7_01_O：182

⍁頣（夏）褻（栾）⍁C7_01_N2：9

⍁頣（夏）褻（栾）⍁C7_01_O：27

⍁頣（夏）⍁C7_01_O：359

【校記】

（一）《十四種》作“疽”，今據字形作“叡”。

【匯釋】

①遯：**有五說：一、同“迻”，移除。**沈培（2007B：20）：“迻”當解釋爲“移去”“移除”，迻某某之祱，是移去某貞人所得之祟。“迻某人之祱”後所用的方案往往不是原先方案的全部，這可能跟此次占卜所得之祟並不涉及前一次占卜所作之祟的所有對象有關。**二、沿用。**彭浩（1991：559）：讀爲“移”。移祝，即在某次貞問時，沿用以前貞問中的貞人之祝，祭禱同一祖先和神靈，祈求福祐。**三、傳遞。**李零（1997：761）：“迻”表示遞嬗的關係，指把上一次的問題轉到下一次去解決。**四、移用。**曾憲通（1993：410）：《說文》：“迻，遷徙也。”今通作移，引申之而有移用之義。邴尚白（2009：75）：移用之義。**五、施行。**陳偉（1996：6）：疑“迻”借作施，指施行。

②犀：**同“遲”，緩慢。**

③敗：**同“損”，病愈。**

④先之：**“先之”後面殘缺的應該是祭品。先，動詞。**李零（1999C：525）：秦駰禱病玉版中的“壹璧先之”是“先奠璧，後埋牛、羊、豕和車馬”。李家浩（2001A：99）：秦駰禱病玉版中的“壹璧先之”皆位於祭品之末，“之”顯然指它前面的祭品。陳偉（2004：41）：“先之”與《左傳》襄公二十六年“先之一玉”、《說苑·權謀》“先之一璧”相同。羅新慧（2007）：意爲先向神靈進獻物品，再進獻祭牲。于成龍（2004A：92）當訓爲前導之義。

⑤目逾：**“目”同“以”。以逾：以降的意思。**參閱簡乙四96“以俞”匯釋。

⑥祝昊：**貞人名。**

【今譯】

……緣故攻解它。移除……C7_01_N3：169

……時好時壞，因爲這個緣故要攻解……C7_01_Y2：41

……沒有禍咎。疾病慢慢會痊愈……C7_01_N3：173

……（沒有）禍咎，有禍祟出現在太一神……C7_01_N3：177

……疾病快速痊愈，一點點慢慢痊愈……C7_01_Y3：47

……七月，沒有大禍咎……C7_01_N3：151

……痊愈，到年底沒有禍咎……C7_01_N3：158

……月沒有大禍咎。占測……C7_01_N3：155

……文君。占測說：吉利……C7_01_N3：260

……一頭牛牲向北方神……，先用……C7_01_Y3：40

……三十乘向文夫人……C7_01_Y3：46

……羊王以下，到……C7_01_N3：280

……平常占卜沒有大障，疾病時好時壞……C7_01_N3：284

……□□適宜一點點慢慢好轉……C7_01_N3：153

……視是祭禱……C7_01_N3：159－1

……鄗郢那年七月……C7_01_Y4：16＋C7_01_O：379

……年七月……C7_01_O：360

……年七月……C7_01_O：96

……年七月……C7_01_O：182

……年七月……C7_01_N2：9

……年七月……C7_01_O：27

……七……C7_01_O：359

【釋文】

☑吕（以）衛箽爲君☑C7_01_N3：152

☑長箽☑C7_01_O：456

☑白藿[①]☑C7_01_O：370

☑白藿爲坪〔夜君貞〕☑C7_01_Y3：20

☑癘（膚）疾、心悆（悶），𠅛（卒）☑C7_01_O：215

☑𠅛（卒）戠（歲）☑C7_01_O：17

☑𠅛（卒）戠（歲）☑C7_01_O：97

☑〔坪〕夜君貞，既☑C7_01_N3：6

☑君貞，既☑C7_01_O：285

☑既爲貞，而敓（說）亓（其）☑C7_01_N2：35

☑吕（以）坪夜君不瘻（懌），伓（背）雁（膺）、癘（膚）疾、瘗（肨）痮（脹）、心☑C7_01_Y2：37＋C7_01_Y2：5

☐貞，伓（背）膺疾，㠯（以）痵（肨）瘬（脹）☐C7_01_Y2：19

☐貞，伓（背）膺疾，㠯（以）痵（肨）瘬（脹）、心悆（悶）☐C7_01_N1：14

☐伓（背）膺疾，㠯（以）痵（肨）瘬（脹）、心☐C7_01_N1：13

☐膺疾，㠯（以）痵（肨）瘬（脹）☐C7_01_N3：149

☐瘬（脹），癗（膚）疾☐C7_01_O：292

☐癗（膚）疾☐C7_01_O：357

☐痵（肨）瘬（脹）☐C7_01_O：138

☐疾，㠯（以）☐C7_01_O：686

☐心悆（悶）☐C7_01_O：126

☐悆（悶），兩□☐C7_01_O：277

☐痵（肨）瘬（脹），㠯（以）百腨體②☐C7_01_O：125＋C7_01_O：256

☐㠯（以）痵（肨）瘬（脹）☐C7_01_O：328

☐諸生㠯（以）衛（衛）☐C7_01_O：268

☐箑爲君貞，忻（祈）福，塁禱於☐C7_01_Y3：6

☐忻（祈）福於北方，塁禱一備（佩）璧☐C7_01_N1：11

☐箑爲君貞，忻（祈）福於卲（昭）王、獻（獻）惠王、柬大王③☐C7_01_N1：21

【匯釋】

①白蘢：**白色的卜龜，占卜工具。**

②百腨體："腨體"二字整理者未釋，宋華強（2010：384）釋，並與簡零125拼合。**有兩說：一、渾身。**張光裕、陳偉武（2006：88）："腨"即《龍龕手鏡·骨部》以爲"骸"字俗體之"骯"。"百腨體"猶言"百骸""百體"，指渾身、遍體。**二、身體部位的疾病。**宋華強（2010：131）："腨體"當釋爲"骨體"。"百"讀爲"骼"，即"髂"之異體。"髂骨體疾"指髂骨上的疾病。骨盆中與骶骨相交接的正是髂骨，簡文所記症候"百（骼）腨（骨）體疾"與墓中男性骨架病變部位相合。張新俊（2010）："百"讀爲"頟"，今作"額"，"腨"指眼眶下部突起的顴骨。"百腨體疾"可以讀作"頟腨體疾"，也有可能實指眼眶上下部的病症。

③柬大王：**即楚簡王。**

【今譯】

……用衛箑替平夜君成……C7_01_N3：152

……長箑……C7_01_O：456

……白色的卜龜……C7_01_O：370

……白色的卜龜替（平夜君成貞問）……C7_01_Y3：20

……全身浮腫、心悶，到……C7_01_O：215

……到年底……C7_01_O：17

……到年底……C7_01_O：97

……平夜君成貞問，已經……C7_01_N3：6

……平夜君成貞問，已經……C7_01_O：285

……已經替平夜君成貞問，又攻解……C7_01_N2：35

……又平夜君成身體不適，背部胸部痛，全身浮腫，胸腹腫大，心……C7_01_Y2：37＋C7_01_Y2：5

……貞問，背部胸部痛，又胸腹腫大……C7_01_Y2：19

……貞問，背部胸部痛，又胸腹腫大，心悶……C7_01_N1：14

……背部胸部痛，又胸腹腫大，心……C7_01_N1：13

……胸部痛，又胸腹腫大……C7_01_N3：149

……腫大，全身浮腫……C7_01_O：292

……全身浮腫……C7_01_O：357

……胸腹腫大……C7_01_O：138

……疾病，又……C7_01_O：686

……心悶……C7_01_O：126

……（心）悶，兩……C7_01_O：277

……胸腹腫大，又全身……C7_01_O：125＋C7_01_O：256

……又胸腹腫大……C7_01_O：328

……謠生用衛筆……C7_01_O：268

……筆替平夜君成貞問，祈求福佑，舉禱……C7_01_Y3：6

……向北方神祈求福祐，用一塊玉璧舉禱……C7_01_N1：11

……筆替平夜君成貞問，向昭王、惠王、柬大王祈求福祐……C7_01_N1：21

【釋文】

王遷（徙）於鄩[一]（鄩）郢之戠（歲）八月丁巳之日，醢（盬）壽君⺋（以）吳頙（夏）〔之〕①▨C7_01_N2：6、30、15

▨〔王徙〕於鄩（鄩）郢之戠（歲）八月丁巳之日，雁（應）寅⺋（以）少（小）央爲②▨C7_01_N2：22、23、24

王遷（徙）於鄩（鄩）郢之戠（歲）八月丁巳之日，雁（應）愴⺋（以）大央爲坪③▨C7_01_N1：3

毋又（有）大咎，躳（躬）身尚自宜訓（順）。占之：丞（恒）貞吉，疾遫（速）▨C7_01_N3：247、274

▨毋又（有）咎。。④占之曰：吉，宜少（小）遅（遲）瘳[二]（瘥）。⺋（以）亓（其）古（故）敓（說）之。遯（迻）彭定之祱（祟）。⑤於北方一犻，先之▨C7_01_Y2：2＋C7_01_Y2：30

▨〔占〕之曰：丞（恒）貞▨C7_01_O：412

▨〔占之〕曰：吉□▨C7_01_O：458

☐璧。占之：甚吉。C7_01_N3：181

【校記】

（一）《十四種》作“鄩”，此處從整理者。

（二）《十四種》作“疽”，此處從整理者。

【匯釋】

①𥂴壽君：**貞人名**。

吳頙：**“頙”同“夏”。吳夏：地名**。邴尚白（2009：168）認爲是人名。“之”的前面似乎多指人。沈培（2007B）讀“吳”爲“大”。吳夏，作卜龜名。

②少央：**“少”同“小”。小央：卜龜名，占卜工具**。參閱下文“大央”匯釋。

③雁愴：**“雁”通“應”，簡文還寫作“郻”。應愴：貞人名**。下文應寅、𥂴壽君、鄭建、𥂴券、𥂴佚均是貞人名。

大央：**卜龜名，占卜工具**。何琳儀（2004A）：“央”讀爲“蘁”，龜屬。“大央”，或作“大英”，皆指占卜所用大龜。舊以爲蓍草，不確。宋華強（2010：146）補充，“蘁”“蓶”是異體關係。于成龍（2004A：31）：屬於蓍占類工具。从“艸”表示蓍類，从“央”，久遠的意思。

④䷚䷎：**左頤右謙**。

⑤祱：**通“祟”，鬼神之害**。沈培（2007B：432）：讀爲“祟”，“於”前面可能遺漏一個祭祀動詞。但也可能“迻彭定之祟於北方一犕”爲一句。宋華強（2010：389）認爲，“祱”讀兩次，全句讀爲“迻彭定之祱，祱於北方一犕”。

宋華強（2010：389）：簡乙二 2 與簡乙二 30 拼合。

【今譯】

楚王遷徙到鄩郢那年八月丁巳日，𥂴壽君用吳夏的……C7_01_N2：6、30、15

……（楚王遷徙到）鄩郢那年八月丁巳日，應寅用小央替……C7_01_N2：22、23、24

（楚王）遷徙到鄩郢那年八月丁巳日，應愴用大央替平夜君成……C7_01_N1：3

沒有大的禍咎，身體希望還算健康，占測：長遠命運的貞問是吉利的，疾病快快……C7_01_N3：247、274

……希望不會有禍咎。（筮卦）。占測：吉利，應該在一點點慢慢痊愈。因爲這個緣故舉行說祭解除禍祟，移除彭定所得的祟，再祭禱北方之神一頭牛牲，在此之前先用……C7_01_Y2：2 + C7_01_Y2：30

……（占測）說：貞問長遠命運……C7_01_O：412

……（占測）說：吉利……C7_01_O：458

……玉璧。占測：非常吉利。C7_01_N3：181

【釋文】

☐〔王徙於鄩郢之〕戠（歲）八月丁巳之日，盬（盬）壽君㠯（以）吳顕（夏）之☐C7_01_N3：342－1、C7_01_O：309

☐〔王徙〕於鄩（鄩）郢之戠（歲）八月丁巳之日，郿（應）寅☐C7_01_N3：178

王遷（徙）於鄩（鄩）郢之戠（歲）八月丁巳之日，郿（應）愴㠯（以）大央☐C7_01_N3：258

☐爲君貞，既伓（背）雁（膺）疾，㠯（以）瘁（胖）瘬（脹），膚（膚）☐C7_01_N3：257

☐月丁巳之日□□㠯（以）髗髀爲☐C7_01_N3：54、55

☐□㠯（以）髗髀〔占〕之曰：吉☐C7_01_N3：53

☐貞，既骿（背）䯀（膺）疾，[1]㠯（以）髋（胛）疾[2]☐C7_01_Y4：8

☐陵君子簡紡紫緫廿[3]☐C7_01_Y4：6

郿（應）〔愴〕寅習之㠯（以）大央，占之：〔吉〕，迲（速）又（有）閯（閒），無祱（祟）。☐C7_01_N3：208

☐兩又（有）五，丁巳之昏㠯（以）☐C7_01_Y4：36

☐□又五□白□☐[4]C7_01_N3：230

【匯釋】

①骿䯀疾：**“骿”通“背”，“䯀”通“膺”。背膺疾：背部胸部痛。**

②髋：**同“胛”，肩胛。**張光裕、陳偉武（2006：83）：“髋”字从骨，爲肩胛之專字，《素問》作甲，如《藏氣法時論》：“心病者，胸中痛，脅支滿，脅下痛，膺背肩甲間痛，兩臂內痛。”

③簡紡紫緫：**祭禱物品之類。**

④□又五□白□：**兆象的描述，大概是卜龜紋路的變化。**

【今譯】

……（楚王遷徙到鄩郢）那年八月丁巳日，盬壽君用吳夏的……C7_01_N3：342－1＋C7_01_O：309

……（楚王遷徙）到鄩郢那年八月丁巳日，應寅……C7_01_N3：178

楚王遷徙到鄩郢那年八月丁巳日，應愴用大央……C7_01_N3：258

……替平夜君成貞問，已經胸背痛，又有腹脹，全身……C7_01_N3：257

……月丁巳日……用動物肩胛骨作爲……C7_01_N3：54、55

……用動物肩胛骨（占測）說：吉利……C7_01_N3：53

……貞問，已經胸背痛，又肩胛痛……C7_01_Y4：8

……陵君子簡紡紫色的緫二十……C7_01_Y4：6

應愴多次用大央進行占卜，占測：〔吉利〕，很快會有好轉，沒有禍害。……

C7_01_N3：208

……二十五，丁巳日的晚上用……C7_01_Y4：36

……二十五……白……C7_01_N3：230

【釋文】

☐□戊午之☐C7_01_O：535、704

☐禱陛（地）宔（主）☐C7_01_Y4：140

☐宔（主）與司命，<u>禱</u>（就）禱璧玉兆[①]☐C7_01_Y4：97

☐〔平〕夜文君，戊午之昏𠀠（以）☐C7_01_N3：116

【匯釋】

①<u>禱</u>禱：**前往祭禱。**“<u>禱</u>”同“就”，前往。參閱簡乙四96“<u>禱</u>禱”匯釋。

【今譯】

……戊午……C7_01_O：535、704

……祭禱地主神……C7_01_Y4：140

……主和司命天神，用一塊裝飾了蜃甲的玉璧前往祭禱……C7_01_Y4：97

……（平）夜文君，戊午日的晚上用……C7_01_N3：116

【釋文】

王遷（徙）於鄩[(一)]（鄩）郢之戢（歲）八月己未之日，盬（盬）券𠀠（以）長[①]☐C7_01_Y4：47＋C7_01_N3：26

☐貞，既胙（背）膺（膺）疾，𠀠（以）䏝（胛）疾，𠀠（以）心疼[(二)]（悶），爲集戢（歲）貞，自☐C7_01_N3：100＋C7_01_O：135

☐𠀠（以）髗髀爲坪〔夜君〕貞，既胙（背）膺☐C7_01_N3：301－2、301－1

☐疾，髍（脅）疾，[②]𠀠（以）心疼（悶），尚毋死。□良志[③]☐C7_01_N3：131

【校記】

（一）《十四種》作“鄩”，此處從整理者。

（二）《十四種》作“疼”，此處從整理者。

【匯釋】

①盬券：**“盬”同“盬”。盬券：貞人名。**

②髍疾：**有兩説：一、“髍”通“脅”，指腋下到肋骨盡處的部分。**徐在國（2003A）：字从“骨”“盍”聲，疑應讀爲“脅”，指腋下到腰上的部分。宋華強（2010：322）：心痛可以有兩脅滿的症狀，《素問・藏氣法時論》云：“心病者，胸中痛，脅支滿，脅下痛，膺背肩甲間痛，兩臂內痛。虛則胸腹大，脅下與腰相引而

痛。”**二、“髗”通“瘂”，短氣**。何琳儀（2004A）：“髗”讀爲“瘂”，《廣韻》：“短氣也。”

③良志：**貞人名**。

陳偉（2013：82）：簡乙四47與簡甲三26可相接。

晏昌貴（2004）：簡甲三100與簡零135綴合。

【今譯】

楚王遷徙到鄩郢那年八月己未日，鹽券用長……C7_01_Y4：47 + C7_01_N3：26

……貞問，已經胸背痛，又肩胛痛，又心悶，替平夜君成做一整年吉凶的貞問，從……C7_01_N3：100 + C7_01_O：135

……用動物肩胛骨替平夜君成進行貞問，已經胸背……C7_01_N3：301－2、301－1

……痛，脅痛，又心悶，希望不會死。□良志……C7_01_N3：131

【釋文】

☐之日，盬（鹽）佚吕（以）長剌[①]☐C7_01_N3：235－1

☐戠（歲）之貞，尚毋又（有）咎☐C7_01_Y4：40

☐□貞，既疾□□，吕（以）髀（胛）疾，自☐C7_01_N3：9

八月己未之夕，吕（以）君之疠（病）之[②]☐C7_01_Y4：5

☐中戠（特）牛，樂之。褱（就）禱☐C7_01_N3：14

己未之日，[（一）]吕（以）君不瘽（懌）之古（故）☐C7_01_N3：164

【校記】

（一）十四種此處未斷讀，現據文意斷讀。

【匯釋】

①盬佚：**貞人名**。

②疠：**同“病”**。

【今譯】

……日，鹽佚用長剌……C7_01_N3：235－1

……年的貞問，希望不要有禍咎……C7_01_Y4：40

……貞問，已經患病□□，又肩胛病痛，從……C7_01_N3：9

八月己未日的晚上，因爲平夜君成患病的緣故……C7_01_Y4：5

……中公牛，奏樂。前往祭禱……C7_01_N3：14

己未日，因爲平夜君成身體不適的緣故……C7_01_N3：164

【釋文】

王遷（徙）於☐C7_01_O：112

☐兆亡（無）咎，又（有）祭[(一)]（祟）☐C7_01_N3：19

☐無咎無祱（祟）☐C7_01_Y4：50

☐求亓（其）祭[(二)]（說），又（有）祭[(三)]（祟）於☐C7_01_Y3：36

☐郘（荆）王、文王㠯（以）逾至文君，巳（已）解[①]□☐C7_01_O：301、150

☐己未之日，就（就）禱三殜（世）之殤（殤）[②]☐C7_01_Y4：109

☐卲（昭）王、文☐C7_01_O：445

☐於文王、□□☐C7_01_O：546、687

☐玩，己未☐C7_01_O：272

【校記】

（一）十四種作“祱”，今據竹簡原圖作“祭”。

（二）同（一）。

（三）同（一）。

【匯釋】

①巳解：**已解**。何有祖（2007A）：原釋文未釋，作“巳”。楚簡中“巳”多用作“已”，此處“巳”或可看作“已”，指上一祭祀活動的終結。或屬上讀作“祀”，與“文君”並列爲神靈名。本條所説的“解”疑與新蔡簡所見“解於太”“解於北方”情形相同。宋華強（2010：415）：“巳”疑當連下“解之”爲句，讀爲“已”。“已解之”表示“解”這種行爲已經完成。

②三殜之殤：**“殜”同“世”，“殤”同“殤”**。三世之殤，陳偉（2007：387）認爲有兩種可能：一指父輩、子輩、孫輩（同輩不構成一世）；二指在與當事人同輩的諸昆弟中以及晚一世的子輩中，有的是通過更高層級而發生關聯的。其中從父昆弟以及其子爲同祖（二世）所出，從祖昆弟以及其子爲同曾祖（三世）所出，“三世之殤”是指同曾祖以下所出之殤。

【今譯】

楚王遷徙到……C7_01_O：112

……兆象顯示沒有禍咎，有禍祟……C7_01_N3：19

……沒有禍咎沒有禍祟……C7_01_Y4：50

……求得禍祟，有禍祟……C7_01_Y3：36

……荆王、文王以下到文君，已經攻解……C7_01_O：301、150

……己未日，準備祭禱三世之殤……C7_01_Y4：109

……昭王、文……C7_01_O：445

……文王……C7_01_O：546、687

……玩，己未……C7_01_O：272

【釋文】

㠯（以）[illegible]之大彤簭（筮）爲君貞，[①]既心疾，㠯（以）⧄C7_01_N3：72

⧄念（悶），虘（且）癠不出，㠯（以）又（有）𤷒，[②]尚遬（速）出，毋爲忧（尤）。[③]嘉占之曰：亙（恒）貞吉，少（小）逹（遲）出。䷛䷷。[④]或爲君貞，㠯（以）亓（其）逹（遲）出之古（故），尚毋又（有）柰。嘉占之曰：無亙（亟）柰。[⑤]䷊䷖。[⑥]或爲君貞，㠯（以）亓（其）無亙（亟）柰之古（故）⧄C7_01_N3：198、199－2＋C7_01_N3：112

⧄一牂。嘉占⧄C7_01_O：344

⧄〔占之〕曰：亙（恒）貞吉⧄C7_01_O：120

⧄□筩。[⑦]庚申之昏㠯（以）起辛酉之日禱之。C7_01_N3：109

⧄之日，定爲公子⧄C7_01_O：101

⧄□之，躳＝（躬身）毋⧄C7_01_O：293

⧄君王，定占之⧄C7_01_Y4：121

⧄禱門、戶C7_01_O：442

⧄□占之曰：甚⧄C7_01_O：322

⧄□定占之：兆卜亡（無）⧄C7_01_O：460

⧄占之：兆卜⧄C7_01_Y4：83

【匯釋】

①[illegible]：整理者釋作“[illegible]”，**貞人名**。今按：字形下部非“开”，似“又”形，不能確定，闕疑。

②……虘……㠯……：據劉凌（2015）調查研究顯示，楚簡中用於疾病貞的“既……以……”“……以……”句式是並列句。

癠：**同“疥”，疥瘡**。由疥蟲引起的傳染性皮膚病。

出：**出來**。邴尚白（2007：25）：引周鳳五說，訓爲“絀”，減退的意思，簡文中指症狀緩解。

𤷒：疑讀爲“瘙”，與上文“疥瘡”相關，又從音韻上證“𤷒”與“瘙”可以相通（宋華強，2010：79）。何琳儀（2004B）疑讀“造”，訓爲“猝”。張光裕、陳偉武（2006：90）疑當讀爲“疛”，指腹中急痛。

③忧：**通“尤”，過失**。原簡作“[illegible]”，賴怡璇（2012：219）：應嚴格隸定爲“[illegible]”，讀爲“憂”。

④䷛：**大過，下巽上兌**。象徵“大爲過甚”，亨通。

䷷：**旅卦，下艮上離**。象徵“行旅”。謙柔小心可致亨通。

這裏有陰陽爻卦與數字卦的爭議，李零（2000）、李宗焜（2006）等認爲是數字卦，李學勤（2006）認爲是陰陽爻卦。

⑤丞：**通“亟”，急切**。邴尚白（2009：106）：讀爲“恒”，長久。無恒祟，沒有長久的神禍。

⑥䷊：**泰卦，下乾上坤**。象徵“通泰”，吉祥亨通。

䷓：**觀卦，下坤上巽**。象徵觀仰。

陳偉（2004：37）簡甲三198、199－2和簡甲三112連讀。

⑦篇：待考。

【今譯】

用□的大彤筮替平夜君成貞問，已經心臟有疾病，而又……C7_01_N3：72

……悶亂，疥瘡又沒有出來，又有瘙癢的感覺，希望能快快出來，不要有禍咎。嘉占測說：貞問的長遠命運是吉利的，病情會一點點慢慢好轉的。（筮卦）。又替平夜君成貞問，因爲疥瘡慢慢出來的緣故，希望不會有危急的禍咎。嘉占測說：沒有很急的禍咎。（筮卦）。又替平夜君貞問，因爲沒有危急的禍咎的緣故……C7_01_N3：198、199－2＋C7_01_N3：112

……一頭羊牲。嘉占測……C7_01_O：344

……（占測）說：貞問長遠命運是吉利的……C7_01_O：120

……□篇。庚申日傍晚開始到辛酉日白天祭禱它……C7_01_N3：109

……日，定替公子……C7_01_O：101

……身體不會……C7_01_O：293

……君王，定占測……C7_01_Y4：121

……祭禱門神、戶神……C7_01_O：442

……占測說：非常……C7_01_O：322

……定占測：兆象顯示沒有……C7_01_O：460

……占測：兆象……C7_01_Y4：83

【釋文】

☐之䝨☐之不跌，[①]取於發與脊[②]☐C7_01_O：193

☐偯思爲之啻（謫），[③]㠯（以）微宭（宰）尹發與〔脊〕[④]☐C7_01_N3：388＋C7_01_N3：356

☐司馬蚘逗於鐺[⑤]☐C7_01_N3：182－2

【匯釋】

①跌：宋華強（2010：101）：可能讀爲“足”，古書常見“……不足，取於……”句式，簡文意思大概就是：由於祭祀所需犧牲不足，於是求取與宰尹發與脊。

②發與脊：**宰尹名字**。宋華強（2010：97）：發，隸定爲“弢”。

③思：**有兩說：一、通“使”**。于成龍（2004A：48）認爲與“令（命）”同

義。**二、希望**。《詩經・大雅・文王》"思皇多土"，鄭箋："思，願也。"願即希望。

啻：**有三説：一、通"謫"，解除災禍。二、禍咎**。于成龍（2004A：59）：望山簡的"謫"是用爲名詞，義訓災禍，同於祟。"謫"也可用作動詞，義爲責怪。**三、簡冊**。宋華強（2010：99）讀爲"策"或"刺"，把所需犧牲書寫於簡冊，也可能稱之爲"刺"。

④微：宋華強（2010：99）讀爲徵求之"徵"。

寍尹：**"寍"同"宰"。宰尹：宰相。**

䢵與〔鰲〕：**據上文補"鰲"，宰尹名字**。宋華強（2010：97）：䢵，隸定爲"玻"。

⑤司馬蚘：**人名前冠以官職名**。宋華強（2010：102）：根據包山簡記載購買犧牲之事的經辦者也是司馬之官，推斷此簡的司馬蚘也求買犧牲。

逗：**停留**。《説文・辵部》："逗，止也。"

䣄：**地名**。

【今譯】

……的……不足，向䢵與鰲求取……C7_01_O：193

傴派人替平夜君成攻解災禍，向宰尹䢵與鰲發出請求……C7_01_N3：388 + C7_01_N3：356

司馬蚘在䣄地逗留……C7_01_N3：182 – 2

【釋文】

☐之不癴（懌）☐C7_01_O：392

☐占之：君☐C7_01_O：453

☐思爲之求四羊（騂）義（犧）①☐C7_01_Y4：143

☐□熊犠（犧）②□☐C7_01_O：2

☐⾀（盡）緅（纓）吕（以）兆玉，旂（祈）☐C7_01_N2：10

☐埅（地）宔（主）一痒（牂）。辛彭（酉）之☐C7_01_N2：7

【匯釋】

①求：**索取**。宋華強（2010：100 – 101）：用"求""徵"及"取"，"徵"可訓"求"，"求"可訓"取"，詞義相類，都有上對下的語氣。《左傳》隱公三年"武氏子來求賵"，就是天子使臣向魯國索要賵物。

②熊：宋華強（2010）：義通"黑"。

【今譯】

……不舒適……C7_01_O：392

……占測：平夜君成……C7_01_O：453
……使人爲平夜君成求取四頭赤色的犧牲……C7_01_Y4：143
……黑色的犧牲……C7_01_O：2
……全都懸掛着用蜃甲裝飾的玉，祈福……C7_01_N2：10
……地主神一頭羊牲。辛酉日……C7_01_N2：7

【釋文】

王遷（徙）於鄩（鄩）郢戠₌（之歲）八月辛彭（酉）[①]▨C7_01_N3：259 + C7_01_O：315

▨〔王徙〕於蔌（鄩）郢之戠（歲）八月辛彭（酉）之▨C7_01_Y3：29

▨月辛彭（酉）之日，西陵執事人㠯（以）君王[②]▨C7_01_Y4：126

▨之古（故）命西陵人▨C7_01_O：228

▨西陵之▨C7_01_O：696 + C7_01_O：32

▨彭（酉）之日祭之，大牖（牢）饋之於黃李。[③]占之：吉。啻（謫）□▨C7_01_N3：304

珥、衣常（裳），[④]虘（且）祭之㠯（以）一粘於東陵。[⑤]占之：吉▨C7_01_N3：207

【匯釋】

①鄩：**同“鄩”。**

②西陵：**戰國楚之西陵，地名。**晏昌貴（2007A）：在今湖北宜昌附近。陳偉（2013：84）據《王杖十簡》，西陵可能在漢汝南郡的西陵縣一帶。

執事人：**祭禱的執行者**（晏昌貴按）。陳偉（2013：84）：此指西陵（尹）屬下負責祭祀的人，多是卜、祝。何有祖（2007）：是主事人員。宋華強（2010：87）引《周禮·春官》“大栽，及執事禱祠於上下神示”之鄭玄注“執事，大祝及男巫、女巫也”來說明執事人是巫祝。

③大牖：**“牖”通“牢”。大牢：古代祭祀牲畜。**

黃李：**人名。**

④常：**通“裳”。**

⑤東陵：**地名，薦牲處所。**參閲簡乙四 149。

宋華強（2010：405）拼合簡甲三 259 與簡零 315。

【今譯】

楚王遷徙到鄩郢那年八月辛酉日……C7_01_N3：259 + C7_01_O：315
……（楚王遷徙）到鄩郢那年八月辛酉日……C7_01_Y3：29
……月辛酉日，西陵負責祭祀的祝者遵照楚悼王……C7_01_Y4：126
……的緣故命令西陵人……C7_01_O：228

……西陵的……C7_01_O：696＋C7_01_O：32

……酉日祭禱他們，大牢這種祭品進獻給黄李。占測：吉利。奝……C7_01_N3：304

耳環、衣裳，並且在東陵用一頭豬牲祭禱它。占測：吉利……C7_01_N3：207

【釋文】

☐霝（靈）君子兄（祝）亓（其）戠（特）牛之禱。奠（鄭）憲占之：兆☐C7_01_Y4：145

所兆者㠯（以）迖（速）寍（賽）禱☐C7_01_O：12

☐君、文夫人，兄（祝）亓（其）大牢（牢），[1]百☐C7_01_Y4：128

之，贛（貢），樂之。辛彰（酉）之日禱之☐C7_01_N3：46

☐辛彰（酉）之日☐C7_01_O：542

☐亥之日𣈤（皆）䔍（薦）之，[2]吉☐C7_01_Y2：42

【匯釋】

①兄：**同"祝"，祝禱**。沈培（2007C）：祝祭，動詞，帶賓語"其大牢"，意思是"祝祭中用其大牢"。"其特牛之禱"意即"用特牛作爲祭牲的禱祭"，"祝其特牛之禱"意思是爲用特牛作爲祭牲的禱祭而舉行祝祭。陳偉（2004：41）：疑讀作"貺"，贈予的意思。

大牢：**"牢"同"牢"。大牢：古代祭祀牲畜。**

②𣈤：**同"皆"。全、都，範圍副詞。**

䔍：**同"薦"，薦祭**。加"示"字旁表示是"薦祭"的專用字。

【今譯】

……靈君子，用公牛祝禱。鄭憲占測：兆象……C7_01_Y4：145

所顯示的兆象是儘快舉行報酬性祭禱……C7_01_O：12

……君、文夫人，用大牢這種祭品祝禱他們，舉行百儀式……C7_01_Y4：128

之，進獻祭品，用編鐘奏樂，辛酉日祭禱他們……C7_01_N3：46

……辛酉日……C7_01_O：542

……亥日都進獻祭品，吉利……C7_01_Y2：42

【釋文】

☐敓（祟）見於卲（昭）王、吝（文）君、吝（文）夫人、子西君。是☐C7_01_Y1：6

亓（其）古（故）敓（說）之。舉禱於卲（昭）王、獻（獻）惠王各大牢，饋，𦣠（棧）[1]☐C7_01_Y1：29、30

吝（文）夫人，舉禱各一備（佩）璧。或舉禱於盛武君、命（令）尹之子𨊠

各大牢，[②]百☐C7_01_Y1：13

☐〔樂〕之，百之，贛（貢）。罌禱於子西君戠（特）牛，樂☐C7_01_N1：27

☐贛（貢）。凡是戊唇（辰）㠯（以）飮己巳禱之。[③]C7_01_N1：10

【匯釋】

①䧹：**通“棧”，編鐘。**

②盛武君：**楚封君。**宋華強（2010：421）釋“盛”爲“墭”，武是謚號。河南省文物考古研究所（2003：183）：盛地的封君。稱“盛武君”可能是受封較早的盛君，與坪夜文君、魯陽文君類似。鄭威（2007：585）：“盛君”是楚封君，與曾侯乙墓出土“盛君縈”爲同一家族對同一封號的承襲。其封地可能在今河南省信陽市北楚王城。

命尹：**“命”當爲“令”。令尹：長官。**

瞰：**人名。**鄭威（2007：585）認爲，大概是令尹子西的兒子。

③飮：**有四説：一、通“會”，到。**楊華（2005）：讀爲“會”，到、合之意。**二、“以會”作爲連詞。**張玉金（2011：187）：“以會”應該是一個連詞，連接前後兩個時間名詞，表示戊辰日和己巳日相會之時，可能不是指一段時間而是時間點。“以起”的詞性和用法相同。**三、同“敆”。**李家浩（1999）考證是“敆”的異體，讀爲袷衣之“袷”。**四、除去。**陳偉（2009）：疑讀爲“禬”，除去的意思。簡文之“飮”或是除去疾病，或是除去疾病的祭祀。句讀應爲“戊辰以飮，己巳禱之”。與簡甲三109“起”及簡甲三134、108“興”相呼應。

【今譯】

……禍祟在昭王、文君、文夫人、子西君處出現。這……C7_01_Y1：6

這個緣故舉行攻祭解除禍祟。各用大牢這種祭品向昭王、獻惠王祈禱，並進獻祭品，編鐘……C7_01_Y1：29、30

文夫人，各用一塊佩玉祈禱。又各用大牢向盛武君、令尹的兒子瞰祈禱，舉行百儀式……C7_01_Y1：13

……（奏樂），舉行百儀式，進獻祭品。用公牛向子西君祈禱，奏樂……C7_01_N1：27

……進獻。戊辰日到己巳日祭禱它。C7_01_N1：10

【釋文】

王遷（徙）於鄩（鄩）郢之戠（歲）八月己巳之日，盬（盬）脂㠯（以）黠蘦（靈）爲坪夜君貞，[①]既心悆（悶），卒（卒）戠（歲）或至頣（夏）𡢁（栾）[②]☐C7_01_N3：215＋C7_01_N3：87

王〔徙〕於鄩郢之戠（歲）八月己巳之日，鄭建㠯（以）□☐C7_01_N3：233

☐瘧（痓）。㠯（以）亓（其）古（故）敓（說）之。遷（迻）盬（盬）脂

之敚（祟），鐸（?）祭卲（昭）王大牢，[3]脠（棧）鐘樂之。[4]鄭▨C7_01_N3：212、199－3

▨璧，𠀠（以）罷禱大牢，[5]饋，[6]䐗（棧）鐘樂之，百之，贛（貢）。𥂴（盬）塝占之曰：吉。[7]既告虞（且）▨C7_01_N3：136

▨𡉚禱備（佩）玉，各㢠璜。[8]冊告自吝（文）王𠀠（以）𩫏（就）聖逗王，[9]各束絵（錦）珈（加）璧。[10]C7_01_N3：137

【匯釋】

①𥂴㝑：**“𥂴”同“盬”。盬㝑：貞人名。**

駐藷：**“藷”通“靈”，卜龜之靈。駐䨩：占卜工具。**邴尚白（2009：174）：靈，原作“需”或“䨩”，簡甲三215或作“藷”，都是指靈龜。又說“藷”雖是“艸”旁，但不應看作筮具。陳偉（2013：85）：與簡甲三115“駐靈”或是同一龜名。

②或至：宋華強（2005）解釋爲“又至”，即再到，有遞進的意思。李明曉（2009：120）認爲宋說過於迂曲，解釋爲“或者”即可。

陳偉（2013：83）：二簡可綴合。

③鐸：宋華強（2010：391）引董珊說，讀爲“禱”。

④脠鐘：**“脠”通“棧”。編鐘。**簡文有“延”“脠”“䐗”三種字形。

⑤罷禱：**有九說：一、“罷”通“一”，一禱。**陳偉（2013：85）：簡文還寫作“弌禱”，即“罷禱”異寫。“罷禱”似當讀作“一禱”，意義待考。**二、“罷”同“翼”，代禱。**朱德熙、裘錫圭、李家浩（1995：100）認爲“罷”疑似“翼”的異體，簡文“罷禱”意義未明，但鄂君啓節的“歲翼返”疑似當讀爲“歲代返”。**三、祈禱。**李家浩（2001B：34）：“罷禱”屬於祈禱，和“與禱”的區別是前者用牲。工藤元男（2002A）：罷禱、賽禱、與禱都是貞人在自己集團內部所用的祭禱名，都是一般的祈禱。**四、“罷”通“代”，代禱。**周鳳五（1999：46）根據郭店竹簡大量出現的用例，可以確定此字經常讀作“一”。卜筮簡中讀作“代”。代禱和與禱是配套的兩種禱祠。代禱是由主持禱祠儀式的巫覡代替當事人舉行祭祀，與禱是由當事人親自祭祀。邴尚白（2007：186）認爲代禱是希望功名事業等能夠順利，目的是求福。**五、祀禱。**徐在國（1998：81）：同“翼”，讀爲“祀”。湖北省荊沙鐵路考古隊（1991A：53）：似讀作“嗣”，罷禱即後人對先輩的祭祀。**六、連續祭禱。**陳偉武（1997）：讀爲“仍”，因也。“罷禱”即連續而禱。**七、“罷”通“熊”，禜禱。**孔仲溫（1997）認爲通“熊”，“罷禱”應讀爲“禜禱”，爲攻解自然災害而舉行的祭禱。**八、烝禱。**宋華強（2006K）：疑讀爲“烝禱”，或是冬祭的專名，或是一般性的祭名。**九、宜祭。**劉信芳（2003A）：與“宜祭”相似。

⑥饋：**奉祭方式。**

宋華強（2010：267）於大牢後點斷，作“罷禱大牢，饋”。

⑦𥂴塝：**“𥂴”同“盬”。盬塝：貞人名。**宋華強（2010：267）認爲“塝”當

作“倸”，“人”旁訛作“力”形。與上文“伕”應是同一人。

⑧𤕺璜：**有三說：一、“𤕺”通“友”，雙、偶，成對**。李天虹（2003）認爲當讀作“友”，可用作量詞，雙。**二、“𤕺”通“拱”**。陳偉（2003B：96）：字下部从“共”，讀爲“拱”，“拱璜”猶如“拱璧”，是一種大璜。**三、“𤕺”同“𢍁”**。宋華強（2010：439）：疑爲“𢍁”異體，讀作“玄玉百工”之“工”。“工璜”疑表示“二璜”。

⑨冊告：**有兩說：一、策告**。陳偉（2003：96）：古書也寫作“策告”。常用在祈求神靈的場合。據《國語·鄭語》《訓語》及《尚書·金縢》等記載，冊告或策告是將對神靈的祝辭寫在簡策上宣讀，同時向神靈進獻祭品。**二、號呼告神**。宋華強（2010：264）認爲，“告”有號呼義。祝史一類的人“讀筴書祝文”爲“祝號”，各種祭禱都可以有祝號，號呼告神祈求福祐。

自……以就……：張玉金（2011：114）：“自”是當事介詞，和“以就”構成介詞結構，表示當事行爲的起點和終點。楚王輩分有高低，“自”表示起點，“以就”表示終點。

聖趄王：**聲趄王**。劉節（1985：124）：即聲趄。楚自惠王以後其小君可稱聲趄者，必爲聲王之夫人。河南省文物考古研究所（2003：183）：在祭祀的典冊中除武王以前的先公外，先王系統爲文王至聲王。倘若聲王之後還有已故的先王，理當在典冊中，這似乎反映出祭禱的年代可能在悼王之世。

⑩束絵珈璧：**“絵”同“錦”，“珈”通“加”。束錦加璧，相當於《儀禮·覲禮》“束帛加璧”**。陳偉（2004）：珈，讀爲“加”，用在聘享場合，指在束帛之上加以玉璧，用以禱祠神靈。于成龍（2004A：87）：以束錦加璧冊告。

【今譯】

楚王遷徙到鄩郢那年八月己巳日，𥂴㾕用駐靈替平夜君成進行貞問，有了心悶的毛病，到年底或到來年七月……C7_01_N3：215 + C7_01_N3：87

楚王（遷徙）到鄩郢那年八月己巳日，鄭建用……C7_01_N3：233

……痊愈。因爲這個緣故舉行說祭解除禍祟，移除𥂴㾕所求得的祟，用大牢這種祭品祭禱昭王，用編鐘奏樂，娛神降神。鄭……C7_01_N3：212、199－3

……璧玉，又用大牢這種祭品𥘵禱並犒勞，在編鐘奏樂中舉行百儀式，進獻祭品。𥂴塝占測：吉利。冊告結束，並且……C7_01_N3：136

……用佩玉和成對的璜進行舉禱，冊告文王至聲王各位楚王時的神靈，各在束帛之上加以玉璧。C7_01_N3：137

【釋文】

王遷（徙）☐C7_01_O：49、62

☐之戢（歲）☐C7_01_O：70

☐八月☐C7_01_O：530

☐己巳☐C7_01_O：141

己巳之日，觀☐C7_01_O：326

☐珈（加）璧，㠯（以）☐C7_01_O：397

☐既𤔲（皆）告㜏（且）禱巳。☐C7_01_N3：138

☐之日𤔲（皆）告㜏（且）禱之☐C7_01_O：452

☐之日，吉，無咎。又（有）敓（祟）見於卲（昭）王、獻（獻）惠C7_01_N1：5

☐迡（遲）恚瘧（瘥），[①]又（有）敓（祟），㠯（以）亓（其）古（故）敓（說）之。瞾禱☐C7_01_N3：265

☐□㠯（以）亓（其）古（故）敓（說）之。吝（文）君、吝（文）夫人歸☐C7_01_N3：176

☐厝（厭）禱一勂。[②]歸備（佩）玉於二天子各二璧，歸[③]☐C7_01_N1：4

☐痒（祥），緄（纓）之㠯（以）〔兆卜〕玉，瞾☐C7_01_N2：2

☐王、吝（文）君。瞾禱於卲（昭）王、獻（獻）惠王、吝（文）君各一備（佩）玉。辛未之日禱之。☐C7_01_Y1：21、33

【匯釋】

①恚：張新俊（2005）：讀爲“蠲”，除去的意思，引申爲病愈。

②厝禱：**“厝”通“厭”，指厭祭。**陳偉（2013：62）認爲厭祭在祭“太”之後進行，與《儀禮·特牲饋食禮》《少牢饋食禮》記載“尸”起饗神之饌設於西北隅稱“陽厭”近似。邴尚白（2007：23）：“厝禱”與“祝禱”一樣，爲祭禱用語組合。

勂：**某種犧牲。**宋華強（2010：226）：疑是“虜”字異體，讀爲楚簡中的“羖”或“牯”。“羖”“牯”一字異體，或是“牯”借作“羖”，指羊牲。“羖”應讀爲“羠”，指閹割了的公羊。

③歸：**通“饋”，饋薦玉璧**（楊華，2005）。宋定國、賈連敏（2002）：饋食，一種祭禮。

【今譯】

楚王遷徙……C7_01_O：49、62

……那年……C7_01_O：70

……八月……C7_01_O：530

……己巳……C7_01_O：141

己巳日，觀……C7_01_O：326

……加上玉璧，用……C7_01_O：397

……已經全都祝號並且祭禱了……C7_01_N3：138

……日已經全都祝號並且祭禱。C7_01_O：452

……日，吉利，沒有禍咎。有禍祟出現在昭王、獻惠……C7_01_N1：5

……慢慢痊愈，有禍祟，因爲這個緣故舉行說祭。祭禱……C7_01_N3：265

……因爲這個緣故舉行說祭解除禍祟。文君、文夫人進獻……C7_01_N3：176

……用一牲進行厭禱。各饋薦兩塊佩玉給二天子，饋薦……C7_01_N1：4

……母羊，把用蜃甲裝飾的玉掛在母羊上，祭禱……C7_01_N2：2

……王、文君。各用一塊玉璧祭禱昭王、獻惠王、文君。辛未日祭禱他們。……C7_01_Y1：21、33

【釋文】

⍁又（有）大咎，竆（躳）身尚宜訓（順）。定占⍁C7_01_Y2：35、34

⍁珥、衣常（裳），虘（且）祭之㠯（以）一豬於東陵，占⍁C7_01_N3：269

⍁一勴，歸備（佩）玉於二天子各二璧，□⍁C7_01_N3：81、182－1＋C7_01_N3：171

⍁備（佩）玉於郈山一珽璜，[①]□⍁C7_01_Y3：44、45

又（有）敓（祟）見於司命、老嬞（童）、祝韊（融）、空（穴）酓（熊）。[②]癸彫（酉）之日曌禱⍁C7_01_Y1：22

【匯釋】

①郈山：**有兩說：一、危山**。晏昌貴（2006）：楚卜筮簡的"危山""山"即古代字書所說"三危山"。在楚人神話傳說中是長生不老之地，這是出卜筮簡之所以祭禱的原因。**二、沩山**。陳偉（1996：170）釋作"峗"，疑是《漢書·地理志》南郡高成縣的沩山。

珽璜：**"珽"通"疏"。璜：一種佩玉。疏璜：刻鏤之璜**（何琳儀，2004A）。宋華強（2010：430）疑"珽"可通"雙"，望山簡有"一雙璜"可參照。

宋華強（2010：430）認爲，簡甲三81、182－1，簡甲三171，簡乙三44、45三簡可拼合。

【今譯】

……有大的禍咎，身體希望還算健康。定貞問……C7_01_Y2：35、34

……珥、衣裳，並且在東陵用一頭豬牲祭禱它。占測……C7_01_N3：269

……一牲，各饋薦兩塊佩玉給二天子……C7_01_N3：81、182－1＋C7_01_N3：171

……饋薦一塊刻鏤之璜給郈山之神，……C7_01_Y3：44、45

有禍祟出現在司命天神、老童、祝融、穴熊處。癸酉日祭禱他們……C7_01_Y1：22

【釋文】

⍁□於郢之⍁C7_01_N3：93

鄴少（小）司馬墜（陳）鯢愆(一)（愆）㠯（以）白霝（靈）爲君坪夜君貞，①既心疾，㠯（以）合於伓（背），②虐（且）心痵（悶）☑C7_01_N3：233、190

☑盬（盬）㾓㠯（以）黓竈爲坪夜君貞，③既伓（背）雁（膺）疾㠯（以）☑C7_01_N3：115 + C7_01_Y3：51

☑㠯（以）亓（其）古（故）敚（說）之。舉禱楚先老童、祝鸓（融）、毓（鬻）酓（熊），④各兩痒（牂）。旂（祈）☑C7_01_N3：188、197

☑甲戌☐己亥禱楚先與五山，⑤庚午之夕内齋。⑥〔毓〕☑C7_01_N3：134、108

☑瑶命鄦（許）⑦☑C7_01_O：187

☑之日，瑶☑C7_01_O：171

☑霝☑C7_01_Y4：119

☑旂（祈）之☑C7_01_O：284

☑咎，無愆〔占〕☑C7_01_O：164

☑自八C7_01_O：305

☑㠯（以）至十月，三月☑C7_01_N3：191

☑尚☑C7_01_O：685

☑於楚先與五山☑C7_01_O：99

☑〔舉〕禱五山、祠褍（？）⑧☑C7_01_N3：195

☑廌（薦）三楚先，客（各）⑨☑C7_01_N3：105

【校記】

（一）十四種釋爲“洐”，今據竹簡字形隸定爲“愆”。

【匯釋】

①鄴：**地名**。顔世鉉（1997：158）：楚葉縣，位於今河南省葉縣南。

少司馬：**小司馬**。邴尚白（2009：170）認爲是官名。《周禮·夏官》有小司馬一職，包山簡 129 有“期思小司馬”等，應爲各地軍事長官司馬的副貳。應該是通曉卜筮的非專業人士。

墜鯢愆：**“墜”同“陳”，“鯢”同“無”，“愆”通“愆”。陳無愆：貞人名。其身份有兩説：一、職業貞人**。于成龍（2004A：34）認爲是卜筮職業貞人，因爲擅長占卜，被命以卜事。**二、官員**。宋華強（2010：138）：官員。從《左傳》昭公十七年“司馬令龜，我請該卜”得知，司馬參與占卜是楚國的慣例，與其人是否擅長占卜不一定有直接關聯。

白霝：**“霝”通“靈”，卜龜之靈。白靈：白色的卜龜，占卜工具。**

爲君：宋華強（2010：422）：把“君”加在爵稱之前，與“子大夫”類似，可能也是當時固有的一種尊稱格式。

②合：**匯聚在一處，集中到某個地方。**

③盬㾓：**貞人名。**

䨊黿：**卜龜名，占卜工具。**何琳儀（2004A：6）疑“䨊”爲“䶦”之異文。《說文》：“䶦，䶩屬。頭有兩角，出遼東。”䶦黿，占卜用龜。宋華強（2010：381）認爲，“䨊”“駐”是“黿”的修飾詞，疑讀爲“赮”。《說文》新附：“赮，赤色也。”

陳偉（2013：87）：簡甲三115和簡乙三51可綴合。

④楚先：**楚先祖。**魏宜輝、周言（2004）認爲“楚先”與“三楚先”都是指楚人的三位先祖。劉信芳（2005：10）：“楚先”指楚先祖、先公中三位最杰出的代表人物“老童、祝融、媸酓”。而“三楚先”是楚人先祖祀譜的代稱，特指“老童、祝融、穴酓”。

毓酓：**“毓”通“鬻”，“酓”通“熊”。鬻熊：楚先祖之一。有兩說：一、穴熊。**黃德寬（2005：4）指出，望山、包山和新蔡簡的“老童、祝融、鬻熊”與“老童、祝融、穴熊”相合，所謂“鬻熊”的“毓”，可讀爲“穴”。李家浩（2010：5－44）指出上古音幽部與微、文二部音轉，“穴”與“㜩（鬻）”可以相通，“㜩（鬻）熊”和“穴熊”是同一人。曾憲通（2004：243）：“𠫓”符其實有兩個來源。通常釋爲“融”字的“𠫓”符是“蟲”的省變，而一般釋爲“流”的“𠫓”符則來源於“毓”的省文，即“㐬”形的訛變。董蓮池（2004：288）：包山簡217原釋“媸”改釋爲“㜩”，應爲戰國時期楚系文字的“毓”字。“毓”與“鬻”上古音均覺部喻母，古音相同，無須通轉。陳偉（2007：376）：如果真的鬻熊、穴熊合一的話，其原因除孔廣森所說“聲讀之異”外，卜筮簡中習見的同神異名現象，也是應該考慮的因素。**二、不是穴熊。**曹菁菁（2009：6）認爲“三楚先”指老童、祝融、鬻熊。簡文不能證明穴熊屬於“三楚先”，“穴”與“鬻”不能相通。

⑤𦦻：**有三說：一、釋“興”。**何有祖（2007D）：在“甲戌興乙亥禱之”與“庚申之昏以起辛酉之日禱之”這兩句中，“興”“起”應是同義詞，引申爲開始。**二、釋“鄉”。**宋華強（2010：424）：讀作“鄉”，“甲戌鄉（嚮）乙亥”與簡甲三119“甲戌之昏以極乙亥之日”所指時間段相同。**三、釋“闢”。**整理者釋爲“闢”。于成龍（2004A：70）從整理者釋，“甲戌闢”意爲祭前一日打開廟門。

五山：**神靈。**

⑥庚：張勝波（2006：144）釋爲“康”，讀作“庚”。

內齋：**所居宮室齋戒。**商承祚（1995：234）：望山簡的“內齋”“野齋”分別是《禮記·祭義》的“致齋”“散齋”。“致齋”是指日夜居於室內三日，以求身心潔淨。楊華（2005：262）：“庚午之夕內齋”是指庚午當晚進行了某種祭禱。于成龍（2004A：70）：齋戒日數爲祭前五天，此與三禮所記不同。

⑦鄦：**通“許”。**

⑧衱裫：**祭祀對象。**宋華強（2010：424）：裫，疑是祭禱動詞“祟”的異體。

⑨客：**當爲“各”。**

【今譯】

……到郢都……C7_01_N3：93

鄴地小司馬陳無愆用白色的卜龜替平夜君成貞問，已經有心臟疼痛，而又影響到背部，並且心煩意亂……C7_01_N3：233、190

……鹽㾢用䵷䨻替平夜君成貞問，背部、胸部已經患上疾病，又……C7_01_N3：115 + C7_01_Y3：51

……因爲這個緣故舉行說祭解除禍祟，需要各用兩隻母羊舉禱楚國祖先老童、祝融和鬻熊，（爲平夜君成）祈福……C7_01_N3：188、197

……從甲戌日到己亥日祭禱楚國祖先和五山神靈，庚午日的晚上進行齋戒。䘲……C7_01_N3：134、108

……瑶命令許……C7_01_O：187

……日，瑶……C7_01_O：171

……靈……C7_01_Y4：119

……祈福……C7_01_O：284

……沒有禍咎。無愆占測……C7_01_O：164

……從八（月）……C7_01_O：305

……到十月以來，三個月……C7_01_N3：191

……希望……C7_01_O：685

……在楚國祖先和五山神靈處……C7_01_O：99

……需要舉禱五山神靈、祠祔……C7_01_N3：195

……進獻祭品給楚國三位先祖，各……C7_01_N3：105

【釋文】

☐下內外魂[一]（鬼）神句所[①]☐C7_01_N2：40

☐之，慭（祈）福曌禱吝（文）君，[②]大牢饋之☐C7_01_N3：419

☐樂之，饋祭子西君刟☐C7_01_N2：38、39

☐𥂴（鹽）㾢習之㠯（以）䵷䨻，占之：吉，不癀（續）☐C7_01_N3：192、199 - 1

☐甲戌之昏㠯（以）记（起）乙亥之日廌（薦）之。C7_01_N3：119

☐之月乙☐C7_01_N3：156

☐又（有）敓（祟）見☐C7_01_O：52、54

☐尚贘之[③]☐C7_01_O：129

☐〔占〕之：吉，不癀（續）☐大（太），北方楚☐C7_01_O：681 + C7_01_O：184 + C7_01_O：178

【校記】

（一）《十四種》作“䰟”，整理者作“禔”，今作“魂”。

【匯釋】

①内外𩲡神：“𩲡”同“鬼”。陳偉（2004：39）：“下”字之前補“上”字。鬼神在上者，當即天神；在下者，當即地祇；“内外鬼神”，則當是指人鬼而言。其内外之别，當是以血緣關係爲界。

句：宋華強（2010：300）：讀爲“苟”。

②㤐：同“祈”，祈求。

③尚：整理者釋爲“高”，宋華強（2010：395）改釋。

𧷢：整理者釋爲“葝”，何有祖（2007A）釋爲“𧷢”，讀作“厲”，厲鬼。宋華強（2010：395）讀作“賴”。

【今譯】

……之，用大牢這種祭品向文君祈求福祐，進獻祭品……C7_01_N3：419

……奏樂，饋祭子西君㓝……C7_01_N2：38、39

……貞人鹽𢈪多次用𪒠黿占卜，占測：吉利，不會延續……C7_01_N3：192、199

……甲戌日夜晚開始到乙亥日進獻祭品。C7_01_N3：119

……月乙……C7_01_N3：156

……有禍祟出現……C7_01_O：52、54

占測：吉利，不會延續……太一神、北方楚……C7_01_O：681＋C7_01_O：184＋C7_01_O：178

【釋文】

☑〔占〕之：丞（恒）貞吉☑C7_01_O：208

☑〔占〕之：丞（恒）貞無☑C7_01_O：195

☑尚毋死。占之：不死。C7_01_Y4：22

☑睪（擇）日八月之中腿（脡）[①]☑C7_01_N3：339

☑𥛚禱☑C7_01_N2：12

埅（地）宔（主）㠯（以）☑C7_01_O：3

☑埅（地）宔（主）☑C7_01_N3：306

☑疾，丞（亟）由郙亥敓（說）於五殜（世）[②]☑C7_01_Y4：27

☑箁（筮），恣（亟）忻（祈）福於大（太）☑C7_01_O：448＋C7_01_O：691

☑〔占〕之：丞（恒）貞吉，無咎。疾𪚥（一）㾜（續）𪚥（一）已，[③]至九月又（有）良閯（間）☑C7_01_N1：22

八月甲戌之日廌（薦）之。C7_01_N3：80

☑□之祱（說）。占之：吉。既成☑C7_01_N3：45

☑〔王徙於鄩〕郢之戠（歲）八月戊☑C7_01_O：113

☑咎。又（有）敓（祟）見於卲（昭）王、文☑C7_01_N3：2

【匯釋】

①朓：**同“朓”**。參閱下文簡甲三201“朓祭”匯釋。

②丞由：**“丞”通“亟”，急切；“由”通“思”，“思”通“使”**。陳斯鵬(2006A：19)讀爲“亟使”。陳偉(2004：40)釋“亟思”。宋華強(2010：393)：“丞由”當讀爲“期思”，地名。

郙亥：**人名**。

③龍：**通“一”，一時**。周鳳五(1999：46)根據郭店竹簡大量出現的用例，可以確定此字經常讀作“一”。

已：**停止**。這裏指病情終止，病愈。

龍瘬龍已：**一時持續，一時停止**。指病情時好時壞。

【今譯】

……占測：長遠來看命運是吉利的……C7_01_O：208

……(占測)：貞問長遠命運沒有……C7_01_O：195

……希望不會死亡。占測：不會死亡。C7_01_Y4：22

……在八月挑選好日子衍祭……C7_01_N3：339

……舉禱……C7_01_N2：12

……地主神用……C7_01_O：3

……地主神……C7_01_N3：306

……病，趕緊讓郙亥攻解五世……C7_01_Y4：27

……筮占，趕緊向太一神祈求福祐……C7_01_O：448＋C7_01_O：691

……(占測)：從長遠來看是吉利的，沒有禍咎。病情忽而發作忽而消失，一直到九月病情有好轉……C7_01_N1：22

八月甲戌日進獻祭品。C7_01_N3：80

……“說”祭。占測：吉利。已經完成……C7_01_N3：45

……(楚王遷徙到)鄩郢那年八月戊……C7_01_O：113

……禍咎。有禍祟出現在昭王、文……C7_01_N3：2

【釋文】

八月辛巳之夕歸一璧於☑C7_01_N3：163

☑壬午之日祭卲(昭)王☑C7_01_N3：161

☑吝(文)君與啻，[①]解於大(太)。遯(迻)亓(其)疋祱(說)，[②]八月壬午之日廌(薦)大(太)☑C7_01_N3：300、307

犠(犧)馬，先之㠯(以)一璧，迈(乃)而逯(歸)之。[③]遯(迻)吝(文)君之祱(祟)□☑C7_01_N3：99

舉禱一乘大逄(路)黃輴，[④]一翰玉罝[⑤]□☑C7_01_N3：237－1

☑白，一乘絑(朱)逄(路)，驪(驪)義(犧)馬，[⑥]一☑C7_01_N3：79

擇日於八月䏲（筵）祭競坪（平）王，⑦邑（以）逾至吝（文）君，占之：吉。既敘之。⑧C7_01_N3：201

【匯釋】

①啻：**有兩說：一、神靈名。**宋華強（2010：418）：簡文“啻”與“文君”並列，似“啻”應該是神靈。董珊（2007）認爲是“有祟見於文君與啻”之殘文，是說文君與“讁謫”爲祟。**二、禍祟。**于成龍（2004：56）：謫，訓爲災禍，同祟。袁金平（2009A：15）認爲，“文君與謫”之後接言“解於某”，當是指從某處求取解除或解脫。“解謫”一語，在東漢時鎮墓文常見，如：“謹以鉛人金玉，爲死者解適（謫），生人除罪過。”

②疋祱：**有三說：一、作祟。**沈培（2007B：159）：疑“疋”讀爲“作”，“遯亓疋祱”讀爲“移其作祟”，即“移去太所作之祟”的意思。**二、記錄的說辭。**邴尚白（2009：212）疑爲“記”，記錄的意思。祱，通“說”，占卜中的說辭。義爲“移除過去所記的說辭”，構擬現在祭禱的方案。**三、邪祟。**宋華強（2010：419）疑“疋”讀作“邪”，與“祟”義近。

③迈而：**有四說：一、“迈”同“乃”，乃而是表順接的復合連詞。**宋華強（2010：314）：乃、而表示順接關係在古漢語中很常見，經常互訓。“乃而”組成復合連詞，仍舊表示順接，連接兩個有順承關係的分句。**二、表轉折。**何琳儀（2004A）：應讀作“乃若”，表示轉折。**三、“迈”通“仍”，延續。**袁金平（2009A：14）認爲，“迈”讀爲“仍”，“乃”“仍”典籍每見相通，訓爲因，《說文》：“仍，因也。”**四、釋“起”。**陳斯鵬（2005）：此字諸家釋“起”，但字形是一从辶从乃的字。也有可能是“起”字的訛誤。

逿：**同“歸”，奉祭方式。**

④乘：**量詞，古代以四爲乘。**

黃緝：**黃色的絹**（徐在國，2003B）。

⑤韜：徐在國（2003B）：讀爲“紛”，指純的花紋。

玉罝：徐在國（2003B）讀“罝”爲“緐”。“玉緐”與張衡《西京賦》“璿弁”同，指飾玉的馬冠。“一紛玉緐”指的是一件粉白色的飾玉的馬冠。

⑥驟：參閱上文簡乙三21匯釋。

⑦䏲祭：徐在國（2003C）：祭名，“䏲”似應讀爲“衍”。“衍祭”見於《周禮·春官·大祝》，古代九種祭祀名之一，鄭玄注：“是知衍祭爲祭酒也。”

⑧敘：**攻敘。**劉釗（1998B）：讀作“除”，除去。“除於宮室”即“祓除於宮室”。對宮室進行除凶去垢的儀式。劉信芳（2003：228）：敘，述也。攻解之禮多以辭則之，是所謂“攻敘”。于成龍（2004A：49）讀如本字。

“既敘之”字體與上文不同，可能是後記的驗辭。邴尚白（2009：216）稱爲“附辭”。

【今譯】

八月辛巳日的夜晚進獻一款玉璧……C7_01_N3：163

……壬午日祭禱昭王……C7_01_N3：161

……文君和啻，攻解太一神靈降下的禍祟。移除太一神降下的禍祟，八月壬午日爲太一神舉行薦祭……C7_01_N3：300、307

純色的馬，先進獻一塊玉璧，然後進獻祭品。移除文君降下的禍祟……C7_01_N3：99

祭禱四駕大路車，黃色的絹，一件有花紋的飾玉的馬冠……C7_01_N3：237－1

……白色的，四駕朱路車，兩匹純色的馬，一……C7_01_N3：79

在八月中挑選吉利的日子，衍祭自景平王到文君的各位楚國先祖。占測：吉利。已經攻解禍祟。C7_01_N3：201

【釋文】

☐解於北方，睪（擇）☐C7_01_N3：239

☐□吉日，寋（賽）亓（其）☐C7_01_O：403

☐虘（且）瞾羊（騂）熊☐C7_01_N3：237－2

☐腱（棧）鐘樂之☐C7_01_Y3：63

☐君身☐C7_01_O：408

扎（必）果廷[①]☐C7_01_Y4：10

㠯（以）良□☐C7_01_O：276

☐□虘（且）☐C7_01_O：358

☐又（有）良閯（閒）☐C7_01_O：440

【匯釋】

①扎果廷：**“扎”通“必”**。參閱簡乙二26“扎（必）果廷”匯釋。

【今譯】

……攻解北方之神降下的禍祟，選擇……C7_01_N3：239

……吉利的日子，賽禱那些……C7_01_O：403

……並且舉禱用赤色和黑色的犧牲……C7_01_N3：237－2

……編鐘奏樂……C7_01_Y3：63

……平夜君成的身體……C7_01_O：408

必定出庭受審……C7_01_Y4：10

用良……C7_01_O：276

……並且……C7_01_O：358

……有好轉……C7_01_O：440

【釋文】

王遷（徙）於鄩（鄩）郢之戢（歲）八☐C7_01_Y4：2＋C7_01_O：194

〔王〕遷（徙）☐C7_01_O：677

☐□之戢（歲）☐C7_01_O：459

王遷（徙）於鄩（鄩）☐C7_01_O：25

王遷（徙）☐C7_01_O：507

王遷（徙）於鄩（鄩）郢〔之歲〕☐C7_01_O：498

☐於鄩（鄩）郢之☐C7_01_O：580、730

王遷（徙）☐C7_01_O：274

鄽尹羕習之吕（以）新承惪[①]☐C7_01_N3：193

東陵，[②]黽尹丹吕（以）承國爲[③]☐C7_01_Y4：141

☐□殤習之吕（以）承惪。占☐C7_01_Y4：49

☐周墨習之吕（以）寘竈[④]☐C7_01_O：213、212

【匯釋】

①鄽尹：**有兩説：一、職官名，鄽縣長官**。何琳儀（2004A）：鄽，今河南羅山西。宋華強（2004）：鄽尹，職官名，非職業貞人。邴尚白（2009：171）“鄽”地與楚國位於今河南的要塞鄽隘有關。**二、職業貞人**。馮勝君（2005）：龜尹。

新承惪：**占卜工具**。

②東陵：**地名，筮占處所**。宋華強（2010：68）認爲與簡乙四100作爲地名的“東陵”不同，結合簡零303，甲二14、13及甲三207，認爲“東陵”既是筮占之所，又是薦牲之處，可能指的是宗廟。

③黽尹：**黽地長官**。或與上文“鄽尹”有關。

承國：**占卜工具**。

④周墨：**貞人名**。

寘竈：**卜龜名，占卜工具**。袁金平（2007B：21）釋作“寘”，或讀爲“珍”，寶貴。整理者（2003）釋作“賔”。于成龍（2004：32）認爲，“賔”是“寶”字異體“寚”之省。宋華強（2010：411）讀爲“縝”，黑色。古代卜龜有黑靈。

【今譯】

楚王遷徙到鄩郢那年八……C7_01_Y4：2＋C7_01_O：194

楚王遷徙……C7_01_O：677

……那年……C7_01_O：459

楚王遷徙到鄩……C7_01_O：25

楚王遷徙……C7_01_O：507

楚王遷徙到鄩郢（那年）……C7_01_O：498

……到鄩郢……C7_01_O：580、730

楚王遷徙……C7_01_O：274
鄦地長官羕多次用新承悳這種占卜工具……C7_01_N3：193
東陵，黽地長官丹用承國這種占卜工具……C7_01_Y4：141
……殤多次用承悳這種占卜工具……C7_01_Y4：49
……周墨多次用寶貴的卜龜……C7_01_O：213、212

【釋文】

☐□㾜習之㠯（以）白①☐C7_01_Y4：17
☐冡（家）爲坪夜君貞，既☐C7_01_N3：246
☐□疾、髂疾，㠯（以）心☐C7_01_N3：245
☐瘉（瘥）。㠯（以）亓（其）古（故）敓（說）之。亯（享）薦☐C7_01_N3：256
☐□未良☐C7_01_O：434
☐坪䢎（夜）文君子良，②樂，贛（貢）☐C7_01_N3：242
☐爲坪䢎（夜）君卜之☐C7_01_O：66+C7_01_N3：234
☐午之日尚毋瘖（續）。占〔之：丞（恒）〕☐C7_01_N3：58
☐嘉占之曰：吉☐C7_01_N3：75
☐占之曰：吉☐C7_01_N3：73
☐占之曰：吉☐C7_01_O：61
☐占之：吉。牆(一)（將）☐C7_01_O：246
☐占之曰：吉，遬（速）☐C7_01_N3：187
☐〔占之〕曰：吉，義（宜）少（小）瘥(二)（痄），㠯（以）☐C7_01_N3：12

【校記】

（一）《十四種》作“既”，此處從整理者。
（二）《十四種》作“痄”，此處從整理者。

【匯釋】

①㾜：**貞人名。**
②䢎：**同“夜”**。加“邑”旁是爲坪夜表示地名的“夜”的專用字。
子良：**人名。**

【今譯】

……㾜多次用白……C7_01_Y4：17
……家替平夜君成貞問，已經……C7_01_N3：246
……疾患、脅部疾患，又心……C7_01_N3：245
……痊愈。因爲這個緣故要攻解它。配享進獻……C7_01_N3：256

……沒有好……C7_01_O：434
……平夜文君子良，奏樂，進獻……C7_01_N3：242
……替平夜君成占卜……C7_01_O：66 + C7_01_N3：234
……午日希望不要延續。占測說：長期……C7_01_N3：58
……嘉占測說：吉利……C7_01_N3：75
……占測說：吉利……C7_01_N3：73
……占測說：吉利……C7_01_O：61
……占測：吉利。將要……C7_01_O：246
……占測說：吉利，快速……C7_01_N3：187
……占測說：吉利，應該會一點點痊愈，又……C7_01_N3：12

【釋文】

▨氏（是）日彭（彭）定習之㠯（以）鳴䑋①▨C7_01_N3：41
▨自宜訓（順）。定占之：兆亡（無）咎▨C7_01_Y4：71
▨〔平〕夜文君各一玉▨C7_01_N3：121
▨〔祝〕韣（融）、穴〔熊〕、卲（昭）王、獻〔惠王〕▨C7_01_N3：83
▨〔祝〕韣（融）、空（穴）酓（熊）各▨C7_01_O：288
▨塞（賽）㬈（盟）禱，②是日▨C7_01_O：281
▨□社禝（稷）豢（豢），③山義（犧）▨C7_01_O：163
禱北方一犆，先之一璧，䝯（就）▨C7_01_Y4：14
▨二天子屯▨C7_01_O：335
▨疠（病）之古（故），公子爲▨C7_01_O：158 + C7_01_O：67
▨三楚先、陛（地）宔（主）、二天子、郈山、北〔方〕▨C7_01_Y4：26
▨霝（靈）君子、戶、步、門□④▨C7_01_N3：76
▨車，鄎公中、大司馬子厚、郙公⑤▨C7_01_O：236、186
▨遬（速）瘻（瘥），起痼絽命坪夜君⑥▨C7_01_O：238
▨舊丘，⑦是日䝯（就）禱五祀⑧▨C7_01_O：282
▨之日禱之。氏（是）日臺（就）〔禱〕▨C7_01_O：290
▨先之各一▨C7_01_O：278

【匯釋】

①彭：**同“彭”，姓氏。**

鳴䑋：**一種占卜工具。**宋華強（2010：81）疑“鳴䑋”就是簡乙一5、乙二8的“於筶”。“鳴䑋”“於筶”當讀作“烏簬”，指一種用簬竹所做的黑色的筮具。“烏筶（簬）”與“彤筶（簬）”大概是同一類筮具，前者是黑色，後者是紅色。

②塞：**通“賽”，對神靈的報酬性祭禱**（宋華強，2010：278）。陳偉（2013：89）：報神之福。

塞盟禱：**“盟”通“盟”**。宋華強（2010：278）認爲，“盟禱”是指與神靈盟誓許諾之祭禱。陳偉（2013：89）：爲某次祭禱中曾祈告過的神明舉行報祠。

③社稷：**“稷”同“稷”，穀神。社稷：古代祭祀土地神和穀神的地方。**

④步：**神靈名。**

⑤鄗公中：**鄗地縣公。**

大司馬：**官職名。**

子厚：**人名。**厚，宋華強（2010：299）釋“砌”，疑从石、办聲，可能是石梁之“梁”的專字。

郙公：**郙地縣公。**

⑥起：宋華強（2010：300）：祝禱簡屢見“速瘥”，此“起”當爲一病不起之“起”，**指病有起色，**“瘥起”是近義詞連用。

痌：簡零124有“痌”字。

⑦舊丘：**地名。**

⑧五祀：**指室、竈、門、戶、行。**而新蔡簡衹出現了“室、門、戶、行”。

【今譯】

……這一天彭定多次用鳴 這種占卜工具……C7_01_N3：41

……應當順利。定占測：兆象顯示沒有禍咎……C7_01_Y4：71

……（平）夜文君各一塊玉璧……C7_01_N3：121

……（祝）融、穴熊、昭王、獻惠王……C7_01_N3：83

……（祝）融、穴熊各……C7_01_O：288

……與神靈盟誓許的諾言實現後對其祭禱，這天……C7_01_O：281

……社稷一頭豬牲，一頭牛牲……C7_01_O：163

用一頭牛牲禱北方神，在祭禱之前先進獻一塊玉璧，前去祭禱……C7_01_Y4：14

……二天子都……C7_01_O：335

……患病的緣故，公子替……C7_01_O：158＋C7_01_O：67

……三楚先、地主神、二天子、郚山神、北方之神……C7_01_Y4：26

……靈君子、戶神、步神、門神……C7_01_N3：76

……車，鄗地縣公、大司馬子厚、郙地縣公……C7_01_O：236、186

……快快痊愈，緄命令平夜君成……C7_01_O：238

……舊丘，這天前往祭禱五祀……C7_01_O：282

……日祭禱他們。這天前往（祭禱）……C7_01_O：290

……在此之前各一……C7_01_O：278

【釋文】

☐弭、元龜、筶（筮）、義（犧）牲、珪璧唯[1]☐C7_01_O：207

☐〔之〕，百之，贛（貢）。㠯（以）旂（祈）☐C7_01_O：287

☐樂之，百之，贛（貢）之。祝唬[2]☐C7_01_N3：298＋C7_01_N3：295

☐佚占之曰：吉。冊告自吝（文）王㠯（以）遷（就）聖趄〔王〕☐C7_01_N3：267

☐折、公北、司命、司禍（禍）☐C7_01_O：266

☐𣪘（就）禱大（太）☐C7_01_O：231

☐〔平〕夜君城（成）□□□□□☐C7_01_O：156

☐剌爲坪☐C7_01_O：180

☐或㠯（以）義（犧）生（牲）、璧玉☐C7_01_Y3：32

☐龜、箬（筮）、義（犧）☐C7_01_O：283

☐爲坪夜☐C7_01_O：369

☐禽，所𠧞者[3]☐C7_01_O：291

【匯釋】

①珪璧：于成龍（2004A：86）認爲，弭、龜、筮（蓍）、珪、璧與犧牲並論，即周人祭祀中的“陳寶”之事。

②祝唬：**“唬”通“號”。祝號：即向神靈宣讀祝禱簡冊的儀式，屬於“冊告”**（宋華強，2010：269）。

③禽：**兆形，通“脟”**。宋華強（2010：275）釋爲“禽”，“禽”“脟”皆從今聲，可以相通。形容的是卜龜的兆形。

【今譯】

……弭、大龜、蓍草、犧牲、珪璧……C7_01_O：207

……在鐘鼓奏樂中舉行百儀式，進獻祭品。祈福……C7_01_O：287

……在鐘鼓奏樂的娛神降神儀式中，進獻祭品，舉行向神靈宣讀祝禱簡冊的儀式……C7_01_N3：298＋C7_01_N3：295

……佚占測說：吉利。可以對文王至聲王各位楚王時的神靈施行冊告之禮……C7_01_N3：267

……司折、公北、司命、司禍……C7_01_O：266

……前往祭禱太一神……C7_01_O：231

……（平）夜君成……C7_01_O：156

……剌替平……C7_01_O：180

……又用犧牲、玉璧……C7_01_Y3：32

……龜、蓍草、犧牲……C7_01_O：283

……替平夜……C7_01_O：369

……卜龜的兆形是禽形，所顯示的兆象……C7_01_O：291

【釋文】

☑一精，司☑C7_01_O：229、261

☑饋之於黃李，占☑C7_01_O：230

☑不瘥（懌）疠（病）之古（故），祝巳（一）（祀）①☑C7_01_O：209

☑或薆（迻）彭定之②☑C7_01_O：270

☑思坪夜君城（成）𤸫瘳迖（速）瘖（瘥）③☑C7_01_O：189

☑□臺（二）（就）禱三楚☑C7_01_Y3：31

☑箸（筮）目（以）☑C7_01_O：175

☑〔祝〕𩰫（融）、穴㱃（熊），𣪘（就）禱北☑C7_01_O：254、162

☑句（苟）思〔平〕④☑C7_01_O：87

☑城（成）𤸫瘳迖（速）疸（瘥），敢不迖（速）☑C7_01_O：300+C7_01_O：593+C7_01_O：85

☑吝（文）君，辛☑C7_01_O：640

☑陵，尚毋又（有）☑C7_01_Y4：60

☑敓（說）之，𦦻禱𦉜☑C7_01_N3：148

☑𦉜牢酉（酒）食，𩠐（夏）𣧑戠（特）⑤☑C7_01_N3：86

☑𦦻禱於☑C7_01_N3：147

牛，酉（酒）食。𦦻禱於☑C7_01_O：1

☑戠（特）牛。既鳫（薦）之於東陵☑C7_01_O：303

☑𦦻禱於𥘵（太）一精☑C7_01_N3：146

☑樂虘（且）贛（貢）之。𦦻☑C7_01_O：331-1

☑卲（昭）王、吝（文）君各大牢☑C7_01_O：111

☑鐘樂之。是日☑C7_01_N3：98

☑豬□☑C7_01_N3：97

☑犠（犧）、六女□☑C7_01_Y4：58

【校記】

（一）整理者作“丁”，陳偉（2013：44）作“云”，今據宋華強（2010：272）改作“巳”。

（二）《十四種》作“𦤎”，此處從整理者。

【匯釋】

①祝巳：**有三說：一、“巳”通“祀”，祝祀，祝禱祭祀。**宋華強（2010：272）認爲“祝云”後面要接所說之辭，明顯文例不合，所以當釋爲“巳”，讀爲“祀”，祝禱祭祀的意思。**二、祝者說。**陳偉（2013：44）釋爲“祝云”。**三、祝丁。**邴尚白（2009：191）：釋爲“祝丁”，認爲祝丁應是以官爲氏，或世爲祝官者。

②薆：**同“迻”，移除。**

③𨔶：根據上下文，應該也是“速”的意思。**有四說：一、同“逯”，疾速。**李家浩（2003：19）：釋郭店與上博簡《緇衣》類似之字爲“逯”。史杰鵬（2005：73）：“逯”本身在當時的楚國才是真正表示“疾速”義的本字。**二、通“疌”或“疐”。**劉樂賢（2004）疑讀爲“疌”或“疐”，意思是“速”，讀音也與“速”接近。**三、通“憯”，疾速。**宋華強（2010：36）：引史杰鵬說，讀爲《墨子》“鬼神之誅若此之憯遬也”之“憯”。陳斯鵬（2006A：14）認爲，此句當爲禱求神明令平夜君成之病速愈之語。**四、釋作“窒”**（整理者），張新俊、張勝波（2008：43）改作“窒”。

④句：**通“苟”，如若。**

思：**使、令。**

宋華強（2010：36－37）認爲，簡零87、簡零570兩簡拼接，再下接簡零300、簡零583、簡零85三簡。

【今譯】

……一頭牛牲，司……C7_01_O：229、261

……進獻給黃李，占測……C7_01_O：230

……身體不適的緣故，祝禱祭祀……C7_01_O：209

……又移除彭定的……C7_01_O：270

……令平夜君成的疾病迅速痊愈……C7_01_O：189

……前往祭禱三楚……C7_01_Y3：31

……卜筮用……C7_01_O：175

……（祝）融、穴熊，前往祭禱北……C7_01_O：254、162

……如果能令（平）……C7_01_O：87

……（平夜君）成的疾病迅速痊愈，怎敢不速速……C7_01_O：300＋C7_01_O：593＋C7_01_O：85

……文君、辛……C7_01_O：640

……陵，希望不要有……C7_01_Y4：60

……攻解禍祟，舉禱……C7_01_N3：148

……㽞牢酒食這些祭品，祭禱中原亡靈用牛牲……C7_01_N3：86

……舉禱……C7_01_N3：147

牛牲，酒食。舉禱……C7_01_O：1

……公牛。在東陵已經舉行薦祭……C7_01_O：303

……用一頭牛牲舉禱太一神……C7_01_N3：146

……奏樂並且進獻祭品。舉禱……C7_01_O：331－1

……昭王、文君各用大牢這種祭品……C7_01_O：111

……鐘鼓奏樂。這天……C7_01_N3：98

……豬牲……C7_01_N3：97

……犧牲、六個女人……C7_01_Y4：58

【釋文】

之，賡於競坪（平）王、卲（昭）王[①]▨C7_01_N3：69

▨尚毋又（有）咎。貞無▨C7_01_N3：62、63

▨呰（幾）中無咎，[②]又（有）閼（閒）▨C7_01_N3：17

▨瀲郘社，[③]大殤坪夜之楚禝（稷），[④]東C7_01_N3：271

亓（其）社禝（稷），芒社命𤼷[⑤]▨C7_01_O：338＋C7_01_O：24

▨□□□楚邦又（有）得▨C7_01_O：131

▨棍寢戏尹[⑥]□▨C7_01_N3：380

▨緄（組），[⑦]桑（喪）者甫[⑧]▨C7_01_N3：253

▨□內配卿（饗）賜[⑨]▨C7_01_O：92

【匯釋】

①賡：**延續**。單曉偉（2007：62）認爲，“賡”字上部从“康”，是“康”的異體。宋華強（2010：380）：從簡甲三134“庚”字寫作“康”得知，“康”是“賡”的異體。《說文》：“賡，古文續。”《爾雅・釋詁下》：“賡，續也。”“賡於景平王、昭王”即延續至平王、昭王。

②呰中：**“呰”通“幾”，訓作“期”。期中：貞問一年的時間之內**。裘錫圭（2006：250）：理解爲“期”的“呰”字應該釋讀爲訓作“期”的“幾”字。

③瀲：**同“弼”**。宋華強（2010：276）疑是《說文》“弼”字古文“瀲”字異體，讀作“祓”。

郘：**地名**。宋華強（2010：276）釋爲“郘”，用作地名。《水經・汝水注》有“大呂亭”“小呂亭”，在新蔡附近，當是簡文“郘社”之地。

社：**有兩說：一、古代祭祀土地神的地方**。賈連敏（2004A：97）認爲是文獻中的里社，里社即里中祭祀土地神的地方。**二、行政區劃**。楊華（2006A：124）：新蔡簡中反映的楚地社會基層組織，尚是以宗族爲基礎的里、社合一之制。

④大殤：**疑是一種儀式**。宋華強（2010：276）：疑讀“殤”爲“禓”。“禓”“儺”意通。“大禓”即指“大儺”，是專門在社稷舉行的驅疫逐鬼活動。陳偉（2013：91）：“大殤”未見於文獻，是否與“長殤”有關還未可知，很可能指“死無後者”。

大殤坪夜之楚禝：**在平夜君成的楚稷舉行“大殤”儀式**（陳偉，2013：91）。

⑤芒社：宋華強（2010：275）疑與古代句芒之神有關，“芒社”可能是專門祭祀句芒之社。

𤼷：宋華強（2010：275）認爲此字下部殘去“又”旁，應是“發”字，讀爲“祓”。《說文》：“祓，除惡祭也。”

⑥梘：**地名。**

瘽：**通“鄉”**。賈連敏（2005）認爲與包山簡的“敔”相當，二者皆轄於“域”，應是同一層次的組織。宋華強（2010：340）從賈氏之說，但認爲“瘽”“敔”可以讀爲“鄉”，是介於國、邑之間的一種地域概念。邴尚白（2007：233）認爲在沒有文獻例證的情况下將“瘽”與“敔”相通是貿然的做法，不甚恰當。

戔：**有三說：一、釋“衛”**。徐在國（2003A）：“戔”是“衛”的異文，讀爲“衛”，地名。陳斯鵬（2006B）：“戔”字从“爻”聲，讀爲“衛”。宋華強（2010：343）認爲“衛尹”是掌管宿衛之官，或讀爲“徼尹”，大概相當於“游徼”。因爲“瘽”是鄉，所以“徼尹”爲鄉官。**二、同“効”**。黃錫全（2004）認爲是“効”字異體，讀爲“较”或“較”。**三、釋“歳”**。秦樺林（2004）：當是“歳”字。

⑦緄：**同“組”。**

⑧喬：**通“喪”，死亡。**

□的：于成龍（2004A：78）：讀爲“妣”，先妣，先祖之母。楊華（2007）：同時祭禱先妣先祖。宋華強（2010：298）疑是“礿”字。祭名。《說文·示部》：“礿，夏祭也。”字又作“禴”。今按：字形上部殘，右下部更像“匕”而不像“勺”。陳偉（2013：91）：釋“□的”。所以，整理者、于氏可從。

⑨配卿：**配享**。陳偉（2013：92）：配享、合祭、袝祀。《左傳》襄公九年“二師令四鄉正敬享”，杜預注：“享，祀也。”于成龍（2004A：78）認爲，“妣配饗”指先妣“配享”，與《儀禮·少牢饋食禮》祝辭“某妃配某氏”同。

【今譯】

它，延續到景平王、昭王……C7_01_N3：69

……希望不會有禍咎。貞問沒有……C7_01_N3：62、63

……貞問的這段時間之內沒有禍咎，病情有好轉……C7_01_N3：17

……鄉郚社，在平夜君成的楚稷舉行“大殤”儀式，東……C7_01_N3：271

……那祭祀土地神和穀神的地方，芒社命令……C7_01_O：338、C7_01_O：24

……楚國有得……C7_01_O：131

……梘鄉戔地長官……C7_01_N3：380

……組地，死的人才……C7_01_N3：253

……配享賜予……C7_01_O：92

【釋文】

☐□君身㠯（以）☐C7_01_O：454

☐爲君貞☐C7_01_O：289

☐大咎，占之☐C7_01_O：468

☐□□之，君牆（將）遫（速）疽（瘥）☐C7_01_O：481

〼槩兄（祝）[①]〼C7_01_O：127
〼虩命祝[②]〼C7_01_O：249
〼疾𠂤（以）〼C7_01_O：60
〼牢□〼C7_01_O：470
〼社〼C7_01_O：465
〼𤸰（膚）疾〼C7_01_O：469
〼𤵸（悶），尚〼C7_01_O：475
〼疾，𠂤（以）𠎞（悶）〼C7_01_O：26
〼中無咎，牆（將）〼C7_01_O：28
〼𠧪無〼C7_01_Y3：1
〼𪚥〼C7_01_Y4：118
〼寋（賽）禱〼C7_01_Y4：91
〼𧊒（瘕），攻〼C7_01_O：552
〼敓（說）氏（是）祱（祟）〼C7_01_O：295
〼自宜訓（順）〼C7_01_O：286
〼尚自宜訓（順）〼C7_01_O：65
〼宜訓（順）。定〼C7_01_O：14
〼𡨄[(一)]塞（賽）〼C7_01_O：484
〼咎□〼C7_01_O：485
〼𠧪無咎。又（有）〼C7_01_O：487
〼無敓〼C7_01_O：493
〼既城（成），虘（且）〼C7_01_N1：17
文君，□禱□□□〼C7_01_N3：276
〼𨗨（就）禱文〼C7_01_O：255
〼〔之〕不𤺺（懌）〼C7_01_Y4：120
〼一𤕫，𨗨（就）〼C7_01_Y4：124
咎，少（小）又（有）□〼C7_01_O：419
有楚之〼C7_01_O：94
〼𠂤（以）小央〼C7_01_O：376
〼咎，疾一〼C7_01_O：191
〼𦥑禱〼C7_01_O：410
〼𦥑□〼C7_01_O：279
〼痒（𤕫）〼C7_01_O：320
〼一痒（𤕫）〼C7_01_O：29
〼延（棧）鐘〼C7_01_O：8
〼〔占〕之：𠧪亡（無）咎，〔𠫑〕中〼C7_01_O：497
〼𠎞（悶），𣦼（卒）𢧢（歲）或至〼C7_01_O：492

目（以）亓（其）古（故）□□□▨C7_01_N3：91
▨祭[二]（祟）見於▨C7_01_O：38
▨兩牂▨C7_01_O：538
▨敓▨C7_01_O：551
▨□禱▨C7_01_O：477
▨一勀▨C7_01_O：351
▨禱目（以）▨C7_01_N2：31
▨禱目（以）▨C7_01_O：21
▨目（以）秙（豭）▨C7_01_N2：18
▨禱一▨C7_01_N3：50
▨氵□𨑃（上）㱔[3]▨C7_01_N3：103
▨之月尚▨C7_01_O：233－2
▨目（以）白黿▨C7_01_O：244
▨定習之▨C7_01_O：183
▨祭各▨C7_01_O：262
▨占之▨C7_01_O：69
▨〔占〕之：亙（恒）▨C7_01_O：53
▨之，占之▨C7_01_O：181
▨占之▨C7_01_O：385
▨亙（恒）貞▨C7_01_O：7
▨□君之▨C7_01_O：365
▨貞，既▨C7_01_O：81
▨智之▨C7_01_O：247
▨戌之▨C7_01_O：264
▨可志▨C7_01_O：474
▨有志□□▨C7_01_O：225
▨〔占〕之：吉▨C7_01_O：86＋C7_01_O：41
▨禱之▨C7_01_O：10
▨氏楚▨C7_01_O：391
▨坪王▨C7_01_O：395
宔（主）▨C7_01_O：413
▨大帀（師）□▨C7_01_O：433
▨亙（恒）貞▨C7_01_O：437
▨於大（太），臺（就）禱▨C7_01_O：312
▨□老童▨C7_01_O：429
▨之，遼（就）禱三楚▨C7_01_O：314
▨䷀䷀。[4]尚毋▨C7_01_N3：302

☑遠栾、䴚屖𡨄（賽）禱☑C7_01_O：248
☑尚毋☑C7_01_O：626
☑尚毋☑C7_01_O：210－1
☑毋☑C7_01_O：227
☑尚毋又（有）咎☑C7_01_O：55
☑尚毋☑C7_01_O：144
☑又（有）憙（憙）☑C7_01_O：139
☑司救返（及）左☑C7_01_O：6
☑牛，占☑C7_01_O：226
☑曰吉，無☑C7_01_O：223
☑疾，尚逨（速）☑C7_01_N3：127
☑憙（憙），又（有）☑C7_01_O：110
☑豢，亓（其）☑C7_01_O：98
☑君貞，吕（以）亓（其）☑C7_01_O：372
☑吕（以）□豪（家）之☑C7_01_O：483
☑□（懌）之古（故），爲☑C7_01_O：447
☑牢☑C7_01_O：537
☑王傑☑C7_01_O：629
絫（祟）見於☑C7_01_O：388
☑王☑C7_01_O：350
☑□王各一☑C7_01_O：119
☑又（有）祱（祟）見於司☑C7_01_O：427
☑卲（昭）王□☑C7_01_O：436
☑見於大（太）☑C7_01_O：426
☑一劢飤之，遠（就）☑C7_01_Y4：127
☑□𡨄（賽）☑C7_01_O：75
☑司祴☑C7_01_O：159
☑□宜吕（以）長剌☑C7_01_O：160
☑公北☑C7_01_O：161
☑各戠（特）牛，酉（酒）食（?）☑C7_01_O：174
☑□爲□□戏□一□☑C7_01_O：185
☑𠕀☑C7_01_O：260
☑䏌疾，吕（以）☑C7_01_O：327＋C7_01_O：321
☑北宗[5]，各一□☑C7_01_O：476
☑北宗☑C7_01_O：107
☑瘽（懌）之古（故），遠（就）禱☑C7_01_O：324
☑貞☑C7_01_O：544

☑戠（歲）無☑C7_01_O：513
☑𠂤（以）少（小）尨☑C7_01_O：515
☑之日禱之☑C7_01_O：518
☑占之曰☑C7_01_O：519
☑咎無祱（祟）☑C7_01_O：520
戠（歲）尚無又☑C7_01_O：521
☑一牂☑C7_01_O：553
☑尹丹𠂤（以）☑C7_01_O：556
☑𠂤（以）義（犧）☑C7_01_O：559
☑之神[6]☑C7_01_O：561
☑坪夜君☑C7_01_O：570
☑君、文夫人☑C7_01_O：499
☑之甬（用）☑C7_01_O：504
☑王自☑C7_01_O：505
☑敢不遫（速）☑C7_01_O：508
☑吝（文）君☑C7_01_O：511
☑日尚毋☑C7_01_O：543
☑占之☑C7_01_O：568
☑伓（背）☑C7_01_O：571
☑貞☑C7_01_O：583
☑□占之☑C7_01_O：592
☑之□占☑C7_01_O：597
☑□貞☑C7_01_O：612
☑咎□☑C7_01_O：617
☑見於☑C7_01_O：624
☑瘡（膚）□☑C7_01_O：630
☑占☑C7_01_O：643
☑與禱☑C7_01_O：689
☑大（太），臺（就）禱☑C7_01_O：690
☑鳫（薦）☑C7_01_O：734
☑君貞☑C7_01_O：741

【校記】

（一）《十四種》作“𦢶”，今從整理者隸定作“𡪞”。
（二）《十四種》作“祱”，今從整理者作“祭”。

【匯釋】

①⿱既示：**同“既”**。

②虩：**人名**。

③⿱止上：**同“上”**。

④䷞䷖：**左咸右剥**。

⑤北宗：**神靈名**。晏昌貴（2005：284）：北斗星神。

⑥神：整理者釋“禱”，宋華強（2010：430）改釋。

【今譯】

……平夜君成身體又……C7_01_O：454

……替平夜君成貞問……C7_01_O：289

……大的禍咎，占測……C7_01_O：468

……平夜君成將會很快痊愈……C7_01_O：481

……已經祝禱……C7_01_O：127

……虩命令祝者……C7_01_O：249

……生病又……C7_01_O：60

……牢……C7_01_O：470

……攻……C7_01_O：465

……全身浮腫……C7_01_O：469

……悶，希望……C7_01_O：475

……生病，又心悶……C7_01_O：26

……中沒有禍咎，將會……C7_01_O：28

……兆象顯示沒有……C7_01_Y3：1

……羉……C7_01_Y4：118

……賽禱……C7_01_Y4：91

……公豬，攻解……C7_01_O：552

……舉行說祭攻解這個禍祟……C7_01_O：295

……希望還算順遂……C7_01_O：286

……希望還算順遂……C7_01_O：65

……順遂。定……C7_01_O：14

……筀賽禱……C7_01_O：484

……禍咎……C7_01_O：485

……兆象顯示沒有禍咎。有……C7_01_O：487

……沒有禍祟……C7_01_O：493

……已經完成，並且……C7_01_N1：17

文君，……祭禱……C7_01_N3：276

……走向祭禱文……C7_01_O：255

……不舒適……C7_01_Y4：120
……一頭母羊，前去……C7_01_Y4：124
禍咎，有一點點……C7_01_O：419
有楚國的……C7_01_O：94
……用小央……C7_01_O：376
……禍咎，疾病一……C7_01_O：191
……祭禱……C7_01_O：410
……祭禱……C7_01_O：279
……母羊……C7_01_O：320
……一頭母羊……C7_01_O：29
……編鐘……C7_01_O：8
……（占測）：兆象顯示沒有禍咎，期中……C7_01_O：497
……心悶，到年底或到……C7_01_O：492
因爲這個緣故……C7_01_N3：91
……禍祟出現在……▨C7_01_O：38
……兩頭母羊……C7_01_O：538
……禍祟……C7_01_O：551
……祭禱……C7_01_O：477
……一隻犧牲……C7_01_O：351
……祭禱用……C7_01_N2：31
……祭禱用……C7_01_O：21
……用公豬……C7_01_N2：18
……祭禱一……C7_01_N3：50
……上祭禱……C7_01_N3：103
……的月份希望……C7_01_O：233－2
……用白黿……C7_01_O：244
……定多於三次占測……C7_01_O：183
……祭禱各……C7_01_O：262
……占測……C7_01_O：69
……（占測）：長遠……C7_01_O：53
……占測……C7_01_O：181
……占測……C7_01_O：385
……長遠命運的貞問……C7_01_O：7
……平夜君成的……C7_01_O：365
……貞問，已經……C7_01_O：81
……智……C7_01_O：247
……戌日……C7_01_O：264

……可志……C7_01_O：474
……有志……C7_01_O：225
……（占測）：吉利……C7_01_O：86 + C7_01_O：41
……祭禱他們……C7_01_O：10
……氏楚……C7_01_O：391
……景平王……C7_01_O：395
地主神……C7_01_O：413
……大師……C7_01_O：433
……長遠命運的貞問……C7_01_O：437
……太一神，前去祭禱……C7_01_O：312
……老童……C7_01_O：429
……前去祭禱楚國祖先……C7_01_O：314
……（卦畫）。希望不要……C7_01_N3：302
……十二月、四月賽禱……C7_01_O：248
……希望不要……C7_01_O：626
……希望不要……C7_01_O：210－1
……不要……C7_01_O：227
……希望不要有禍咎……C7_01_O：55
……希望不要……C7_01_O：144
……有喜……C7_01_O：139
……司救天神和左……C7_01_O：6
……牛，占測……C7_01_O：226
……說吉利，沒有……C7_01_O：223
……生病，希望快速……C7_01_N3：127
……喜，有……C7_01_O：110
……豢養……C7_01_O：98
……平夜君成貞問，因爲……C7_01_O：372
……用家的……C7_01_O：483
……舒適的緣故，替……C7_01_O：447
……牢……C7_01_O：537
……王傑……C7_01_O：629
禍祟出現在……C7_01_O：388
……楚王……C7_01_O：350
……楚王各一……C7_01_O：119
……有禍祟出現在司……C7_01_O：427
……楚昭王……C7_01_O：436
……出現在太一神……C7_01_O：426

……一隻犧牲餵養，前往……C7_01_Y4：127
……賽禱……C7_01_O：75
……司祴神……C7_01_O：159
……應該用長剌……C7_01_O：160
……公北神……C7_01_O：161
……各一頭公牛，酒食……C7_01_O：174
……替……C7_01_O：185
……祭禱……C7_01_O：260
……疾，用……C7_01_O：327 + C7_01_O：321
……北宗神，各一……C7_01_O：476
……北宗神……C7_01_O：107
……舒適的緣故，前去祭禱……C7_01_O：324
……貞問……C7_01_O：544
……那年沒有……C7_01_O：513
……用小的雜色的……C7_01_O：515
……日祭禱他們……C7_01_O：518
……占測說……C7_01_O：519
……沒有禍咎沒有禍祟……C7_01_O：520
那年希望不會有……C7_01_O：521
……一頭母羊……C7_01_O：553
……尹丹用……C7_01_O：556
……用犧牲……C7_01_O：559
……神……C7_01_O：561
……平夜君成……C7_01_O：570
……君、文夫人……C7_01_O：499
……用……C7_01_O：504
……楚王從……C7_01_O：505
……豈敢不快快……C7_01_O：508
……文君……C7_01_O：511
……日希望不要……C7_01_O：543
……占測……C7_01_O：568
……背部……C7_01_O：571
……貞問……C7_01_O：583
……占測……C7_01_O：592
……占測……C7_01_O：597
……貞問……C7_01_O：612
……禍咎……C7_01_O：617
……出現在……C7_01_O：624

……浮腫……C7_01_O：630
……占測……C7_01_O：643
……祭禱……C7_01_O：689
……太一神，前去祭禱……C7_01_O：690
……進獻……C7_01_O：734
……平夜君成貞問……C7_01_O：741

二、簿書簡

【釋文】

王遷（徙）於鄩（鄩）郢之戠（歲）八月庚唇（辰）之日，[①]所受盟（盟）於[②]▨□□瞽（許）公▨C7_02_N3：221＋C7_02_O：495

一匿，[③]亓（其）鉒（重）一匀（鈞）。[④]宋良志受四匿又一赤。[⑤]李紹爲宋木受一匿又[⑥]▨C7_02_N3：220＋C7_02_O：343

【匯釋】

①庚唇：**“唇”同“辰”。庚辰：干支紀日。**武家璧（2009：73）認爲，按卜筮“巳日”優先的習慣，本應在八月的第三個巳日“辛巳”舉行筮占，但墓主此前已亡，故提前一日在剛日庚辰舉行盟誓。

②所：**與後面的動詞構成所字結構，使整個結構具有名詞性。**

受：**有兩說：一、接受。**宋華強（2010：110）根據簡文常見“某人爲某人受若干”這種辭例，“受”理解爲接受之“受”，比理解爲授予之“授”在語氣上更覺妥帖。“受盟”以下的簡文皆省去“受”的賓語，則所受之物應該就是“盟”。**二、贈予。**邴尚白（2007：239）：讀作“授”，意爲贈予。

盟：**有五說：一、通“餉”，食物。**宋華強（2010：111）根據簡文記載的量器的性質，所“受”之物應該是顆粒狀的，不大可能是肉、酒。應讀作“餉”，古音可相通。指穀物或食物。彭浩（2007）：告神祭祀之後，參盟人領受餘肉、酒的記錄，其實就是分胙記錄。並指出這實際上是一份會計賬簿，記錄了“告神明”所用物品的去向（消耗）。**二、食鹽。**廣瀨薰雄（2006：215）：楚文字“盟”字一般作“㬆”，新蔡楚簡中有三例，與此簡“盟”字在形體、用法上都有區別。也有可能不是“盟”字。這類簡所記的稱量物是食鹽，可以命名爲“受鹽簡”。**三、稅務記錄。**董珊（2010：172）改釋爲“盧”，即“鹽”字。認爲可能是一種稅務記錄，其稅得物是“鹽”，是爲了平夜君成的喪事。**四、積聚。**邴尚白（2007：240）隸定爲“盈”，讀爲“蘊”或“薀”，指積聚。“所受蘊於”是說所饋贈或接受的（穀物）積聚在某處之意。**五、通“盟”。**陳偉（2013：95）通“盟”，告事於神明。

③匿：**容量單位。有三說：一、通“石”。**徐在國（2003C）：相當於九店簡中的“檐（擔）”字，疑讀爲“石”，是重量單位。晏昌貴（2007A：573）：匿、檐的容積是十斗之量，亦即一石（斛）。**二、同“釜”。**晏昌貴（2006）：讀“匿”爲“鬴（釜）”，與傳世文獻“石”相當，是楚十斗的量。宋華強（2010：308）：“匿”

是所用量器中容量最大的一種，讀爲“䈸”，即“釜”字異體。禤健聰（2008：98）：戰國齊量中自名爲“釜”的陳純釜（集成10371）容積爲20 580毫升，子禾子釜（集成10374）容積爲20 460毫升，接近於“削（2 300毫升）”的十倍。當然，齊、楚量制畢竟有別，名同而實或異，容積大小未必完全吻合。**三、名詞，器物名**。廣瀨薰雄（2006）認爲“�”是器名。

④亓：整理者釋作“六”，廣瀨薰雄（2006：214）改作“亓”。

銍：**有兩說：一、通“重”，重量**。宋華強（2010：307）讀爲“重”。簡文所記是其自重，即自銘“重一鈞”。**二、量器**。徐在國（2003C）讀爲“鐘”，是一種量器。

勻：**通“鈞”，古代重量單位，一鈞即三十斤**。

⑤宋良志：**人名**（白顯鳳，2012）。

赤：**有三說：一、量制單位，五分之一匿**。禤健聰（2008：97）據簡甲三211可知，“赤”是比“䣈”大的量詞。並推測，“赤”的容量或是“䣈”的兩倍，即“匿”的五分之一。楚簡文所見量制單位從大到小的排列：匿、赤、䣈、削、筩、籿、弁𦔻、顏首/麇。**二、量制單位，四分之一匿**。董珊（2010：174）認爲，簡文所記最大量制是“匿”，推測“匿”與“赤”的進制關係有可能是1匿=4赤。**三、名詞，器物名**。廣瀨薰雄（2006：217）認爲“赤”在信陽楚簡作爲器名，新蔡簡的“赤”也可能不是數量單位，而是一種器物。

今按：原釋文一般在容量單位後點斷，如“宋良志受四匿，又一赤”。今認爲“又”表示並列，連接前後數量，關係比較緊密可不譯，所以連讀。

⑥李：董珊（2010：203）認爲是職官，即“行李”，古書或稱“行人”。

紳：**人名**。

宋木：**人名**。

邴尚白（2007：81）拼合簡甲三220與簡零343。

【今譯】

楚王遷徙到鄩郢那年八月庚辰日，從……許地縣公那所接受的糧餉……
C7_02_N3：221 + C7_02_O：495

一匿，它的重量有一鈞。宋良志接受了四匿一赤，李紳替宋木接受了一匿……
C7_02_N3：220 + C7_02_O：343

【釋文】

目（以）䆊。[①] 𧎸不𡖊（害）、鄺回二人受二匿。[②] 攻婁連爲攻人受六匿[③]
☑C7_02_N3：294 + C7_02_O：334

☑某䋖（楷）、夂（終）御釮受十匿又二赤；[④] 或受三匿二赤。C7_02_N3：224

【匯釋】

①䅌：**官署名。**劉信芳（2003：54）：包山簡 45 出現“佶䅌”，“䅌”是官署名。宋華強（2010：105）支持劉觀點，也認爲是官署或職官名。

②𦀚不啇：**人名。**

鄻回：**人名。**

受：後面省略賓語，從前面的簡來看，省略的應該就是“䀇”。

③攻婁連：**有三説：一、姓名。**宋華強（2010：105）認爲“攻婁”是以官爲氏，《左傳》莊公十七年有記載“工婁氏”。**二、人名前冠以職官名。**陳偉（2013：96）：“攻”，可能是“工”（官府所屬專業手工技能者），也可能是“社”（專事祭祀者）。**三、機構名。**董珊（2010：203）認爲，“攻婁連”代表他所領導的機構。

攻人：**從事“攻”這種職業的人的總稱。**

④某𣛭：**“𣛭”同“楷。人名。**廣瀨薰雄（2006：215）：人名。宋華強（2010：106）與下文連讀。

夂御釱：**“夂”通“終”。人名。**廣瀨薰雄（2006：215）：“夂”讀爲“終”。

或：**有些人。**

【今譯】

以䅌。𦀚不啇、鄻回二人接受了兩匿。攻婁連替全部攻人接受了六匿……C7_02_N3：294 + C7_02_O：334

……楷、終御釱接受了十匿二赤；有些人接受了三匿二赤……C7_02_N3：224

【釋文】

☐吳殹無受一赤又㭋（筲）又穿（弇）玊（?）又鳶（雁）首。[1]吳憙（憙）受一匿二赤穿（弇）玊（?），[2]彖良受一[3]☐C7_02_N3：203 + C7_02_N3：89

☐三赤。三孫達受一匿又三赤。[4]文惪受四[5]☐C7_02_N3：206

☐受二匿又二赤，☐二赤又穿（弇）玊（?）。⿰爿☐連嚻受[6]☐C7_02_N3：311 + C7_02_O：354

【匯釋】

①吳殹無：**人名。**董珊（2010：203）：“吳”讀爲“虞”，即虞衡之官。

㭋：**同“筲”。有四説：一、容量五升。**廣瀨薰雄（2006：214）：指 1 100 毫升的容量，通作郢大府銅量自銘“笅”，裘錫圭認爲是“筲”字異體，容五升。李天虹（2005）認爲“筲”與九店簡簿記類中的“箬”表示同一種量制單位，是楚五升的量。**二、容量在“莭”與“顏首”之間。**禤健聰（2008：97）：新蔡簡的“㭋”通“笅”。從考古實物可知“笅”的容量處於“莭”與“顏首”之間。**三、二十分之一升。**徐在國（2003C）：疑讀爲“龠”，容量單位。《廣雅・釋器》：“龠二曰合，合十曰升。”**四、四分之一斗。**廣瀨薰雄（2006）不認爲“箬”和

“筲”是同一種，他認爲“筲”既是量器名又是容量單位，是四分之一斗。

穿坙：**“穿”同“弇”，“坙”大概是“圣”。弇圣：容量單位。有三說：一、容量單位。**董珊（2010）：原釋文未釋，徐在國釋“重”，改釋成“坙”。“穿坙”大概是“小鋞”，容量八分之一赤。廣瀨薰雄（2006）：“穿坙”既是量器名，又是容量單位，爲六分之一斗。**二、名詞，鐘。**徐在國（2003C）釋爲“重”，讀爲“鐘”。**三、弇涅，覆蓋黑色。**何琳儀（2004A）釋爲“弇呈”，讀爲“弇涅”，“涅”，染黑的石頭。指覆蓋黑色。

鳶首：**“鳶”通“雁”。有兩說：一、雁首，量器。**董珊（2010：189）釋作“雁”。“雁首”，量器名。廣瀨薰雄（2006：214）稱“顔首”的量杯是大市銅量，容量是九分之一斗，500毫升。**二、大首。**徐在國（2003C）：九店簡作“大首”。

②吳悳：**“悳”同“憙”。人名。**

③豙良：**人名。**

④三孫達：**人名。**整理者讀作“三赤、三；孫達受一”。宋華強（2010：107）改讀。廣瀨薰雄（2006：214）認爲“三”字可能缺豎筆，改釋爲“王”。邴尚白（2007：241）：“王孫達”或許是某位楚王之後較沒落的一支。

⑤文㬎：**人名。**

⑥連囂：**即連敖，楚官名。**曾侯乙墓楚簡作“連嚻”。邴尚白（2007：241）認爲“連敖”當是軍職。

徐在國（2003C）綴合簡甲三311與簡零354。

【今譯】

……吳殹無接受了一赤一筲一弇圣一雁首，吳憙接受了一匿二赤一弇圣，豙良接受了一……C7_02_N3：203 + C7_02_N3：89

……三赤。三孫達接受了一匿三赤。文㬎接受了四……C7_02_N3：206

……接受了二匿二赤，……二赤一弇圣。卌連敖接受了……C7_02_N3：311 + C7_02_O：354

【釋文】

衜（衛）軋、馭昊（炅）受九匿又削。[①]晉☐C7_02_N3：292

☐受二匿又二赤又削又筲（筲）。让（赴）差（佐）倉受[②]☐C7_02_N3：211

☐八十匿又三匿又一削筲（筲）鳶（雁）首☐C7_02_N3：90

☐匿一□□。奠（鄭）迲受二[③]□☐C7_02_Y3：4

☐受二赤穿（弇）坙（?）。宿（匋）人昆𦖞（聞）受二又筲（筲）[④]☐C7_02_N3：244

☐三赤又削☐C7_02_N3：254

☐與休君受☐C7_02_N3：273－1

☐穿（弇）坙（?），長墬（陽）人[⑤]☐C7_02_N3：92

☐三人之飤四匀（鈞）☐C7_02_N3：255
☐鐘佗、鐘豎受⑥☐C7_02_N3：293
☐繁旛受⑦☐C7_02_O：37
☐匿又☐C7_02_O：373
☐六匿又☐C7_02_O：375
☐赤。某㮊（樁）☐C7_02_O：525
☐昀一☐C7_02_O：407
☐五十匀（鈞）□☐C7_02_O：444

【匯釋】

①牽軔：**人名。**

馭：**駕馭的人。**董珊（2010：203）認爲是職官。

昗：**通“昃”，人名。**

刖：**有三説。一、量制單位，二分之一。**徐在國（2003C）：學者多讀爲“半”。此字與九店簡“剸”字相當。半，二分之一，是量制單位。禤健聰（2008：97）：同“剸”，有“半”和量制單位兩種意思；或是異字同形，即“刖”增加聲符後作“剸”表示“半”義，或量制單位“剸”簡省後訛與“刖”混同。**二、容量 2 300 毫升。**廣瀨薰雄（2006：218）：自稱“刖”的量杯是燕客銅量，容量是 2 300 毫升。晏昌貴（2007A：574）認爲應是楚一斗之量。**三、釋爲“間”，中間。**黃錫全（2000：56）見於包山楚簡“𠔿益”。釋“𠔿”爲“間”，間鎰就是鎰中間，取義於鎰的一半，也就是中鎰、半鎰。

②让差：**“让”通“赴”，“差”通“佐”。赴佐：官職名。**邴尚白（2007：241）讀作“让佐”，是“让尹”的副職或屬官。“让佐”前未綴地名，疑爲平輿君封地之職官或中央職官。

倉：**人名。**

③奠迅：**“奠”通“鄭”。人名。**

④匋人：**“匋”通“陶”。陶人：製陶之人。**邴尚白（2007：241）：“陶人”見於《周禮·考工記》，爲製陶之官，“某人”作爲官名形式常見於古書。

昆聕：**“聕”同“聞”。昆聞：人名。**

匋人昆聕受二又粉：廣瀨薰雄（2006：215）指出“二”字下似有脱文。宋華強（2010：106）：應是漏寫一個容量單位名。

⑤長墬人：**“墬”同“陽”。長陽人：有三説。一、讀爲當陽，地名。**何琳儀（2004A）認爲是隨縣簡之“長腸人”，“長陽”或“長腸”似皆可讀爲“當陽”，在今湖北荆門。**二、長陽縣，地名。**晏昌貴（2007A：577）：簡文“長”與《水經注·夷水》所記“長楊溪”和隋開皇八年設置的長陽縣有關，位於今湖北省長陽縣。**三、職官名。**董珊（2010：203）認爲，“長陽人”與曾侯乙簡之“長腸人”都讀爲“掌場人”，即《周禮·地官·司徒》之“場人”，其職“掌國之場圃”。“某

人”作爲官名形式常見於古書。《孟子·告子上》稱“場師”。

⑥鐘佗、鐘豎：**鐘，鐘師，職官名。鐘師佗、豎**。董珊（2010：203）認爲是職業爲鐘師，鐘人見《儀禮·燕禮》，楚人有鐘建（《左傳》定公五年）、鐘儀（《左傳》成公九年）等，都是世爲鐘師，以官爲氏。

⑦繁鴋：**人名**。

【今譯】

衛軋□、馭昃接受了九匿一刖。晉……C7_02_N3：292

……接受了二匿二赤一刖一筲。赴佐倉接受了……C7_02_N3：211

……八十三匿一刖一筲一雁首……C7_02_N3：90

……匿一……鄭迟接受了……C7_02_Y3：4

……接受了二赤一弇𡈼，製陶的人昆聞接受了二（?）一筲……C7_02_N3：244

……三赤一刖……C7_02_N3：254

……和休君接受了……C7_02_N3：273－1

……一弇𡈼，長陽人……C7_02_N3：92

……三個人的飯食一百二十斤……C7_02_N3：255

……鐘佗、鐘豎接受了……C7_02_N3：293

……繁鴋接受了……C7_02_O：37

……匿……C7_02_O：373

……六匿……C7_02_O：375

……赤。某楷……C7_02_O：525

……昀一……C7_02_O：407

……一千五百斤……C7_02_O：444

【釋文】

王遷（徙）於䢵（鄩）郢之戠（歲）八月辛彫（酉）之日，[①] 東☐C7_02_N2：14、13

賓之命，[②] 命里人禱[③] ☐C7_02_N3：262

☐大邑㠯（以）牛；[④] 中邑㠯（以）豨（豢）；[⑤] 少（小）☐C7_02_N3：275

㠯（以）牛，丘㠯（以）[⑥] ☐C7_02_O：383

【匯釋】

①䢵：**同“鄩”，鄩郢**。

②賓：**有兩説：一、職官名**。陳偉（2013：110）：職官名。見於《尚書·洪範》“七曰賓”，孔穎達疏引鄭玄曰：“賓，掌諸侯朝覲之官。”簡文的“賓”可能是平夜君成的掌禮儀的屬官。**二、動詞，頒佈**。賈連敏（2004A）讀爲“班”，意爲頒佈命令，令里人禱於其社。

③里：**行政區劃。**宋華強（2010：346）：葛陵簡祭禱文書和包山簡司法文書的“里”不能排除其屬於城外之“鄉”的可能性。可參閱下文“邑”的匯釋。

④邑：**行政區劃。有大邑、中邑、小邑之分。有兩説：一、邑、里同級。**陳偉（1996：85）：包山簡的邑、里大致處於同一層級。邑爲鄉野中的地域組織，里很可能是城邑中的地域組織。**二、邑高於里。**賈連敏（2004A：96）認爲，在新蔡簡中，邑、里的關係不太明瞭。簡文稱“大邑”“中邑”“小邑”和“新邑”，似與“里”有別。“邑”的層次似高於“里”。陳偉（2013：110）：邑的大小是根據里的戶口數來確定的。根據簡文記錄，里的出牲種類有豢和豬，“中邑”與出“豢”的里大概是同級行政區劃，“小邑”則與出“冢”和“豬”的里相當。簡文中未出現出“牛”的里，這似乎提示最大的里相當於“中邑”。

⑤豨：**同“豢”，豬牲。**

⑥丘：**行政區劃，此“丘”不同於“某丘”之“丘”。**陳偉（2013：110）認爲丘、邑不是同級行政區劃，丘或是在里、邑之上。宋華強（2010：333）：與“大邑”“中邑”“小邑”並列的“丘”，和“邑”一樣，是一種基層地域區劃單位或居民組織單位，但丘要比一般的邑大。

【今譯】

楚王遷徙到鄩郢那年八月辛酉日，東……C7_02_N2：14、13

……執掌禮儀的屬官的命令，命令里人祭禱……C7_02_N3：262

……以大邑爲單位出一頭牛牲進行祭禱；中邑出一豢進行祭禱，小邑……C7_02_N3：275

用牛牲，丘用……C7_02_O：383

【釋文】

⍁□[illegible]（?）之里一豢；[1]鄗里一豬，[2]王⍁C7_02_Y3：23

繮子之里一豢。[3]⍁C7_02_N2：27

⍁一豢，馯（馭）里一豢[4]⍁C7_02_N3：77

[illegible]（榗）里一[5]⍁C7_02_N3：74

鳴父、莿丘、枯[6]⍁C7_02_N3：263

⍁安，陵尹⍁C7_02_O：42

⍁夜之里一豢[7]⍁C7_02_O：91

⍁里⍁C7_02_N3：416

⍁[illegible]（社）[8]⍁C7_02_Y3：30

某丘一冢。⍁C7_02_N3：367

茅丘一冢。⍁C7_02_N3：378

⍁堥（繁）丘之[9]⍁C7_02_Y4：94

【匯釋】

①𩫱之里：**地名，祭禱場所。**

②鄗里：**地名，祭禱場所。**

③繻子之里：**“之”位於定中結構之間無實義，相當於“繻子里”。地名，祭禱場所。**

④駍里：**“駍”通“馭”。馭里：地名，祭禱場所。**

⑤⿱臸木里：**“⿱臸木”通“槢”。槢里：地名，祭禱場所。**

⑥鳴父：**地名。**

丘：**地名。**與簡零383“丘以”不同，“丘以”之“丘”是行政區劃名。**有兩說：一、地名。**宋華強（2010：333）指出“某丘”之“丘”與“丘以”之“丘”是有區別的。“某丘”之“丘”應該看作地名，指祭禱的處所，是由自然地理的丘陵變爲專名的。**二、丘陵。**賈連敏（2004A）認爲“丘”應是一個有着統一內涵的獨立稱謂，而不是普通的地名用字，指“丘陵”比較妥當。因爲丘陵多生草木，所以簡文中“丘”前之字多从草、木。從文獻看，古人祭山川丘陵。

薊丘：**地名。**

⑦夜之里：**相當於“夜里”，地名。**

⑧⿰礻圭：**同“社”。有兩說：一、行政區劃。**楊華（2006A：124）：新蔡簡中反映的楚地社會基層組織，尚是以宗族爲基礎的里、社合一之制。**二、古代祭祀土地神的地方。**賈連敏（2004A：97）認爲是該文獻中的里社，里社即里中祭祀土地神的地方。

⑨⿱艹⿱弁土丘：**“⿱艹⿱弁土”通“繁”。地名。**徐在國（2003C）分析从艸、弁聲，通“繁”，繁丘在今河南襄城縣南。宋華強（2010：444）：此字下還有一“土”，應从艸、⿱弁土聲，“⿱弁土”讀若“糞”。大克西也（2006）認爲“繁丘是較大的行政單位，不應在述中”，所以讀爲“繁”可疑。

陳偉（2013：111）：簡乙三23至簡甲三263是各里、丘爲“禱”出牲的數量和種類。就簡的形狀、字體看，與簡甲二14、13至簡零383相同，如屬同組，則有可能是“賓之命”的一部分。

【今譯】

……𩫱里一頭豬牲；鄗里一頭公豬，楚王……C7_02_Y3：23

繻子里一頭豬牲……C7_02_N2：27

……一頭豬牲，馭里一頭豬牲……C7_02_N3：77

槢里一……C7_02_N3：74

鳴父、薊丘、枯……C7_02_N3：263

……安，陵地長官……C7_02_O：42

……夜里一頭豬牲……C7_02_O：91

……里……C7_02_N3：416

……社……C7_02_Y3：30
某丘一頭豥牲。……C7_02_N3：367
茅丘一頭豥牲。……C7_02_N3：378
繁丘的……C7_02_Y4：94

【釋文】

下贚一豬。[①]☑C7_02_N3：123
𥙊與一豢。[②]☑C7_02_N3：309
毀一豢。[③]☑C7_02_N3：323
☑堵父一豢。☑C7_02_Y4：92
利朒一豢。☑C7_02_N3：395
冒猶一豢。☑C7_02_O：35
☑堅一豢。㸑（新）[④]☑C7_02_N3：338
☑見一豢。㸑（新）□☑C7_02_N3：375
角二袿（社）二豢☑C7_02_N3：351
中䒤（春）竽我之里一豢[⑤]☑C7_02_N3：179
橥（榗）里☑C7_02_O：529
☑□里☑C7_02_O：455
箸里☑C7_02_O：539
☑播與亓（其）國（域）不視畀[⑥]☑C7_02_N3：318
☑西陵與亓（其）國（域）不視畀☑C7_02_N3：319
☑二畀，未智（知）亓（其）佽里之算。[⑦]C7_02_N3：352
☑里之☑C7_02_O：586
大橥（榗）里人☑C7_02_O：11
楮室之里人禱☑C7_02_Y3：54
梠里人禱於亓（其）袿（社）☑C7_02_Y4：88
堵里人禱於亓（其）☑C7_02_O：116
郊里人☑C7_02_O：403
楊里人禱☑C7_02_O：72
中楊里人☑C7_02_O：30
☑里人禱於亓（其）袿（社）一☑C7_02_O：88
☑里人禱於亓（其）袿（社）☑C7_02_O：168
☑里人禱☑C7_02_O：44＋C7_02_O：524
☑里人☑C7_02_O：596
☑禱於梟鄗之袿（社）一䐶（豢）。C7_02_Y4：76
☑禱於亓（其）袿（社）一䐶（豢）☑C7_02_Y3：65
☑禱於亓（其）袿（社）一䐶（豢）☑C7_02_Y3：53

☐禱於亓（其）袿（社）一豬。☐C7_02_Y4：81
☐禱於亓（其）袿（社）一豬。☐C7_02_Y2：7
𥜰（禱）於亓（其）袿（社）一豢☐C7_02_O：531
☐禱於亓（其）袿（社）☐C7_02_O：48 + C7_02_O：512
☐禱於亓（其）☐C7_02_O：133
☐禱於亓（其）袿（社）☐C7_02_O：618
☐於亓（其）袿（社）☐C7_02_O：45
☐禱於亓（其）☐C7_02_O：68
☐於亓（其）袿（社）☐C7_02_O：718
☐亓（其）袿（社）一豢（豢）。☐C7_02_O：196
☐袿（社）一豢（豢）☐C7_02_O：486
☐袿（社）一豢（豢）☐C7_02_O：252
☐袿（社）一豢（豢）☐C7_02_Y2：16
☐袿（社）一豢（豢）☐C7_02_Y4：74
☐袿（社）一豬☐C7_02_Y2：43
☐豬☐C7_02_N3：124
☐豰（豭）[8]☐C7_02_N3：122
☐冢☐C7_02_O：628
☐一豢（豢）☐C7_02_O：380
☐豢（豢）☐C7_02_O：534
☐一豢（豢）☐C7_02_O：78
☐豢（豢）☐C7_02_Y3：18
☐袿（社）一牛☐C7_02_O：43
☐一牛☐C7_02_O：152
☐一牛☐C7_02_O：517
☐一牛☐C7_02_O：31
☐一牛☐C7_02_O：609

【匯釋】

①下鬺：**地名**。下文𥛚與、𡉉、利牏、冒猶、壂、見、角、皃鄗都是地名，或是殺牲地點。

②𥛚與：**地名**。張新俊、張勝波（2008：18）：𥛚，“社”字異體。

③𡉉：**地名**。何琳儀（2004A）：釋“𪔂”，疑讀“鉶”或“鈃”。《儀禮・特牲饋食禮》“祭鉶”，注：“鉶，肉味之有菜和者。”《禮記・禮運》“羹”，釋文：“鈃，本又作鉶，盛和羹器，形如小鼎。”𪔂可能是“鈃鼎”的專用字。宋華強（2010：453）認爲此字中間爲“目”，與“鼎”字上部寫法不同。

④𣂈：**同“新”，地名**。賈連敏（2004A：101）：是否標明爲新登錄內容，不易

判斷。陳偉（2013：111）認爲可能與簡乙四137、簡甲三360的“未納”相似，是對交納狀況的記錄。

⑤中萅：**“萅”同“春”。有兩說：一、人名或地名。**宋華強（2010：456）根據祭禱文書的辭例，“中春竽我”應是人名或地名，恐與祭禱時節無關。賈連敏（2004A）：是否讀爲“仲春”還不能斷定。**二、月令。**楊華（2006B）認爲中春是“仲春”的意思。每年仲春、仲秋時節兩次社祭，與《禮記·月令》相合。

中萅竽我：**中春竽我之里，地名，祭祀場所。**

⑥檣與：**地名。**賈連敏（2004A：95）認爲是域名。陳偉（2013：111）：依據上組文例，應該是“大邑”或設“稷”之地的名稱。

亓：**同“其”。有兩說：一、代詞。**宋華強（2010：338）認爲“其”其實是複指前面的地名。**二、結構助詞。**賈連敏（2004A：95）：“其”同“之”，結構助詞。邴尚白（2007：229）：“其”同“之”說似不可從。

國：**有兩說：一、城邑。**宋華強（2010：337）認同邴尚白“包山簡的‘𢦚’讀爲‘國’或是‘國’的異體”的說法，“國”是大城邑，比如“檣與亓國”即指檣與那個地方較大的城邑。**二、域內。**賈連敏（2005）：讀爲“域”，認爲與包山簡的“𢦚”相似。

視：**有兩說：一、察看。**宋華強（2010：338）：察看的意思。**二、提交。**何有祖（2007A）：“不視畀”是指“檣”地沒有提交“畀”。

畀：**有兩說：一、名詞，簿籍一類的文書。**賈連敏（2004A：100）：畀字綴於數詞或動詞後，應是名詞。從辭例看，和下文的“算”有關，推測“畀”可能是指一些地域內有關社祭的“簿”“籍”一類。宋華強（2010：338）疑讀作表示簡札之“畢”，“不視畢”大概是指不察看某種簡書。何有祖（2007A）認爲是社祭簿籍。**二、動詞，進獻。**袁金平（2007B：40）認爲，畀作動詞，用作名詞十分罕見。引裘錫圭說，把祭品獻給鬼神也可以叫作“畀”。

⑦智：**通“知”，清楚。**

伋：**有兩說：一、地名。**袁金平（2007B：20）釋爲“伋”或“付”，疑是與“里”相近的行政區域，或爲地名。**二、地勢低的地方。**宋華強（2010：458）讀爲“隰”，“隰里”指地勢下隰之里。

算：**名詞，數。**賈連敏（2004A：100）認爲與文書有關。《說文》：“算，數也。”

⑧豭：**通“豭”，公豬。**

【今譯】

下贚一頭公豬……C7_02_N3：123

𥛚與一頭豕牲……C7_02_N3：309

䁡一頭豕牲……C7_02_N3：323

……堵父一頭豕牲……C7_02_Y4：92

利𦙶一頭豖牲……C7_02_N3：395
冒猶一頭豖牲……C7_02_O：35
……㘾一頭豖牲。新……C7_02_N3：338
……見一頭豖牲。新……C7_02_N3：375
角地兩處社兩頭豖牲……C7_02_N3：351
中春竽我里一頭豖牲……C7_02_N3：179
楷里……C7_02_O：529
……里……C7_02_O：455
篙里……C7_02_O：539
……播與那個地方較大的城邑不察看簿籍……C7_02_N3：318
……西陵與那個地方較大的城邑不察看簿籍……C7_02_N3：319
……兩本簿籍，不清楚伋里的社祭數量。C7_02_N3：352
……里的……C7_02_O：586
大楷里人……C7_02_O：11
䐗室里的人祭禱……C7_02_Y3：54
梠里人在他們的社祭禱……C7_02_Y4：88
堵里人祭禱……C7_02_O：116
郯里人……C7_02_O：403
楊里人祭禱……C7_02_O：72
中楊里人……C7_02_O：30
……里人在他們的社用一……祭禱……C7_02_O：88
……里人在他們的社祭禱……C7_02_O：168
……里人祭禱……C7_02_O：44 + C7_02_O：524
……里人……C7_02_O：596
……在㒟鄗的社用一頭豬牲祭禱。C7_02_Y4：76
……在他們的社用一頭豬牲祭禱……C7_02_Y3：65
……在他們的社用一頭豬牲祭禱……C7_02_Y3：53
……在他們的社用一頭公豬祭禱……C7_02_Y4：81
……在他們的社用一頭公豬祭禱……C7_02_Y2：7
在他們的社用一頭豬牲祭禱……C7_02_O：531
……在他們的社用祭禱……C7_02_O：48 + C7_02_O：512
……祭禱……C7_02_O：133
……在他們的社用祭禱……C7_02_O：618
……在他們的社……C7_02_O：45
……在他們的社祭禱……C7_02_O：68
……在他們的社……C7_02_O：718
……在他們的社用一頭豬牲。……C7_02_O：196

……社用一頭豬牲……6 C7_02_O：486
……社用一頭豬牲……C7_02_O：252
……社用一頭豬牲……C7_02_Y2：16
……社用一頭豬牲……C7_02_Y4：74
……社用一頭公豬……C7_02_Y2：43
……公豬……C7_02_N3：124
……豬牲……C7_02_N3：122
……豕牲……C7_02_O：628
……一頭豬牲……C7_02_O：380
……豬牲……C7_02_O：534
……一頭豬牲……C7_02_O：78
……豬牲……C7_02_Y3：18
……社一頭牛……C7_02_O：43
……一頭牛……C7_02_O：152
……一頭牛……C7_02_O：517
……一頭牛……C7_02_O：31
……一頭牛……C7_02_O：609

【釋文】

甸尹宋之述（遂）敡（刉）於上㮣（桑）丘一𧰼（豭），① 禱一冢☐C7_02_N3：400 + C7_02_N3：327 - 1

司馬魚之述（遂）敡（刉）於獞㝋、余疋二𧰼（豭），② 禱二☐C7_02_N3：316

下獻（獻）司城己之𡧡人敡（刉）一𧰼（豭），③ 禱☐C7_02_N3：326 - 1

喬尹申之述（遂）敡（刉）於郝𩬑（沫）、郥（期）思二𧰼（豭）④☐C7_02_N3：310

司城均之述（遂）敡（刉）於洛、鄱二袿（社）二𧰼（豭），⑤ 禱☐C7_02_N3：349

墜（陽）無龍之述（遂）敡（刉）於𦳝（繁）丘、窔二𧰼（豭），⑥ 禱二冢☐C7_02_N3：346 - 2、384

屈九之述（遂）敡（刉）於邞生、箙二𧰼（豭）⑦☐C7_02_N3：324

𠈌（蘧）己之述（遂）敡（刉）於濯、唇（辰）袿（社）二𧰼（豭），⑧ 禱二☐C7_02_N3：343 - 1

𥢶良之述（遂）敡（刉）於郢、于二袿（社）二𧰼（豭）⑨☐C7_02_N3：347 - 1

【匯釋】

①甸尹：**職官名，甸地長官**。人名前常冠以職官名。

述：有四說：一、俸邑。賈連敏（2004A）認爲，簡文“述（遂）”指的是有編制的地域區劃。從“述”前的稱謂來看，可能是官吏或貴族的采邑。它們地處廣義的遂地，或許當時均可統稱爲“遂”。陳偉（2013：113）：讀爲“遂”或“術”。以職官名“述”，可能是官員的俸邑，也可能是以舊官稱作“遂”或“術”之名。先秦時期有以父祖官及所食之邑爲氏之習俗。大克西也（2006：272）：新蔡簡中的“述”與“州”一樣指官員的俸邑。兩者離國都有遠近之别，“州”在國都附近，“述”在遠處。**二、行政區劃**。宋國定、賈連敏（2004：23）：讀爲“遂”，與“里”同類。楊華（2006A：123）認爲，戰國時期楚地基層社會組織似乎與《周禮·大司徒》的記載更相近。述（遂）名多以族長私名冠之。**三、遠郊**。邴尚白（2007：223）認爲，簡文的“述”應非地域組織名稱，“遂”指遠郊，又指遠郊的行政區劃，而非采邑。采邑在文獻中稱爲“封邑”“食邑”“食田”等。包山簡有“食田”（簡151、152）、“某人之邑”（簡28、86、124、125、143），應該就是指其采邑。**四、通“率”，職官名**。宋華強（2010：330）：“述”應該是一種身份標識名或職官名，疑當讀“閭率”之“率”。“某人之述（率）”也就是“某人所居之閭之率”。

⿰既刂：**有三説：一、同“刏”，行祭禮前殺牲取血塗祭器**。劉釗（2003）：“刏”字異體。《周禮·秋官·士師》：“凡刏珥，則奉犬牲。”鄭玄注：“釁禮之事，用牲，毛者曰刏，羽者曰珥。”“刏珥”即指行祭禮前殺牲取血以塗祭器。賈連敏（2004A）認爲古代祭社有血祭。“⿰既刂……豬”即文獻中的刏貑。釁社之禮，與文獻記載相合。**二、血祭儀禮**。楊華（2006B：334）提出⿰既刂禮與割禮相當。這種殺牲或殺人取血獻祭的儀式可以用於祭天、祭祖、祭社等多種禮儀中。新蔡簡中的⿰既刂牲，都是指此種血祭禮儀，而不是塗血的釁禮。**三、用牲法**。何琳儀（2004A）：釋爲“⿱臤朱”，應是用牲法。

上⿱吅朱丘：**地名，此地之社爲祭祀對象**。此“桑丘”應在平夜君成封域之内，距今新蔡不遠。宋華強（2010：360）認爲對應《左傳》杜預注之“桑里”，“汝南朗陵縣東有桑里，在上蔡西南”。

②司馬：**職官名**。

魚：**人名**。

獞宗、余疋：**地名，祭祀處所**。

③下獻：**“獻”同“獻”。下獻：地名**。賈連敏（2004A：91）：此地名在前，“⿰既刂”後省略地名，直接綴牲數。此簡歸入“某人之述”。大克西也（2006）認爲在“下獻”後加冒號，認爲此地之社爲祭祀的對象，司城己之⿱穴朱人爲主祭者。下獻應在司城己之述。

⿱穴朱人：**某類官員**。宋華強（2010：329）：“⿱穴朱”疑是“橢”字異體，“⿱穴朱人”疑是“隋人”。“隋”可作祭名，《周禮·春官·守桃》：“既祭，則藏其隋與其服。”鄭玄注云：“隋，尸所祭肺脊黍稷之屬。”所以“⿱穴朱（隋）人”的職司可能和“臘人”類似，即負責殺牲分肉之宰，隸屬於司城己，也是可以主持祭禱的。

④喬尹：**喬地長官**。

郝䰻：**"䰻" 通 "沬"**。宋華強（2010：446）疑"郝"是水名，"䰻"疑當讀爲"湄"，訓水涯、水岸。"郝䰻"：即郝水之邊。

㫷思：**"㫷" 通 "期"。期思：楚國地名**。《左傳》文公十年"期思公復遂"，杜注："復遂，期思邑公，今弋陽期思縣。"

⑤司城：**職官名**。

均：**人名**。

洛、鄱：**地名**。

⑥陽無龍："**陽" 同 "陽"。陽無龍：人名**。

莁丘：**"莁" 通 "繁"。地名**。徐在國（2003C）分析从艸、弁聲，通"繁"，繁丘在今河南襄城縣南。宋華強（2010：444）：此字下還有一"土"，應从艸、坌聲，"坌"讀若"糞"。大克西也（2006）認爲"繁丘是較大的行政單位，不應在述中"，所以讀爲"繁"可疑。

𥥍：**地名**。何有祖（2007）分析爲从穴、日、共。宋華強（2010：444）認爲何有祖可從，疑即古文"弇"字。

⑦屈九：**人名**。

郜生、箙：**地名**。宋華強（2010：447）：出現"生"，"亯生"是地名，所以"郜生"也是地名。

⑧郶己：**"郶" 通 "薳"。薳己：人名**。

瀿、唇：**"唇" 同 "辰"。地名**。

社：**同 "社"**。上應奪"二"字。

⑨䄎良：**人名**。

鄵、于：**地名**。

宋華強（2010：38）拼合簡甲三 400 與簡甲三 327－1。

【今譯】

甸尹宋的倖邑在上桑丘殺一頭公豬，用一頭豕牲祭禱……C7_02_N3：400＋C7_02_N3：327－1

司馬魚的倖邑在獶宗、余疋殺兩頭公豬，祭禱二……C7_02_N3：316

下獻，司城己的𡨦人殺一頭公豬，祭禱……C7_02_N3：326－1

喬地長官申的倖邑在郝沬、期思兩地殺兩頭公豬……C7_02_N3：310

司城均的倖邑在洛、鄱二處里社兩地殺兩頭公豬，祭禱……C7_02_N3：349

陽無龍的倖邑在繁丘、𥥍兩地殺了兩頭公豬，用兩頭豕牲祭禱……C7_02_N3：346－2、384

屈九的倖邑在郜生、箙兩地殺兩頭公豬……C7_02_N3：324

薳己的倖邑在瀿、辰社兩地殺兩頭公豬，祭禱二……C7_02_N3：343－1

䄎良的倖邑在鄵、于二處里社殺兩頭公豬……C7_02_N3：347－1

【釋文】

奠（鄭）視之述（遂）敗（刉）於下彤、莀二黏（豭），[①] 禱二冢 ☐C7_02_N3：312

罾（許）智，罾（許）智之述（遂）敗（刉）於盬（醯）、取三黏（豭），[②] 禱三冢。☐C7_02_N3：320

郕豎（豎）之述（遂）敗（刉）於寤㡿（?）一黏（豭）[③] ☐C7_02_N3：398

黃宜日之述（遂）敗（刉）於鄀（新）邑、龍郑 [④] ☐C7_02_N3：315

郕余敦之述（遂）敗（刉）於溫父、鵅二 [⑤] ☐C7_02_N3：322

玄惪（憙）之述（遂）敗（刉）於下窯（縈）、下姑留二黏（豭），[⑥] 禱 ☐C7_02_N3：314

跦羌之述（遂）敗（刉）於上獻（獻）、犬焚二黏（豭）[⑦] ☐C7_02_N3：343－2

肥陵墜（陳）豬之述（遂）敗（刉）[⑧] ☐C7_02_N3：175

閈（閒）壂（陽）大宫果之述（遂）[⑨] ☐C7_02_N3：348

【匯釋】

①奠視：**"奠"通"鄭"。鄭視：人名。**宋華強（2010：332）認爲"里""閭"前綴的人名當是楚國貴族或望族，作爲所居之閭的代稱。或人名前冠以職官名，如下文"甸尹宋"，都是一種代稱。

下彤、莀：**地名，祭祀處所。**

②罾智：**"罾"通"許"。許智：人名。**宋華強（2010：445）：讀爲"無知"，是《左傳》莊公八年"公孫無知"，其上應有官或氏。並認爲"罾智"其上應有闕文，而原釋文認爲"罾智"是簡首。

盬、取：**"盬"同"醯"。地名，祭祀處所。有兩說：一、地名。**大克西也（2006）：盬、取是兩個地名。宋華強（2010：445）當是祭禱處所。**二、神祇。**張新俊（2005：82）認爲"醯"在簡文中用作神祇的名稱，乃古楚地人祭禱的對象。

三：大克西也（2006）認爲兩"三"字是"二"字之誤。

③郕豎：**"豎"同"豎"。郕豎：人名。**宋華強（2010：447）："郕"讀爲"沈"。

寤㡿：**地名。**宋華強（2010：447）："寤㡿"應是"舊虛"，簡甲三350亦出現"舊虛"。"艸""宀"衹是形體的變化。

④黃宜日：**人名。**

鄀邑、龍郑：**"鄀"同"新"。地名。**宋華強（2010：447）釋"龍"爲"蘢"，同"𥕛"。

⑤郕余敦：**人名。**

溫父、鵅：**地名。**張新俊、張勝波（2008：81）釋"鵅"爲"鵅"。大克西也（2006）釋"溫"字右邊爲"盈"。

父：**行政單位。**賈連敏（2004A：94）讀爲"阜"，父、阜古音通假。《爾雅·釋地》："高平曰陸，大陸曰阜，大阜曰陵。"

⑥玄悳：**"悳"同"憙"。玄憙：人名。**宋華強（2010：446）：簡文中"玄"作爲氏名，疑當通"弦"。

下窯、下姑留：**"窯"同"縈"。地名。**簡零340之"姑瘤"即"姑留"。

⑦硢羌：**人名。**

上獻、犬焚：**"獻"同"獻"。地名。**張新俊、張勝波（2008：174）釋"犬"爲"犮"。

⑧肥陵：**地名。**何琳儀（2004A）據《史記·淮南衡山列傳》，此地在今安徽壽縣。

墜豧：**"墜"同"陳"。人名。**

⑨閖壂：**"閖"是"間"古文，"壂"同"陽"。有兩說：一、間陽。**宋華強（2010：362）認爲"間陽"就是楚官印"澗陽"，而這官印在今河南新蔡一帶出土。**二、閑陽。**鄭威（2007）：疑與張家山漢簡《二年律令》簡460之"閑陽"同爲一地。

大宮：**職官名。**邴尚白（2007：73）：依趙平安釋作"縣"。

果：**人名。**

【今譯】

鄭視的俸邑在下彤、蘶殺兩頭公豬，用兩頭豕牲祭禱……C7_02_N3：312

許智的俸邑在醯、取兩地殺三頭公豬，用三頭豕牲祭禱。……C7_02_N3：320

郕豎的俸邑在審虩殺一頭公豬……C7_02_N3：398

黃宜日的俸邑在新邑、龍郊……C7_02_N3：315

郕余敦的俸邑在溫父、鵠殺兩頭公豬……C7_02_N3：322

玄憙的俸邑在下縈、下姑留殺兩頭公豬，祭禱……C7_02_N3：314

硢羌的俸邑在上獻、犬焚殺兩頭公豬……C7_02_N3：343－2

肥陵陳豧的俸邑在……C7_02_N3：175

閒陽大宮果的俸邑……C7_02_N3：348

【釋文】

⧄述（遂），瞓（勻）於傒（傒）豋一豭（豭），[1] 禱⧄ C7_02_N3：379 + C7_02_O：348

⧄述（遂）瞓（勻）於氵□林糶[2]⧄C7_02_N3：402

⧄述（遂）⧄C7_02_N3：370

蕣一袿（社）一豬，[3]瞓（勻）於□⧄C7_02_N3：308

姑瘤一袿（社）[4]⧄C7_02_O：340

⧄袿（社）一豢、一豬、一冢，瞓（勻）於麓⧄C7_02_N3：405

⧄一袿（社）一豨（豢），瞓（勻）於斐芒、鄜二豭（豭），[5] 禱二冢⧄C7_02_N3：363 + C7_02_N3：364

⍁社（社）一𥟀（豢）。⍁C7_02_N3：396

⍁固二社（社）一豬、一冢，既（刉）於郟思、虛一秙（豭），[⑥] 禱⍁C7_02_N3：353

⍁稿二社（社）一豢、一豬，既（刉）於沝[⑦]⍁C7_02_N3：414、412

⍁王虛二社（社）一豬、一冢，[⑧]既（刉）於⍁C7_02_N3：250

⍁馬人二社（社）二[⑨]⍁C7_02_N3：325－2

⍁寺二社（社）二冢，既（刉）於高寺一秙（豭），[⑩]禱一冢⍁C7_02_N3：387

⍁禱一冢。C7_02_N3：340

【匯釋】

①傒豎：**“傒”同“傒”。地名。**

②氵林鄉：**地名。**

“鄭余穀”見於大事紀年“句郑公鄭余穀大城兹方之歲”（乙一14），賈連敏（2004：93）認爲此簡“鄭余穀”從形制來看當屬於祭禱文書類。

③蕣：**地名。**

④姑瘤：**地名，即姑留。**

⑤戔芒、鄘：**地名。**參閱簡甲三380。

沈培（2006A）：“戔芒”“鄘”下各有類似句讀符號的墨點，這種符號叫作“專有名詞提示性符號”，或簡稱爲“提示性符號”。

⑥固：**地名。**

郟思：**地名。**整理者（2003）釋作“郟”，張新俊（2005）改作“郟”，讀作“期思”。

虛：**地名。有三說：一、通“墟”，舊址。**賈連敏（2004A：94）讀爲“墟”，舊址的意思。“某墟”即某地的舊址。**二、通“居”。**何琳儀（2005）：讀爲“居”，居住。《荀子・大略》：“仁非其里而虛之。”注：虛，讀爲居。**三、行政區劃名。**宋華強（2010：449）指出“虛”可指聚落，今作“墟”，與“里”“邑”相類，並且“虛”有居義，不必改讀爲“居”。

⑦沝：**地名。**宋華強（2010：449）：疑“沶”字異體。

⑧王虛：**地名。**

⑨馬人：**地名。**

⑩寺：**有兩說：一、祭祀處所專名。**宋華強（2010：448）：讀爲“畤”，《說文》：“畤，天地五帝所基址祭地。”最初大概是一種隆起的地形之名，如“丘”“陵”之類，後來才成爲祭處之專名。**二、官舍。**賈連敏（2004A）認爲是“官舍”之“寺”。

高寺：**地名。**

陳偉（2003：114）：簡甲三379與簡零348二簡可綴合。

宋華強（2010：39－40）綴合簡甲三363與簡甲三364二簡。

【今譯】

……俸邑在傒豎殺一頭公豬，祭禱……C7_02_N3：379 + C7_02_O：348

……俸邑在汜林酈殺……C7_02_N3：402

……俸邑……C7_02_N3：370

蕣地一處社一頭豬，在……殺……C7_02_N3：308

姑瘤一處社……C7_02_O：340

……社一頭豬牲、一頭豬、一頭豖牲，在麓地殺……C7_02_N3：405

……社一頭豬牲，在㲋芒、鄘兩地殺兩頭公豬，用兩頭豖牲祭禱……C7_02_N3：363 + C7_02_N3：364

……社一頭豬牲。……C7_02_N3：396

……固內的兩處社用一頭豬、一頭豖牲，在邴思、虛兩地殺一頭公豬，祭禱……C7_02_N3：353

……𣯍的兩處社用一頭豬牲、一頭豬，在沭水地殺……C7_02_N3：414、412

……王虛的兩處社用一頭豬、一頭豖牲，在……殺……C7_02_N3：250

……馬人兩處社用兩頭……C7_02_N3：325－2

……寺的兩處社用兩頭豖牲，在高寺殺一頭公豬，用一頭豖牲祭禱……C7_02_N3：387

……用一頭豖牲祭禱。C7_02_N3：340

【釋文】

獻（獻）二𥘵（社）一牛、一☐C7_02_N3：354

髭二𥘵（社）一⿰豸昔、一冢，[①]⿰既刂（刉）於鄐（邨）戫、緄（組）二⿰豸古（豭），[②]禱二冢。砫[③]☐C7_02_N3：361、344－2 + C7_02_N3：362 + C7_02_Y3：62

☐二𥘵（社）☐C7_02_N3：330

☐二𥘵（社）一⿰豸昔、一☐C7_02_O：400

☐𥘵（社）二⿰豸昔☐C7_02_O：430

卬余二[④]☐C7_02_N3：406

焚二☐C7_02_O：466

閞（關）郇三𥘵（社）三冢[⑤]☐C7_02_N3：334

苛三𥘵（社）☐C7_02_N3：329

☐三𥘵（社）禱三冢，⿰既刂（刉）☐C7_02_N3：372 + C7_02_N3：369

浮四𥘵（社）四冢、一⿰豸古（豭），⿰既刂（刉）於桐者[⑥]☐C7_02_N3：317

舟室一冢，⿰既刂（刉）於魚是一⿰豸古（豭），[⑦]禱一☐C7_02_N3：321

蔓丘一冢，⿰既刂（刉）於亓（其）舊虛一[⑧]☐C7_02_O：317 + C7_02_O：304

夫它一冢，⿰既刂（刉）於[⑨]☐C7_02_N3：397

☐空一冢，⿰既刂（刉）於余城一⿰豸古（豭），禱一冢[⑩]☐ C7_02_N3：366 +

C7_02_N3：368 + C7_02_N3：376

【匯釋】

①𩫏：**地名。**整理者（2003）釋作“𡌠”，張新俊（2005）改釋“𩫏”。

②鄐㬎、緝：**“鄐”同“邨”，“緝”同“組”，地名。**

③砫：賈連敏（2004A）：疑讀爲“重複”的“重”。可能是記録者發現重複登録，書“重”字以示重複。袁金平（2007B）認爲，“砫”字具有某種會計性質。“砫”當讀爲表示勾銷的“句（勾）”，表示取消“砫”前所述及的祭禱行爲。

④邱余：**地名。**

⑤闁郚：**“闁”同“關”，地名。**

⑥浮：**地名。**

一豠：根據嚴格的用牲數量，似乎“浮四社”後“一豠”爲誤書。

桐者：**地名。**宋華強（2010：450）：“者”讀爲“渚”，可能與鮦水、鮦陂有關。

⑦舟室：**楚國政府機構名**（陳偉、彭浩按）。

魚是：**地名。**

⑧蔞丘、舊虛：**地名。**

⑨夫它：**地名。**宋華強（2010：452）：“它”疑當讀爲“池”。

⑩坴、余城：**地名。**

宋華強（2007B）綴合簡甲三362和簡甲三361、簡甲三344－2，陳偉（2003：114）認爲簡乙三62可綴於其後。

宋華強（2010：39）拼合簡零317與簡304，及拼合簡甲三366與簡376。

【今譯】

獻地兩處社一頭牛、一……C7_02_N3：354

𩫏域内的兩處社用一頭豬牲、一頭豕牲，在邨㬎、組殺兩頭公豬，用兩頭豕牲祭禱。砫……C7_02_N3：361、344－2 + C7_02_N3：362 + C7_02_Y3：62

……兩處社……C7_02_N3：330

……兩處社一頭豬牲、一……C7_02_O：400

……社兩頭豬牲……C7_02_O：430

邱余兩……C7_02_N3：406

焚地兩……C7_02_O：466

關郚三處社三頭豕牲……C7_02_N3：334

苛地三處社……C7_02_N3：329

……三處社用三頭豕牲祭禱，殺……C7_02_N3：372 + C7_02_N3：369

浮地的四處社用四頭豕牲、一頭公豬，在桐者殺……C7_02_N3：317

舟室一頭豕牲，在魚是殺一頭公豬，祭禱一……C7_02_N3：321

蔓丘一頭豕牲，在舊虛殺一……C7_02_O：317 + C7_02_O：304

夫它一頭小豬，在……殺……C7_02_N3：397

……空一頭豕牲，在余城殺一頭公豬，用一頭豕牲祭禱……C7_02_N3：366 + C7_02_N3：368 + C7_02_N3：376

【釋文】

菵泉一冢，既（刏）於栗溹（溪）一豭（豭），①禱一冢☐C7_02_N3：355

篙生一冢，既（刏）於疋虡（虩）②☐C7_02_N3：374、385

郢（阪）一冢，既（刏）③☐C7_02_N3：386

☐冢，既（刏）於上蓄一豭（豭），④禱☐C7_02_N3：411、415

☐蒰一豨（豢），既（刏）於桑（桑）丘、桐寠（集）二豭（豭）⑤☐C7_02_N3：325 - 1

南邶一豢，⑥既（刏）於☐C7_02_N3：393

壆城一豢，⑦既（刏）於☐C7_02_N3：392

上郊㠯（以）豢，⑧既（刏）於杋一豭（豭）⑨☐C7_02_N3：409

☐下郊㠯（以）豢⑩☐C7_02_N3：413

箴一豬，既（刏）於舊虛、幣父二豭（豭）⑪☐C7_02_N3：350

亡夜一豬，既（刏）於隨一豭（豭），⑫禱一冢☐C7_02_N3：313

蔣丘一豬，既（刏）〔於〕經寺一豭（豭），⑬禱一冢☐C7_02_N3：390

惻墜（陽）一豬，⑭既（刏）於竺湋（瀆）溪一豬，既（刏）於型（荆）丘、某丘二⑮☐C7_02_N3：377、C7_02_N3：403

☐一豬，既（刏）於竆鵤、解溪三豭（豭），⑯三☐C7_02_N3：404

☐一豬☐C7_02_N3：394

☐豬，既（刏）於棻（麓）⑰☐C7_02_N3：150

☐虛，既（刏）二豭（豭），禱二冢☐C7_02_N3：278

北邶一豬⑱☐C7_02_O：346

☐部父一豬，某一冢，⑲既（刏）一☐C7_02_N3：337 + C7_02_N3：333

下蓄一☐C7_02_N3：410

☐某一〔豭（豭）〕☐C7_02_Y3：58

【匯釋】

①菵泉：**地名。**

栗溹：**“溹”同“溪”。溪流名。**

②篙生、疋虡：**“虡”同“虩”。地名。**

③郢：**通“阪”。地名。**《説文・阜部》：“坡者曰阪。一曰澤障也。一曰山脅也。”

④上蓄：**地名。**徐在國（2003F）：“蓄”疑通“汾”，楚國地名。《左傳》襄公

十八年“子庚帥師治兵於汾”，杜預注：“襄城縣東北有汾丘城。”簡文“上汾”“下汾”衹是相對於汾地而言。

⑤𦲷：**地名。**

𣏌丘：**“𣏌”通“桑”。桑丘：地名。**

桐寨：**“寨”同“集”。桐集：地名。**

⑥南郙：**地名。**

⑦𡐼城：**地名。**宋華強（2010：452）：“𡐼”疑爲“坳”字異體。

⑧上郊：**地名。**宋華強（2010：364）：“郊”當爲地名“夕”的專字，楚簡地名用字常加“邑”旁。可能就是《左傳》莊公十九年“鬻拳葬諸夕室”之“夕室”，杜預注：“夕室，地名。”

⑨杋：**地名。**

⑩下郊：**地名。**

⑪𦻊：**地名。**宋華強（2010：451）認爲此字是“藏”字異體，或是“咸”字誤寫。

舊虛、幣父：**地名。**

⑫亡夜：**地名。**宋華強（2010：459）：疑讀爲“無與”，“亡夜”“無與”同爲一地。就像“期思”在楚文字中既可以寫作“郪思”，也可以寫作“𨛭思”。

隋：**地名。**宋華強（2010：450）釋爲“隋”。

⑬蔏丘：**地名。**

經寺：**地名。**

⑭惻𨻰：**“𨻰”同“陽”。惻陽：地名。**

⑮竺澫溪：**“澫”同“瀆”，溪水名。竺瀆溪：地名。**

𦊅丘、某丘：**“𦊅”同“荆”。地名。**

⑯竆鵤、解溪：**地名。**

⑰禁：**同“麓”，山腳下。**

⑱北郙：**地名。**

⑲郜父：**地名。**

某：**地名。**宋華強（2010：453）認爲“某”可能是一種祭祀用牲動詞，疑讀爲“疈”。《周禮·春官·大宗伯》：“以疈辜祭四方百物。”鄭玄注：“疈，牲胷也。”疈而磔之。

宋華強（2010：41）拼合簡甲三337與簡甲三333。

【今譯】

莆泉一頭豕牲，在栗溪殺一頭公豬，用一頭豕牲祭禱……C7_02_N3：355

筥生一頭豕牲，在疋虢殺……C7_02_N3：374、385

阪一頭豕牲，殺……C7_02_N3：386

……豕牲，在上菩殺一頭公豬，祭禱……C7_02_N3：411、415

……蒞一頭豬牲，在桑丘、桐集兩地殺兩頭公豬……C7_02_N3：325－1

南郷一頭豬牲，在……殺……C7_02_N3：393

墋城一頭豬牲，在……殺……C7_02_N3：392

上郊用豬牲，在杋地殺一頭公豬……C7_02_N3：409

……下郊用豬牲……C7_02_N3：413

箴一頭豬牲，在舊虚、幣父殺兩頭公豬……C7_02_N3：350

亡夜一頭豬牲，在𨹧地殺一頭公豬，用一頭豕牲祭禱……C7_02_N3：313

莆丘一頭豬牲，（在）經寺殺一頭公豬，用一頭豕牲祭禱……C7_02_N3：390

惻陽一頭豬牲，在竺瀆溪殺一頭豬牲，在荆丘、某丘兩地殺兩……C7_02_N3：377、C7_02_N3：403

……一頭豬牲，在竆鴅、解溪殺兩頭公豬，三……C7_02_N3：404

……一頭豬牲……C7_02_N3：394

……豬牲，在麓殺……C7_02_N3：150

……虚，殺兩頭公豬，用兩頭豕牲祭禱……C7_02_N3：278

北郷一頭豬牲……C7_02_O：346

……郜父一頭豬牲，某一頭豕牲，殺一……C7_02_N3：337＋C7_02_N3：333

下萏一……C7_02_N3：410

……某一頭（公豬）……C7_02_Y3：58

【釋文】

▨濁溪[1]▨C7_02_O：382

▨既（刉）於逾盬（醢）一秙（豭）[2]▨C7_02_N3：373＋C7_02_N3：345－2

▨□素自中，既（刉）三▨C7_02_O：345

▨湑，[3]既（刉）二秙（豭），禱▨C7_02_Y4：146

▨既（刉）於競方一秙（豭），[4]禱▨C7_02_N3：336

▨於倉墬（陽）一秙（豭），[5]禱一冢▨C7_02_N3：331

▨既（刉）於江一秙（豭），[6]禱一冢▨C7_02_N3：180

▨既（刉）羅丘霊[7]▨C7_02_Y2：14

▨拳，既（刉）於無▨C7_02_Y3：37

▨既（刉）一秙（豭）▨C7_02_Y3：59

▨於茜丘一秙（豭），[8]禱▨C7_02_N3：418

▨既（刉）於桑（桑）丘、無典[9]▨C7_02_N3：383＋C7_02_N3：357、359

▨冢，既（刉）於▨C7_02_N3：382

▨既（刉）於▨C7_02_N3：279

▨既（刉）▨C7_02_N2：11

▨既（刉）▨C7_02_O：399

▨既（刉）安一秙（豭），禱一冢▨C7_02_N3：332

☑夜一秙（豭），禱一豖☑C7_02_N2：346－1
☑□一秙（豭），禱一豖☑C7_02_O：349
☑城一秙（豭），禱一豖☑C7_02_N3：281
☑犬一秙（豭），禱一豖。☑C7_02_N3：328
☑一秙（豭），禱一豖☑C7_02_N3：326－2
☑一秙（豭），禱一豖☑C7_02_N3：249
☑禱一豖☑C7_02_Y3：55
☑禱一豖☑C7_02_N3：371
☑禱一豖☑C7_02_O：273
☑禱一豖☑C7_02_O：316
☑禱一豖☑C7_02_Y3：64
☑丘一豖，䣐（钊）☑C7_02_O：362
☑□一豖☑C7_02_O：528
☑□一秙（豭）☑C7_02_O：299
☑丘二秙（豭），禱二豖☑C7_02_O：263＋C7_02_Y4：138
☑紮、聖二秙（豭），[10]禱二豖☑C7_02_N3：327－2
☑虛二秙（豭），禱二☑C7_02_Y3：56
☑秙（豭），禱二豖。砫☑C7_02_Y3：52
☑二秙（豭），禱二☑C7_02_N3：358
☑二豖☑C7_02_O：655
☑丞丘三秙（豭），[11]禱☑C7_02_N3：408
☑四秙（豭），禱四豖☑C7_02_O：310
☑禱二豖。砫☑C7_02_O：218
☑豖。砫。☑C7_02_Y4：142
☑豖。砫。☑C7_02_Y4：135
☑砫☑C7_02_O：682
☑豖。砫。☑C7_02_O：239－1
☑豖。砫。☑C7_02_O：510
☑豖。☑C7_02_N3：78
☑豖。☑C7_02_N3：82
☑豖☑C7_02_N3：85
☑豖。☑C7_02_N3：399
☑豖。☑C7_02_N3：417
☑一豖☑C7_02_N3：407
☑禱一豖。☑C7_02_Y3：57
☑一豖。☑C7_02_O：719
☑豖。□☑C7_02_N3：252

☐家。☐C7_02_O：56
☐一冢。☐C7_02_Y2：15
☐冢☐C7_02_Y4：153

【匯釋】

①濁溪：**地名。**

②逾盬：**"盬"通"醯"。逾醯：地名。**

③浀：**地名。**

④競方：**地名。**

⑤倉陽：**"陽"同"陽"。倉陽：地名。**

⑥江：**有兩説：一、地名。**宋華強（2010：459）：應該是平夜君成封域内的地名，《漢書·翟方進傳》："汝南舊有鴻隙大陂，郡以爲饒。""鴻隙陂"又稱"鴻池陂"，在今河南汝南縣與新蔡縣之間。"鴻"從"江"聲，簡文"江"疑讀爲"鴻"，與"鴻隙陂"有關。**二、長江。**賈連敏（2005）認爲或指長江。

⑦羅丘：**地名。**

⑧菁丘：**地名。**

⑨無與：**地名。**簡甲三313有"亡夜"，"夜""與"古音相近（與、輿同聲部，地名"平輿"在楚文字中寫作"坪夜"，可以參照），所以，"亡夜""無與"疑是一地。

⑩縈、聖：**地名。**兩字下各有一短横，沈培（2006）：專有名詞提示性符號。

⑪桑丘：**地名。**

【今譯】

……濁溪……C7_02_O：382
……在逾醯殺一頭公豬……C7_02_N3：373＋C7_02_N3：345－2
……素自中，殺三……C7_02_O：345
……浀，殺兩頭公豬，祭禱……C7_02_Y4：146
……在競方殺一頭公豬，祭禱……C7_02_N3：336
……在倉陽殺一頭公豬，用一頭豕牲祭禱……C7_02_N3：331
……在江殺一頭公豬，用一頭豕牲祭禱……C7_02_N3：180
……在羅丘霝殺……C7_02_Y2：14
……豬牲，在無殺……C7_02_Y3：37
……殺一頭公豬……C7_02_Y3：59
……在菁丘一頭公豬，祭禱……C7_02_N3：418
……在桑丘、無與殺……C7_02_N3：383＋C7_02_N3：357、359
……豕牲，在……殺……C7_02_N3：382
……在……殺……C7_02_N3：279

……殺……C7_02_N2：11
……殺……C7_02_O：399
……安殺一頭公豬，用一頭豕牲祭禱……C7_02_N3：332
……夜地一頭公豬，用一頭豕牲祭禱……C7_02_N2：346－1
……一頭公豬，用一頭豕牲祭禱……C7_02_O：349
……城地一頭公豬，用一頭豕牲祭禱……C7_02_N3：281
……犬地一頭公豬，用一頭豕牲祭禱……C7_02_N3：328
……一頭公豬，用一頭豕牲祭禱……C7_02_N3：326－2
……一頭公豬，用一頭豕牲祭禱……C7_02_N3：249
……用一頭豕牲祭禱……C7_02_Y3：55
……用一頭豕牲祭禱……C7_02_N3：371
……用一頭豕牲祭禱……C7_02_O：273
……用一頭豕牲祭禱……C7_02_O：316
……用一頭豕牲祭禱……C7_02_Y3：64
……丘一頭豕牲，殺……C7_02_O：362
……一頭豕牲……C7_02_O：528
……一頭公豬……C7_02_O：299
……丘兩頭公豬，用兩頭豕牲祭禱……C7_02_O：263＋C7_02_Y4：138
……縈、聖兩地兩頭公豬，用兩頭豕牲祭禱……C7_02_N3：327－2
……虛兩頭公豬，祭禱兩頭……C7_02_Y3：56
……公豬，用兩頭豕牲祭禱。砫……C7_02_Y3：52
……兩頭公豬，祭禱兩頭……C7_02_N3：358
……兩頭豕牲……C7_02_O：655
……𢀖丘三頭公豬，祭禱……C7_02_N3：408
……四頭公豬，用四頭豕牲祭禱……C7_02_O：310
……用兩頭豕牲祭禱。砫……C7_02_O：218
……豕牲。砫。……C7_02_Y4：142
……豕牲。砫。……C7_02_Y4：135
……砫……C7_02_O：682
……豕牲。砫。……C7_02_O：239－1
……豕牲。砫。……C7_02_O：510
……豕牲。……C7_02_N3：78
……豕牲。……C7_02_N3：82
……豕牲……C7_02_N3：85
……豕牲。……C7_02_N3：399
……豕牲。……C7_02_N3：417
……一頭豕牲……C7_02_N3：407

……用一頭豕牲祭禱……C7_02_Y3：57
……一頭豕牲。……C7_02_O：719
……豕牲。……C7_02_N3：252
……豕牲。……C7_02_O：56
……一頭豕牲。……C7_02_Y2：15
……豕牲……C7_02_Y4：153

【釋文】

㮚一禝（稷）一牛，①五袿（社）一豬、四冢。亓（其）國（域）之寢（鄉）伔廌（?）苎②☑C7_02_N3：335＋C7_02_N3：251

郘一禝（稷）一牛，③三袿（社）☑C7_02_Y4：90

☑□一禝（稷）一牛☑C7_02_N3：341

☑斗句逾三豬（豭），④禱三冢。未內（納）⑤☑C7_02_Y4：137＋C7_02_N3：360

城再㠯（以）豢，⑥亓（其）寢（鄉）☑C7_02_N3：264

☑亓（其）寢（鄉）之☑C7_02_O：464

☑豬，寢（鄉）☑C7_02_O：393

☑寢（鄉）☑C7_02_O：514

☑□寢（鄉）☑C7_02_O：638

☑寢（鄉）☑C7_02_O：386

☑里二豬、三冢。亓（其）國（域）𢀖三袿（社），上☑C7_02_N3：285

☑□虛，聿（盡）割㠯（以）九豬（豭），⑦禱㠯（以）九犉，⑧䣝（剉）㠯（以）二豬（豭）☑C7_02_N3：282＋C7_02_O：333

☑之里害（割）一豬（豭）⑨☑C7_02_N3：228

☑豬（豭）☑C7_02_O：441

【匯釋】

①㮚：**地名。**

②亓：**同“其”，指代前面的地名。**

寢：**通“鄉”。**賈連敏（2005）認爲與包山簡的“敔”相當，兩者皆轄於“域”，應是同一層次的組織。宋華強（2010：340）從賈氏之說，但認爲“寢”“敔”可以讀爲“鄉”，是介於國、邑之間的一種地域概念。邴尚白（2007：233）認爲在沒有文獻例證的情況下將“寢”與“敔”相通是貿然的做法，不甚恰當。

③郘：**地名。**

④斗句：**地名。**宋華強（2010：462－463）：疑似地名。整理者（2003：209）讀爲“裸”。

逾：疑爲用牲動詞。宋華強（2010：427）：當同“䣝”，割義。

⑤未內：**“內”通“納”，未納。**賈連敏（2004）認爲“納”是進獻的意思，“未

納”是指該進獻的物品沒有進獻。新蔡簡的“未入”之物可能是禱社的文書。

⑥再：**第二次**。宋華強（2010：335）認爲與“城”連讀，“城塞”和邑、丘同爲地域通名。“城塞以豢”大概是以城塞爲單位出一豢進行祭禱。

⑦𦘔：**同“盡”，全部**。

割：**割犧牲血祭**。

𠮷：**同“以”，介詞“把”**。

⑧𠮷：**同“以”，介詞“用”**。

犉：**牛牲**。《說文》：“犉，黃牛黑脣也。”

⑨害：**當爲“割”**。賈連敏（2004A：99）：讀爲“割”，割與刉意同，有割義，皆謂刺割犧牲血祭。

宋華強（2010：454）拼合簡甲三 28 與簡零 333。

【今譯】

𠫑地的一處稷用一頭牛牲祭禱，五處社用一頭豬牲、四頭豕牲祭禱。𠫑地所屬的鄉里倁麀……C7_02_N3：335 + C7_02_N3：251

郘地的一處稷用一頭牛祭禱，三處社……C7_02_Y4：90

……一處稷一頭牛……C7_02_N3：341

……斗句超過三頭公豬，用三頭豕牲祭禱。沒有納入……C7_02_Y4：137 + C7_02_N3：360

城第二次用豬牲，它的鄉里……C7_02_N3：264

……他所屬的鄉里的……C7_02_O：464

……豬牲，鄉里……C7_02_O：393

……鄉里……C7_02_O：514

……鄉里……C7_02_O：638

……鄉里……C7_02_O：386

……里兩頭豬牲、二頭豕牲。他所屬的鄉里的三處社，上……C7_02_N3：285

……虛，把九頭公豬全部殺了血祭，用九頭牛牲祭禱，把兩頭公豬殺了血祭……C7_02_N3：282 + C7_02_O：333

……里殺一頭公豬血祭……C7_02_N3：228

……公豬……C7_02_O：441

三、未歸類簡

⍁王元年[1]⍁C7_03_O：250

⍁之戢（歲）⍁C7_03_O：384

⍁此至⍁C7_03_O：143

⍁㠯（以）⍁C7_03_O：404

⍁寺郜□⍁C7_03_O：356

⍁〔犠〕馬⍁C7_03_O：366

⍁赤鄒[2]⍁C7_03_O：364

⍁□戢（歲）⍁C7_03_O：479

⍁大藾㠯（以）[3]⍁C7_03_O：461

⍁厭⍁C7_03_O：471

⍁□卩㠯（以）⍁C7_03_O：473

⍁□此□⍁C7_03_O：166

⍁返⍁C7_03_O：259

⍁敢氵□⍁C7_03_O：363

⍁逨（來）[4]⍁C7_03_O：489

⍁豬⍁C7_03_O：491

⍁□又（有）□⍁C7_03_O：692

⍁□又□□⍁C7_03_N3：389

⍁唇（辰）之日⍁C7_03_O：258

寺怡（怡）⍁C7_03_O：353

⍁之時㠯（以）[5]⍁C7_03_O：417

⍁喜⍁C7_03_O：642

⍁□⍁C7_03_O：631

又⍁C7_03_O：428

⍁四□⍁[6]C7_03_O：239－2

⍁四□⍁C7_03_O：627

⍁□子⍁C7_03_O：446

⍁斆斆⍁C7_03_O：377

⍁㠯（以）⍁C7 03_O：494

⍁□□⍁C7_03_N2：1

⍁之C7_03_N1：18
⍁之⍁C7_03_N2：3
⍁一⍁C7_03_N2：4
⍁□□□□□□□□⍁C7_03_N3：125
⍁陵⍁C7_03_N3：106
⍁□□悉□□□□⍁C7_03_N3：28
⍁時⍁C7_03_N3：196
⍁栾之月⍁C7_03_O：36
⍁之月壬⍁C7_03_O：347－2
⍁□頣（夏）⍁C7_03_O：132
⍁之月晋（丙）⍁C7_03_O：418
⍁㓝（荆）⍁C7_03_O：18
⍁之日⍁C7_03_O：104
⍁之⍁C7_03_O：367
⍁□选C7_03_O：337
⍁䖸（蛾）一⍁C7_03_O：435
⍁𣥺（來）[7]⍁C7_03_O：425
⍁更⍁C7_03_O：390
⍁西□⍁C7_03_O：411
⍁□於⍁C7_03_O：424
⍁亓（其）舊⍁C7_03_O：462
⍁既⍁C7_03_Y4：11
⍁六⍁C7_03_Y4：131
⍁壬晨（辰）⍁C7_03_O：50
⍁□既⍁C7_03_O：134
⍁□之日⍁[8]C7_03_O：625
⍁蒂⍁C7_03_O：381
⍁朱⍁C7_03_O：422
⍁吉⍁C7_03_O：451
⍁辛⍁C7_03_O：548
⍁㠯（以）⍁C7_03_O：555
⍁□□與⍁C7_03_O：557
⍁一⍁C7_03_O：558
⍁爿□⍁C7_03_O：563
⍁爿□⍁C7_03_O：564
⍁爿□⍁C7_03_O：565
⍁馬□⍁C7_03_O：501

⍁□□君⍁C7_03_O：502

⍁冢⍁C7_03_O：509

⍁一⍁C7_03_O：573

⍁癸⍁C7_03_O：575

⍁巳⍁C7_03_O：577

⍁司⍁C7_03_O：579

⍁與⍁C7_03_O：582

⍁一冢⍁C7_03_O：588

⍁與□⍁C7_03_O：589

⍁之日⍁C7_03_O：590

⍁牛□⍁C7_03_O：595

⍁天□弭⍁C7_03_O：599

⍁食⍁C7_03_O：601

⍁宗、霝（靈）⍁C7_03_O：602

⍁之⍁C7_03_O：603

⍁冢⍁C7_03_O：608、613

⍁嘉（？）⍁[9]C7_03_O：614

⍁□阝⍁C7_03_O：619

⍁君⍁C7_03_O：632

⍁□是⍁C7_03_O：635

⍁樂⍁C7_03_O：641

⍁□曰⍁C7_03_O：645

⍁豕□⍁C7_03_O：650

⍁□又⍁C7_03_O：657

⍁頙（夏）⍁C7_03_O：663

⍁□疾C7_03_O：665

⍁祭王⍁C7_03_O：666

⍁城⍁C7_03_O：668

⍁豬⍁C7_03_O：674

⍁王文⍁C7_03_O：676

⍁自□⍁C7_03_O：679

⍁之㠯（以）⍁C7_03_O：698

君□⍁C7_03_O：707

⍁㠯（以）君⍁C7_03_O：708

⍁礻□⍁C7_03_O：713

⍁之月□睘（？）⍁C7_03_O：717

⍁㠯（以）⍁C7_03_O：723

⧄□阝⧄C7_03_O：731
⧄目（以）⧄C7_03_O：733
⧄之戠（歲）⧄C7_03_O：735
⧄目（以）⧄C7_03_O：738
□兄□⧄C7_03_O：742
⧄豢⧄C7_03_O：744
⧄□□□□⧄C7_03_Y2：28
⧄□□⧄C7_03_Y2：29
⧄□□□□□⧄C7_03_Y2：33
⧄□□□□⧄C7_03_Y2：47
⧄□□□⧄C7_03_O：33
⧄□□□⧄C7_03_O：34
⧄□□⧄C7_03_O：46
⧄□又⧄C7_03_O：74
⧄□□□□□□⧄C7_03_O：82
⧄□□⧄C7_03_O：149
⧄□⧄C7_03_O：153
⧄□[10]⧄C7_03_O：155
□⧄C7_03_O：405
□□⧄C7_03_O：443
□□⧄C7_03_O：457
⧄□□⧄C7_03_O：488
⧄□⧄C7_03_O：478
⧄□⧄C7_03_O：541
⧄□□□⧄C7_03_O：547
⧄□⧄C7_03_O：549
⧄□□□⧄C7_03_O：550
⧄□□□□⧄C7_03_O：523
⧄□□⧄C7_03_O：562
⧄□□⧄C7_03_O：566
⧄□□⧄C7_03_O：567
⧄□□⧄C7_03_O：500
⧄□□□⧄C7_03_O：574
⧄□□⧄C7_03_O：576
⧄□□□⧄C7_03_O：578
⧄□⧄C7_03_O：581
⧄□⧄C7_03_O：585

⧄□⧄C7_03_O：591

⧄□□⧄C7_03_O：594

⧄□⧄C7_03_O：600

⧄□⧄C7_03_O：604

⧄□⧄C7_03_O：605

⧄□⧄C7_03_O：606

⧄□□⧄C7_03_O：607

⧄□□⧄C7_03_O：610

⧄□⧄C7_03_O：611

⧄□⧄C7_03_O：615

⧄□□⧄C7_03_O：616

⧄□⧄C7_03_O：620

⧄□⧄C7_03_O：621

⧄□⧄C7_03_O：622

⧄□⧄C7_03_O：623

⧄□□⧄C7_03_O：636

⧄□⧄C7_03_O：637

⧄□□⧄C7_03_O：644

⧄□□□□C7_03_O：646

⧄□□□⧄C7_03_O：647

⧄一□⧄C7_03_O：648

⧄□□⧄C7_03_O：649

□⧄C7_03_O：653

□⧄C7_03_O：654

⧄□⧄C7_03_O：656

⧄□□□⧄C7_03_O：658

□□□□⧄C7_03_O：659

⧄□⧄C7_03_O：667

⧄□□⧄C7_03_O：669

⧄□⧄C7_03_O：671

⧄□□⧄C7_03_O：672

⧄□□□⧄C7_03_O：673

⧄□□⧄C7_03_O：675

⧄□□⧄C7_03_O：680

⧄□⧄C7_03_O：683

⧄□⧄C7_03_O：684

⧄□⧄C7_03_O：688

⍁□□□⍁C7_03_O：694

⍁□□□⍁C7_03_O：695

⍁□⍁C7_03_O：697

⍁□□⍁C7_03_O：699

⍁□□⍁C7_03_O：701

⍁□⍁C7_03_O：702

⍁□□⍁C7_03_O：703

⍁□□□⍁C7_03_O：705

⍁□⍁C7_03_O：706

⍁□□⍁C7_03_O：709

⍁□□⍁C7_03_O：710

⍁□□□⍁C7_03_O：711

⍁□□⍁C7_03_O：712

⍁□⍁C7_03_O：714

⍁□⍁C7_03_O：715

⍁□□⍁C7_03_O：716

⍁□□□⍁C7_03_O：721

⍁□⍁C7_03_O：722

⍁□⍁C7_03_O：724

⍁□□⍁C7_03_O：725

⍁□⍁C7_03_O：726

⍁□□⍁C7_03_O：728

⍁□□⍁C7_03_O：729

⍁□□⍁C7_03_O：732

⍁□□⍁C7_03_O：736

⍁□□□⍁C7_03_O：737

⍁□□⍁C7_03_O：739

⍁□⍁C7_03_O：740

⍁□□⍁C7_03_O：743

□□□⍁C7_03_O：745

【匯釋】

①王元年：**有兩說：一、楚王紀年。**邴尚白（2009：128）認爲這可能是以楚王在位年次紀年，這在楚國古文字資料中很罕見，葛陵楚簡的這支簡是楚簡中的首例。**二、元龜。**宋華強（2010：466）釋“年”爲“龜”。

②赤鄗：**地名。**

③大蕕：**地名。**

④逨：**同“來”**。宋華強（2010：466）釋“逑”。
⑤之時：宋華強（2010：467）釋爲“之所”。
⑥ 宋華強（2010：32）指出此簡與簡零627號重出。
⑦𡍮：宋華強（2010：23）釋“老”。
⑧宋華強（2010：23）指出重出。
⑨嘉（?）：整理得釋爲“憙”。宋華強（2010：410）釋爲“嘉”。
⑩空字：何有祖（2007A）釋爲“㥁”。

摹 本

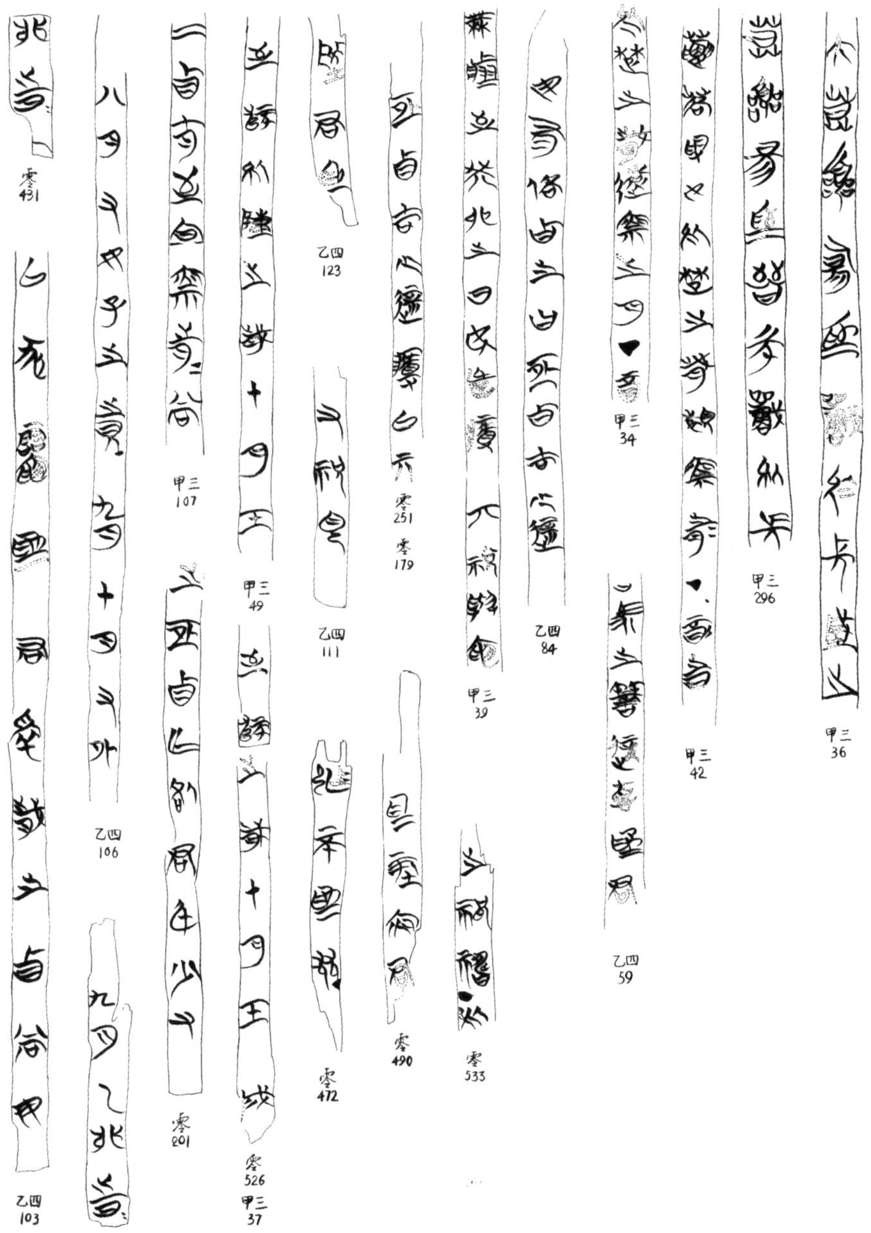

甲三 36　甲三 296　甲三 42　甲三 34　乙四 59　乙四 84　甲三 39　零 251　零 179　乙四 123　乙四 111　甲三 49　零 526　甲三 37　甲三 107　零 201　乙四 106　零 431　乙四 103　零 533　零 490　零 472

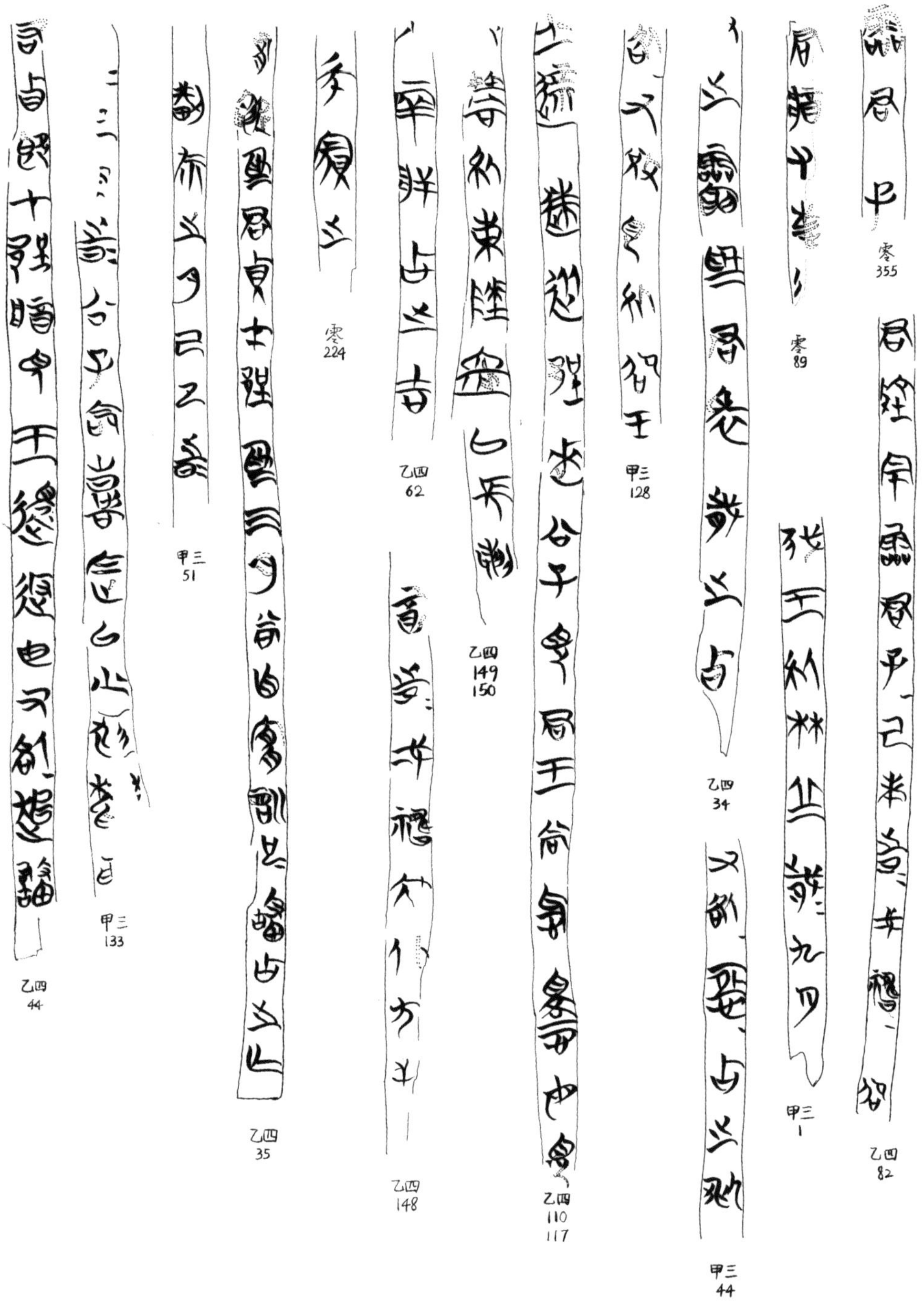
零355
乙四82
零89
甲三1
乙四34
甲三44
甲三128
乙四110 117
乙四149 150
乙四62
乙四148
零224
乙四35
甲三51
甲三133
乙四44

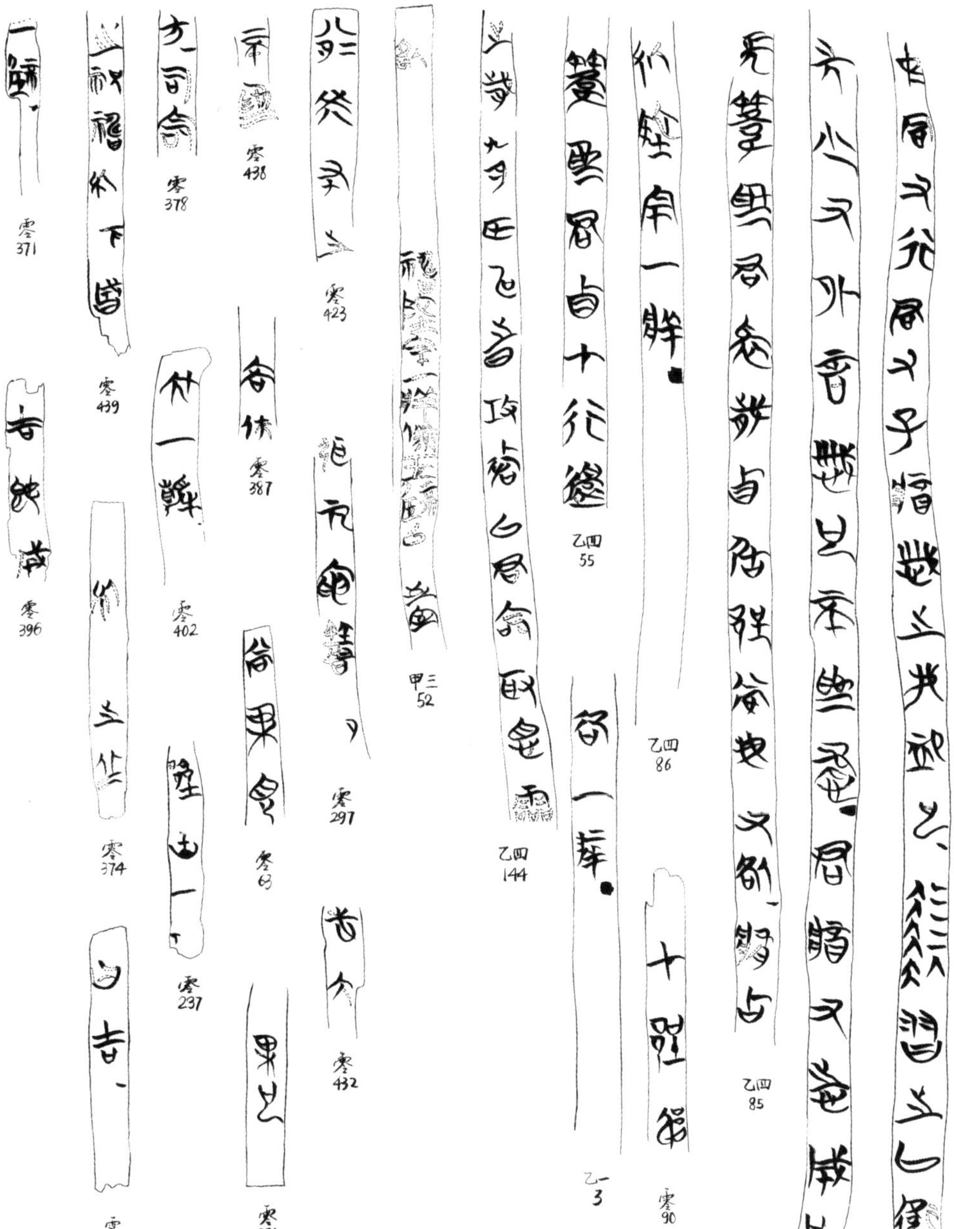

乙四95　甲三10　乙四85　零90　乙四86　乙一3　乙四55　乙四144　甲三52　零297　零423　零432　零63　零438　零387　零280　零378　零402　零237　零439　零374　零398　零371　零396

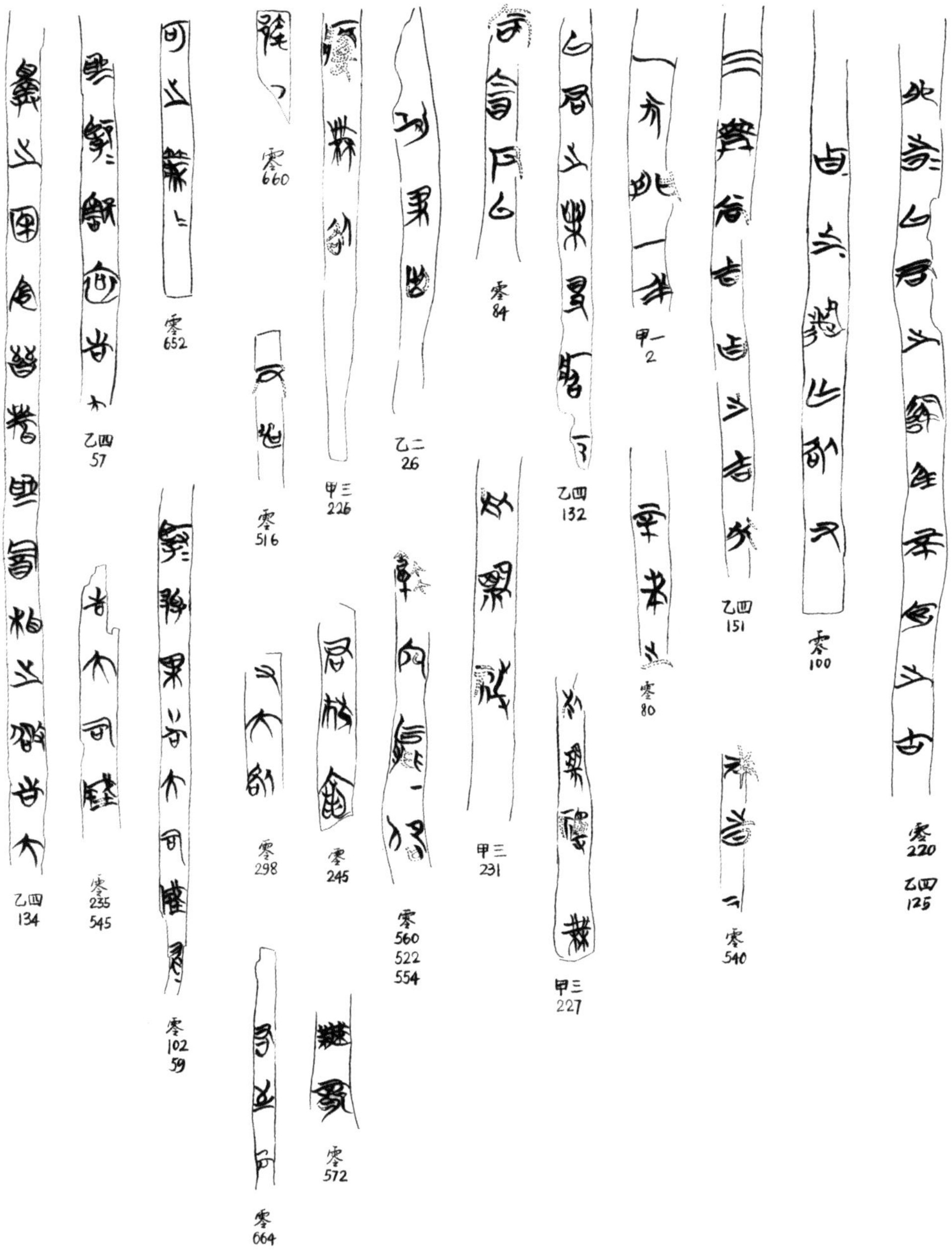
零220 乙四125
零100
乙四151
零540
甲一2
零80
乙四132
甲三227
零84
甲三231
乙二26
零560 522 554
甲三226
零245
零572
零660
零516
零298
零064
零652
零102 59
乙四57
零235 545
乙四134

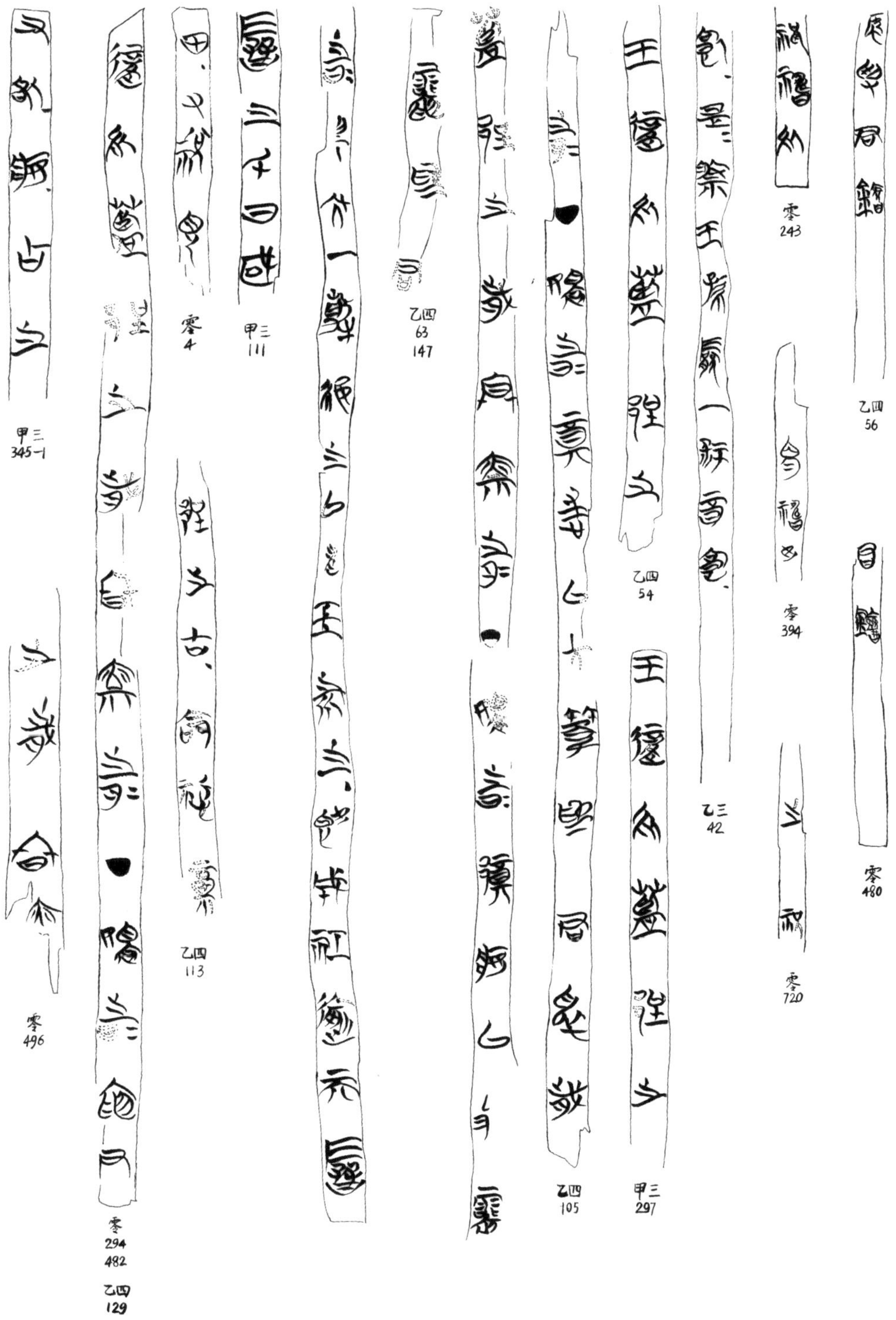
乙四 56
零 480
零 243
零 394
零 720
乙三 42
乙四 54
甲三 297
乙四 105
乙四 63 147
甲三 111
零 4
乙四 113
零 294 482 乙四 129
甲三 345-1
零 496

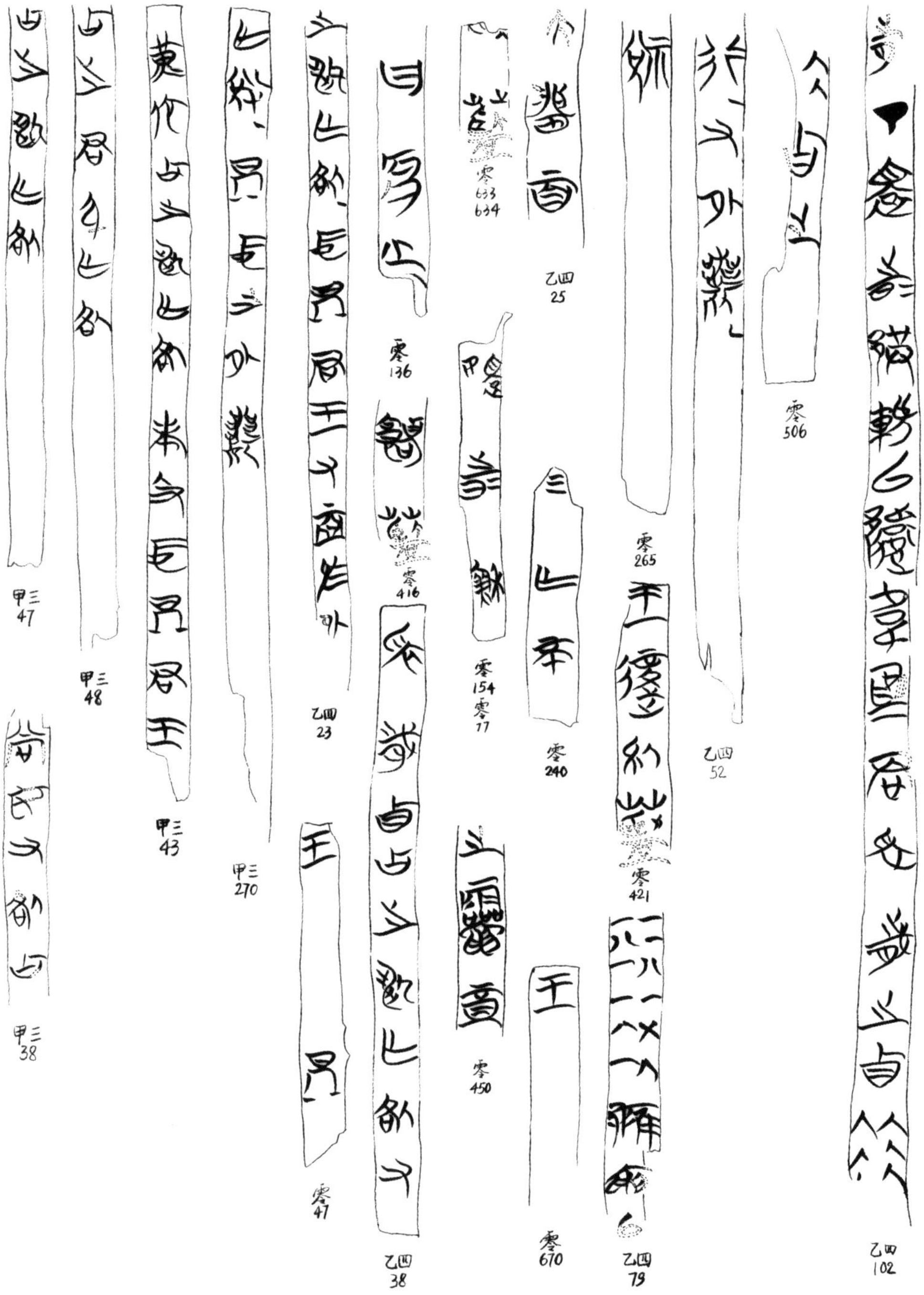
乙四102
零506
乙四52
零265
乙四79
零421
乙四25
零240
零670
零633 634
零154 零77
零450
零136
零416
乙四38
乙四23
零47
甲三270
甲三43
甲三48
甲三47
甲三38

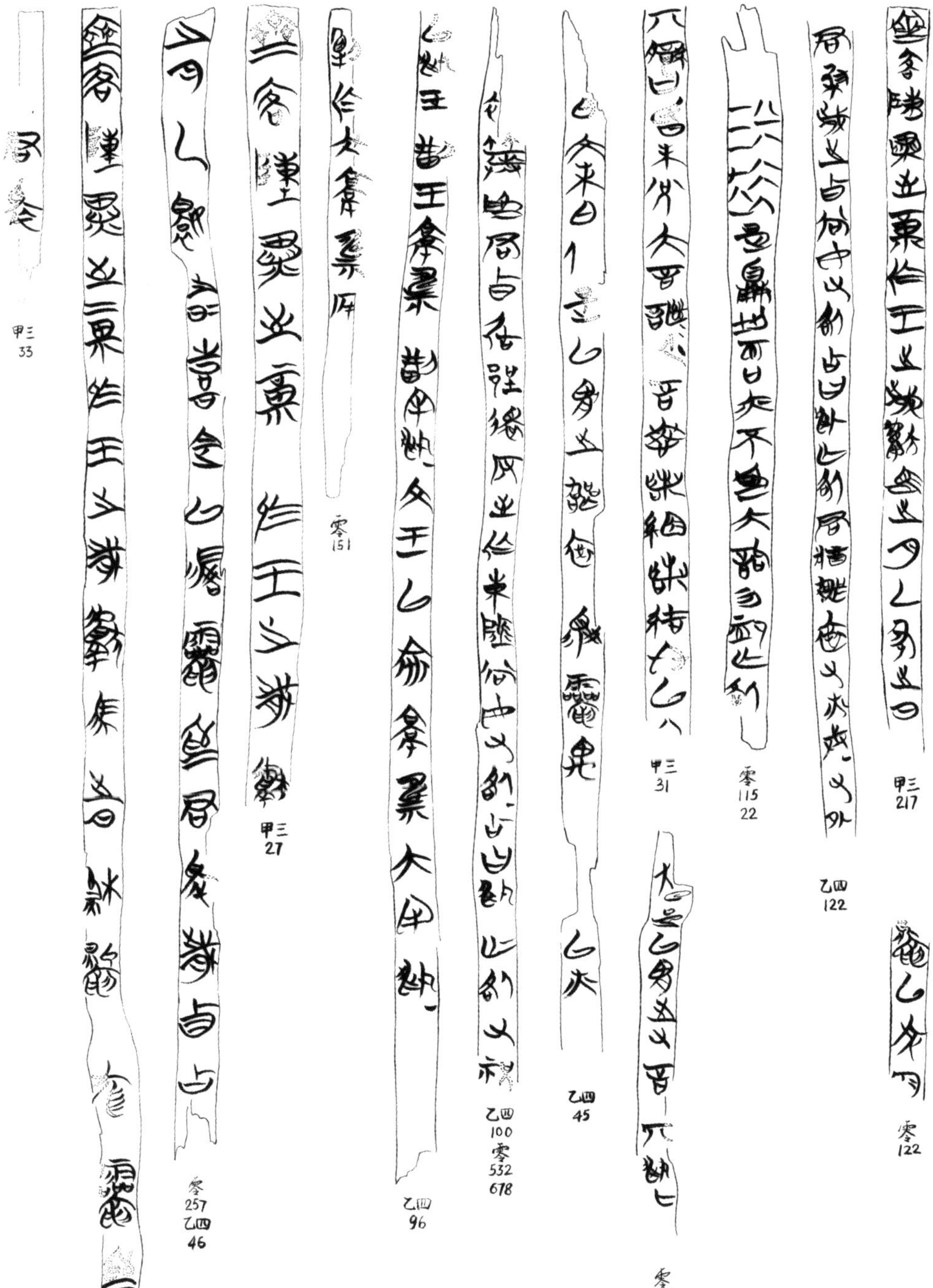

甲三 217

零 122

乙四 122

零 115、22

甲三 31

乙四 45

零 232

乙四 100 零 532、678

乙四 96

零 151

甲三 27

零 257 乙四 46

甲三 33

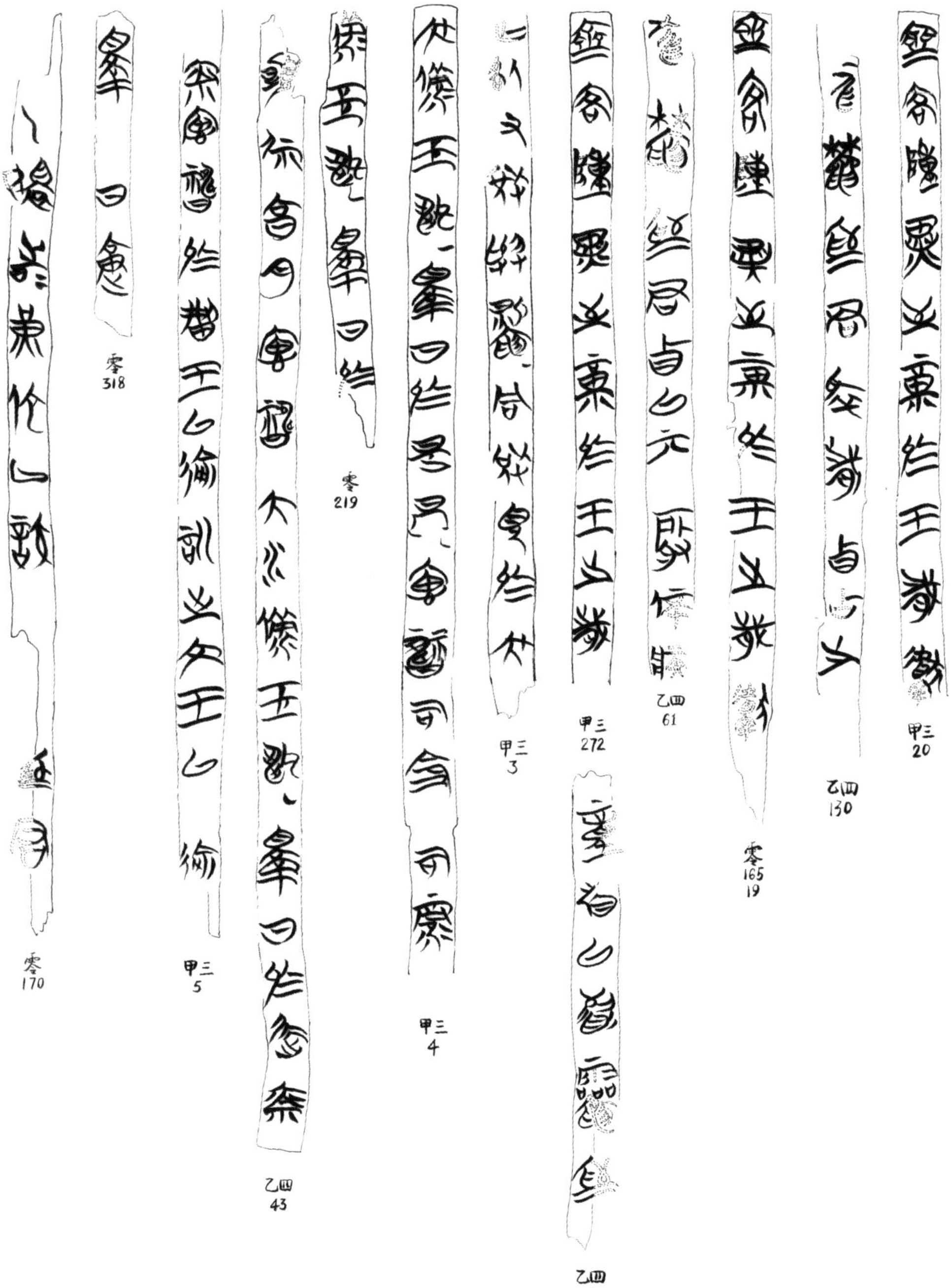

甲三 20

乙四 130

零 165 19

乙四 61

甲三 272

乙四 234

甲三 3

甲三 4

零 219

乙四 43

甲三 5

零 318

零 170

零204
零202
零214
甲三342-2
甲三32
甲三25
甲三283
乙四12
乙四136
零415
零568
零71 137
乙四133
零336 341
零211
甲三218
零145
零389
零128
零140
零57
零83
零409
零727
零467

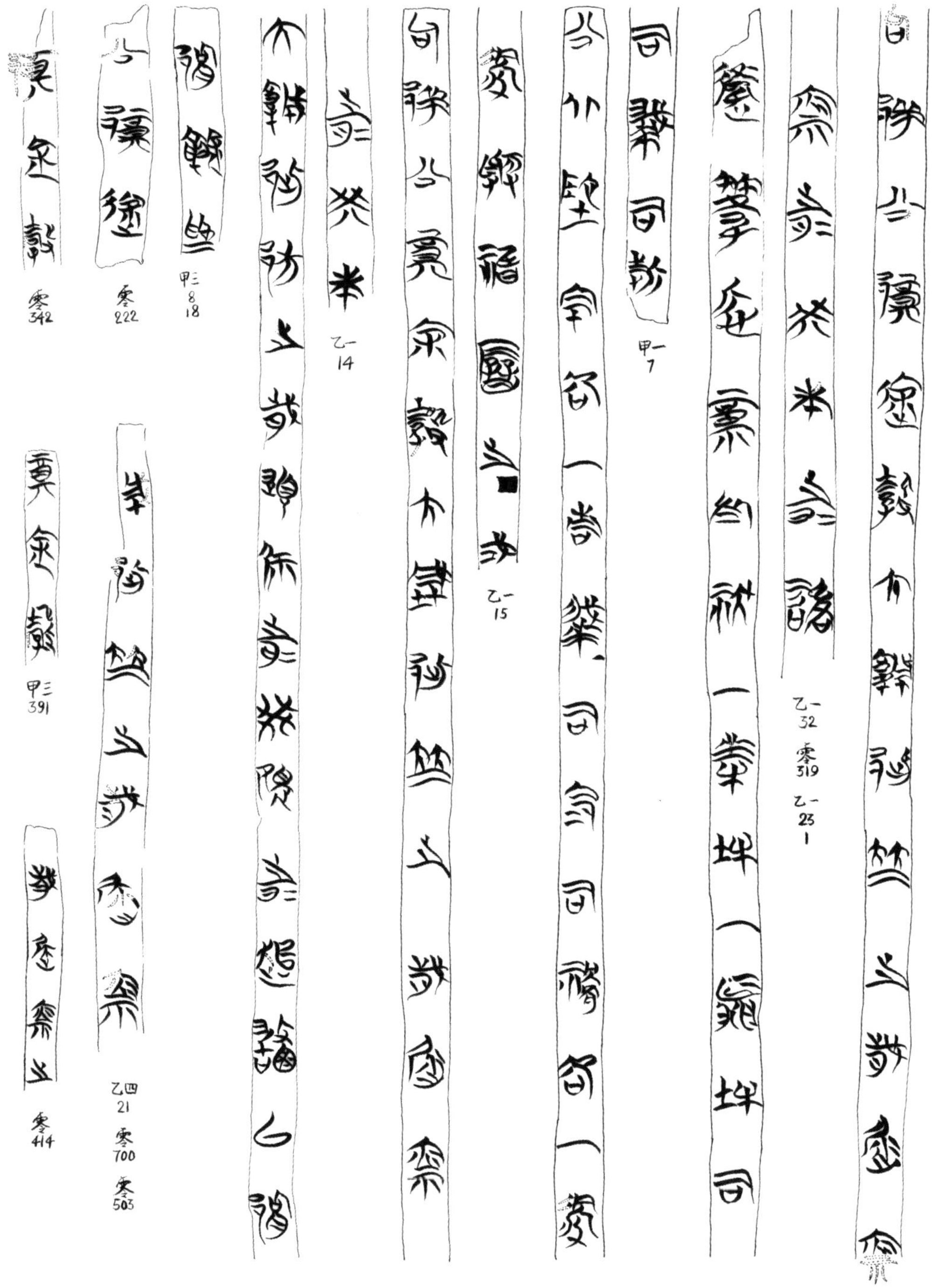
乙一32
零319
乙一23-1
甲一7
乙一15
乙一14
甲三8、18
零222
零342
甲三391
乙四21
零700
零503
零414

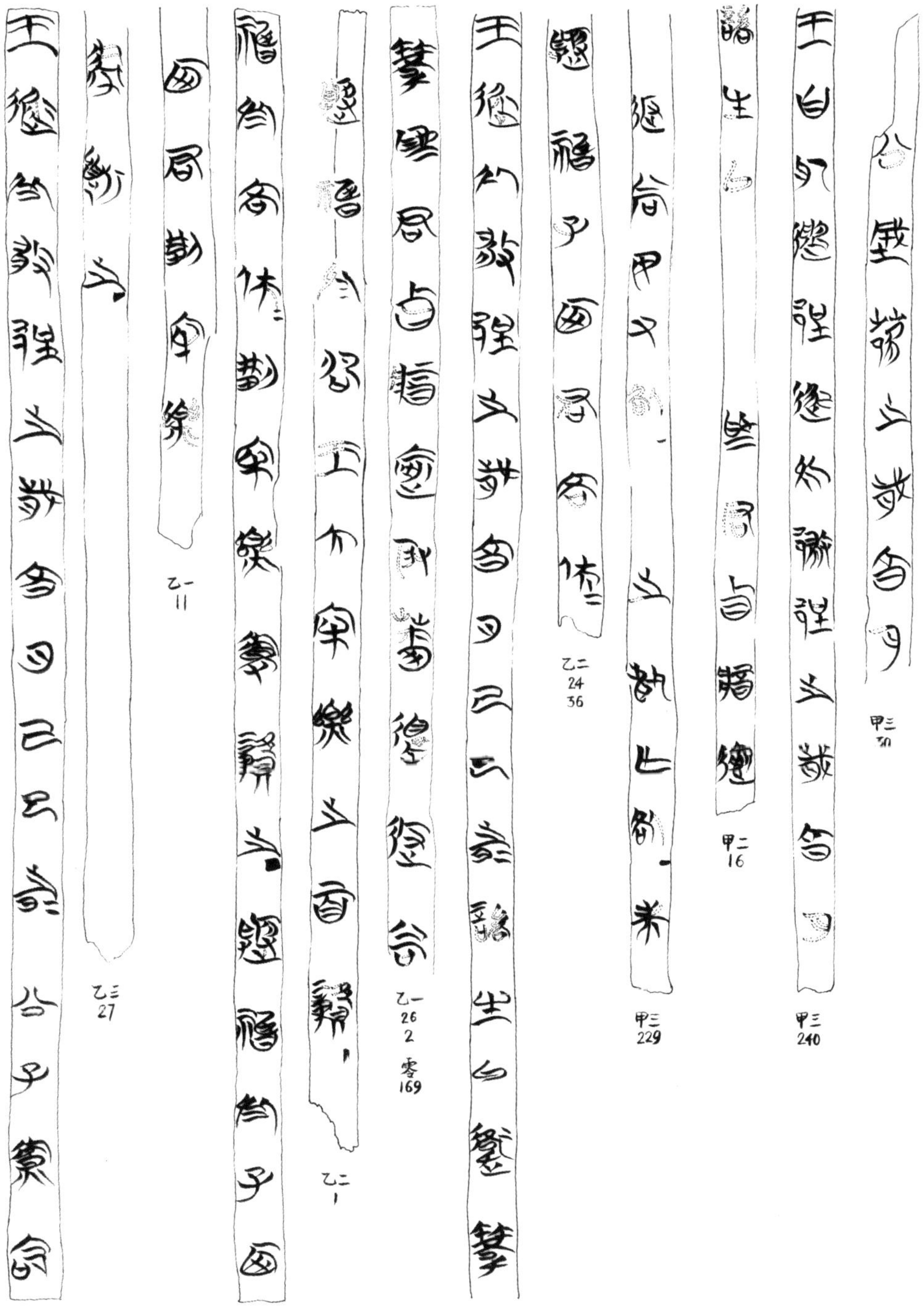
甲三50
甲三240
甲二16
甲三229
乙二24
36
乙一26
2
零169
乙二1
乙一11
乙三27

乙一16
甲一12
甲三143
乙三50
零271
零406
零192
零51
零146
零242
零693
零76
零302
零16
零64
零58
零216 乙三49 乙二21 乙二8
乙一5
零267 269
零124
甲一8

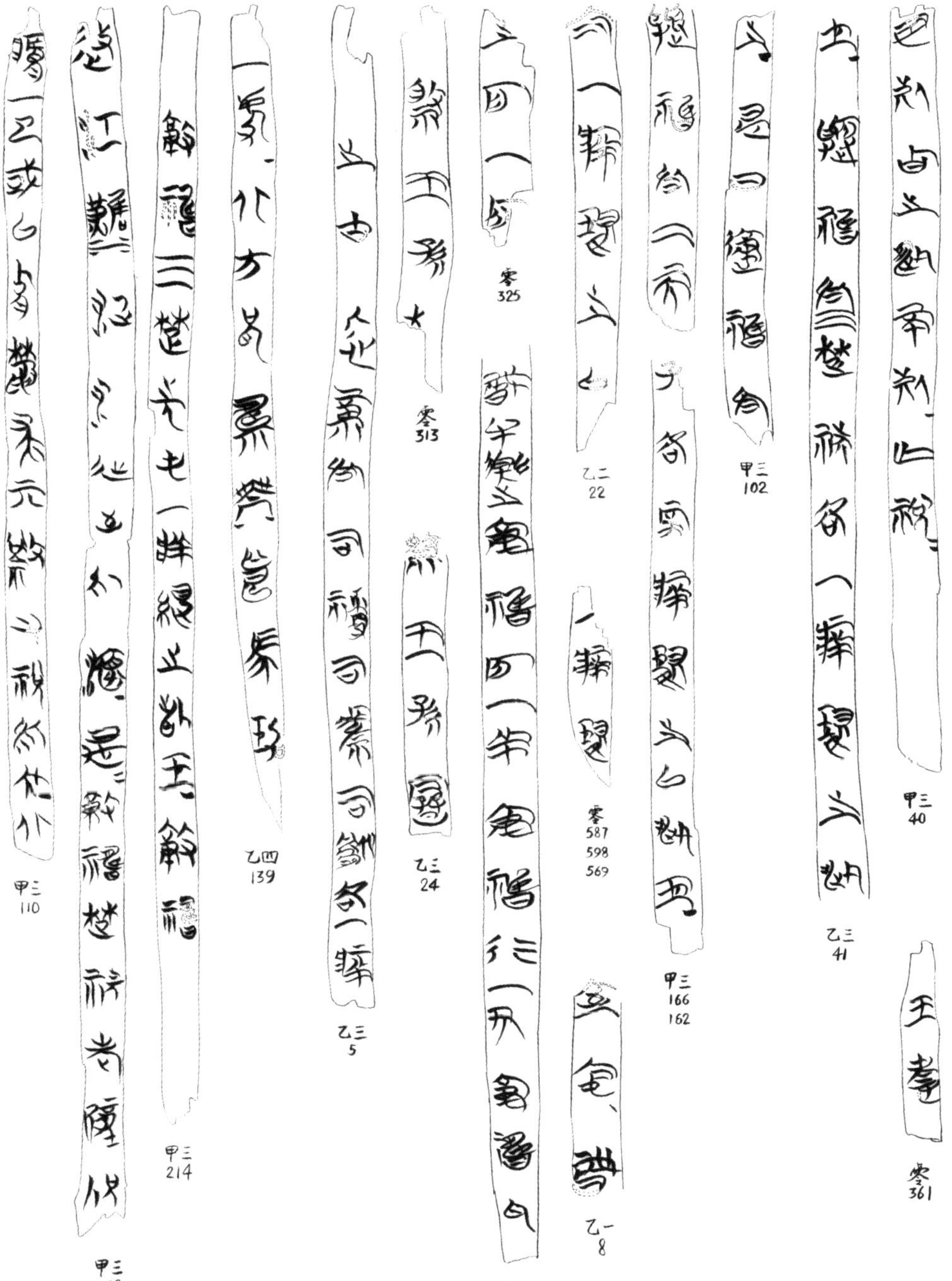

甲三 40

零 361

乙三 41

甲三 102

甲三 166 162

乙二 22

零 587 598 569

乙一 8

零 325

甲三 56

零 313

乙三 24

乙三 5

乙四 139

甲三 214

甲三 268

甲三 110

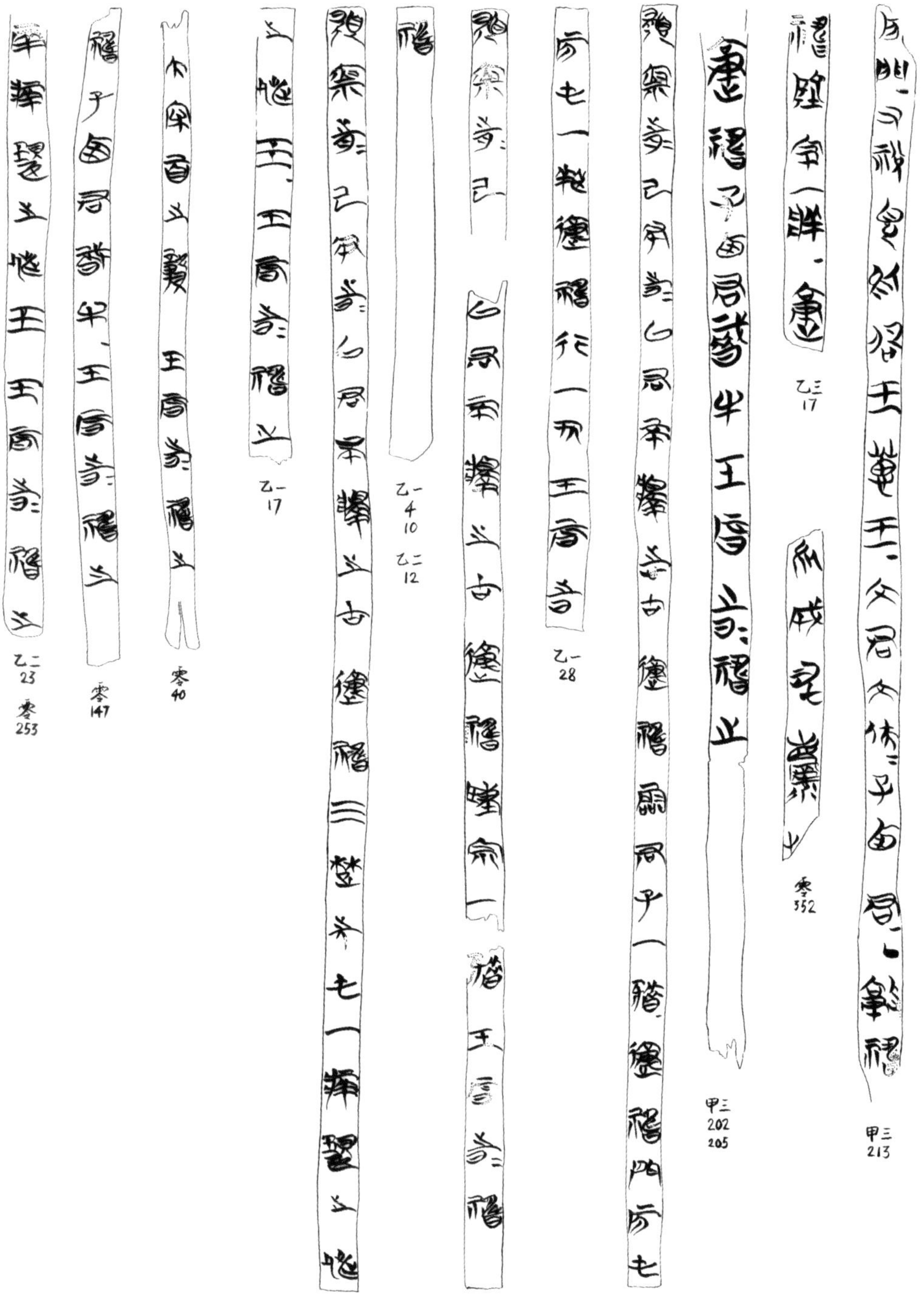

甲三213

乙三17

零352

甲三202、205

乙一28

乙一4、10、乙二12

乙一17

零40

零147

乙二23、零253

甲三 305
甲三 168
零 210-2
甲三 16
乙四 7
零 177
乙三 28
乙四 28
零 217
甲三 13
零 172
零 114
零 173
零 15
甲三 142-1
乙三 8
乙四 24
乙一 24

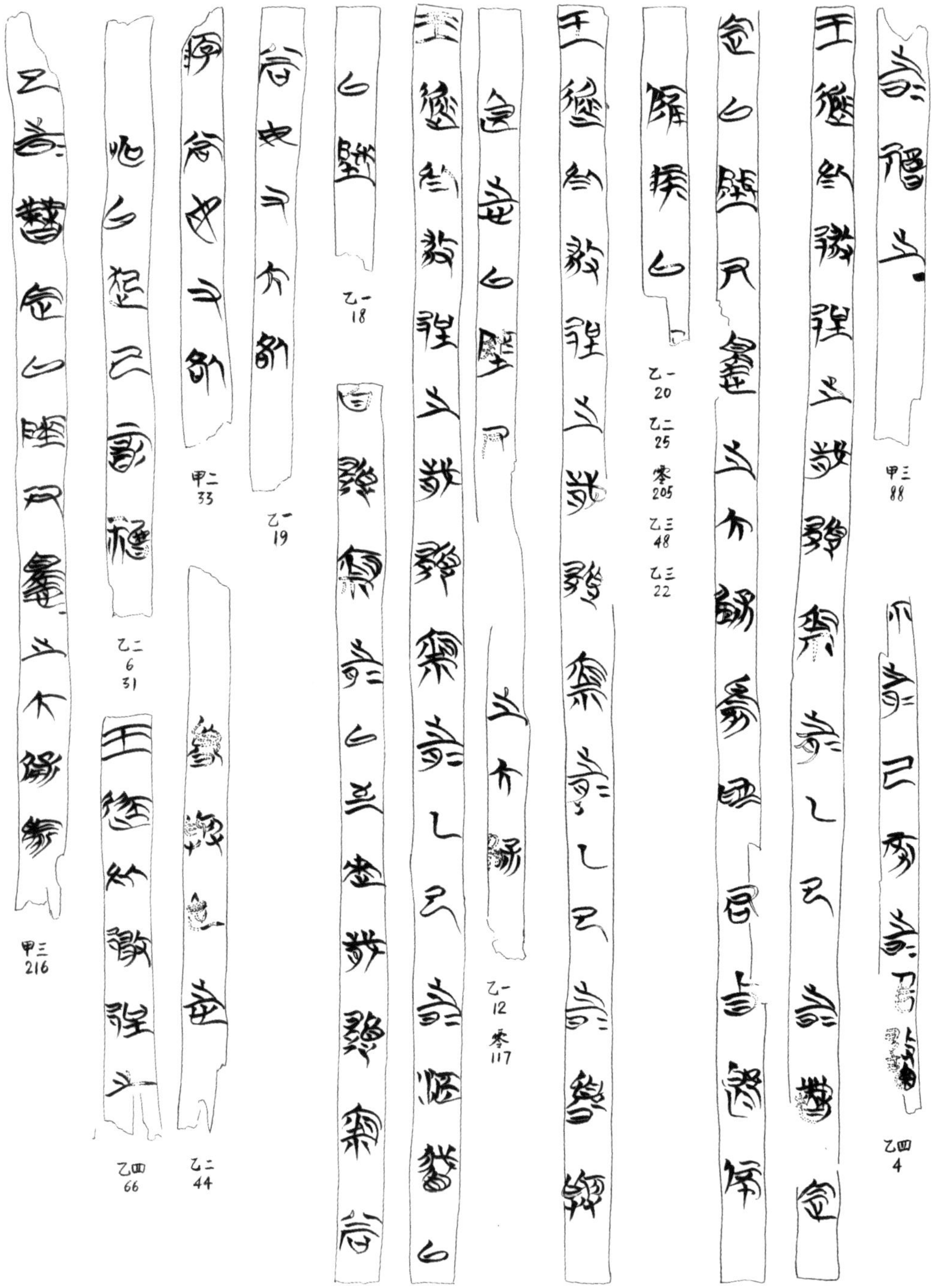
甲三 88
乙四 4
乙一 20
乙二 25
零 205
乙三 48
乙三 22
乙一 12
零 117
乙一 18
乙一 19
甲二 33
乙二 44
乙二 6
31
乙四 66
甲三 216

甲三
243
甲三
261
乙四
80
甲三
144
乙四
67
零
103
甲三
219
甲三
117
120
甲三
225
零
332-2
零
79
零
142
甲三
126
零
95
乙三
33
零
241
零
307
乙三
39
甲三
170

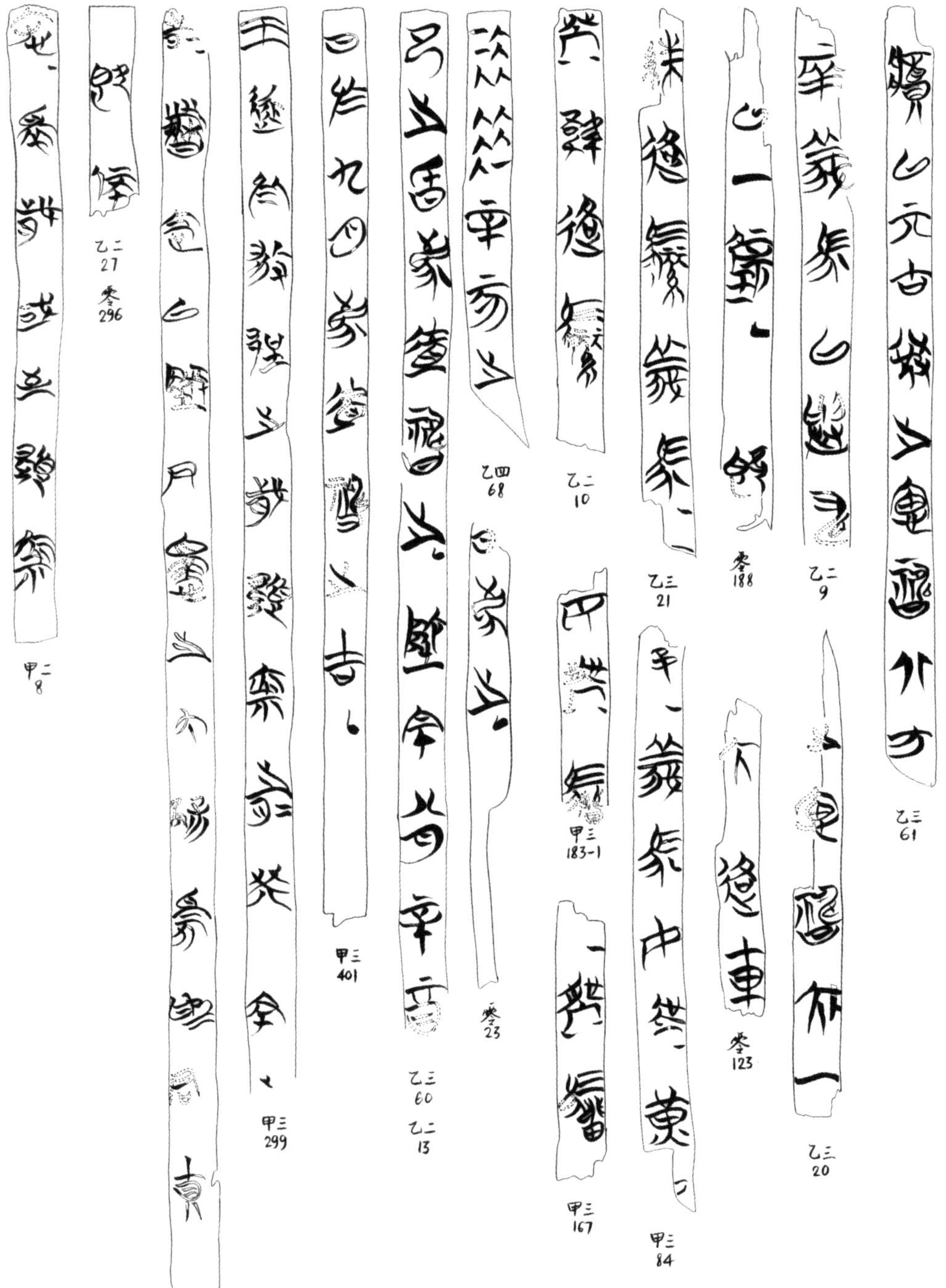
乙三 61
乙三 20
乙二 9
零 188
零 123
乙三 21
甲三 84
乙二 10
甲三 183-1
甲三 167
乙四 68
零 23
乙三 60
乙二 13
甲三 401
甲三 299
甲二 8
乙二 27
零 296

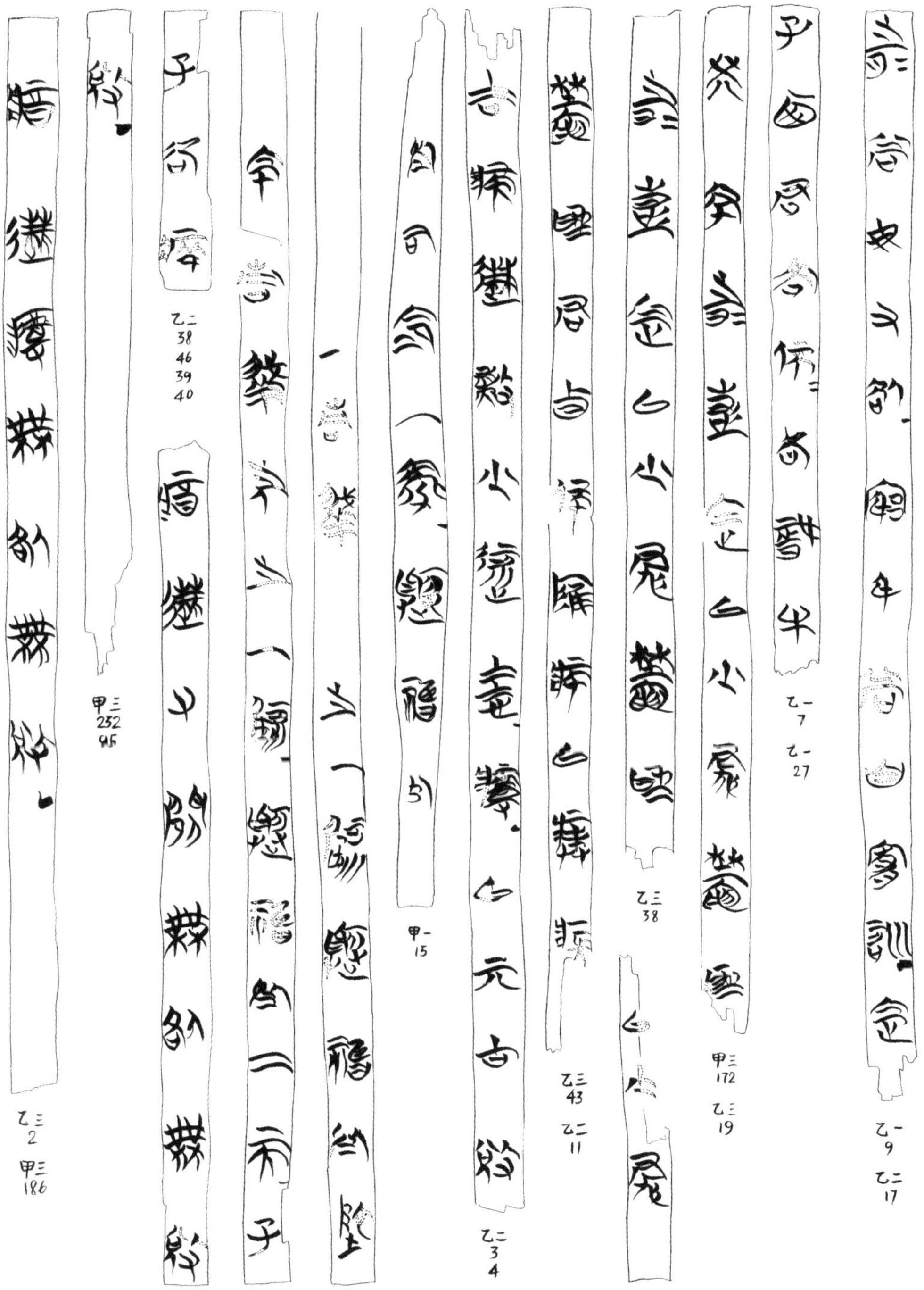
乙一9
乙二17
乙一7
乙一27
甲三172
乙三19
乙三38
乙三43
乙二11
乙二3
4
甲一15
乙二38
46
39
40
甲三232
95
乙三2
甲三186

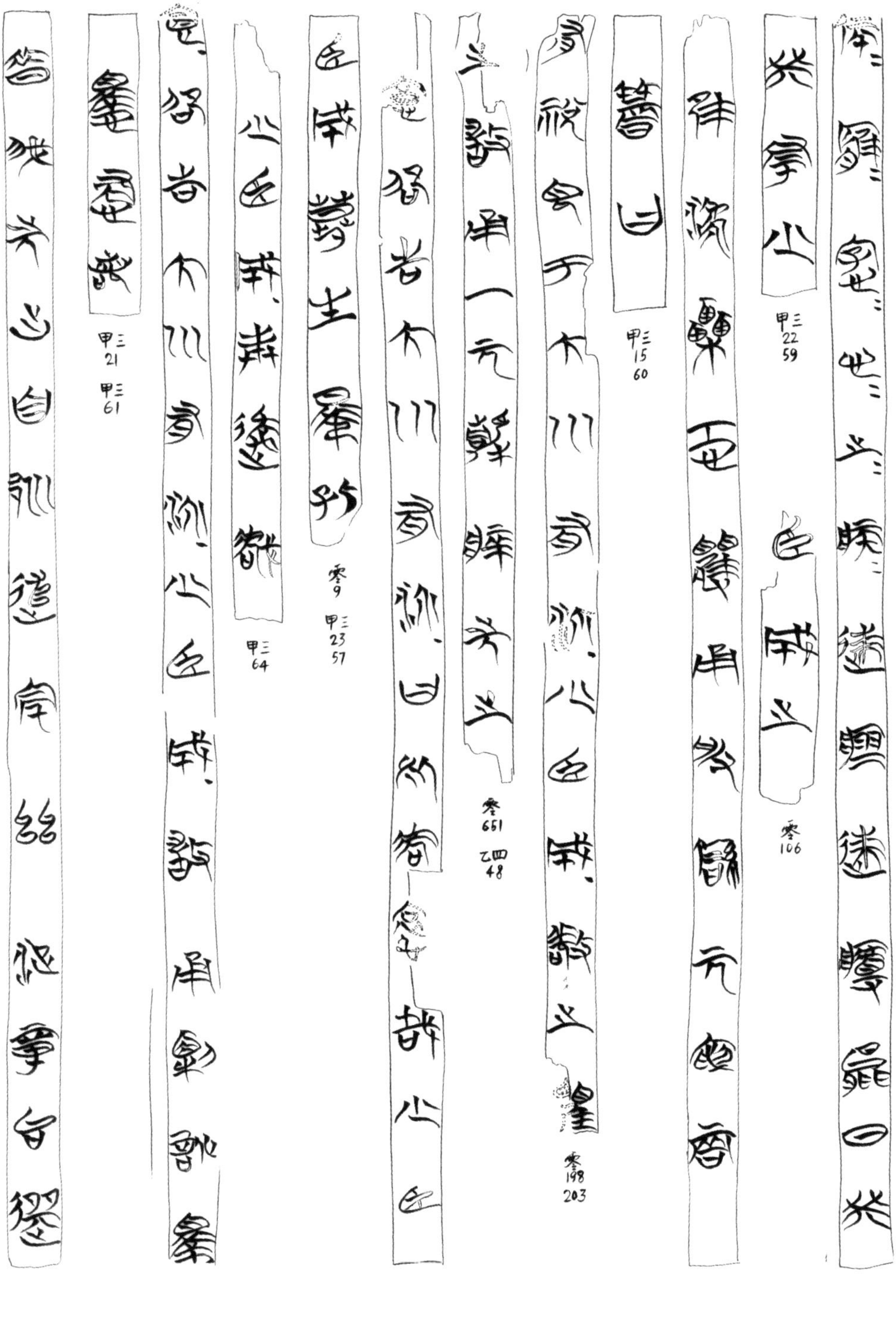

甲三22、59

零106

甲三15、60

零198、203

零651

乙四48

零9

甲三23、57

甲三64

甲三21

甲三61

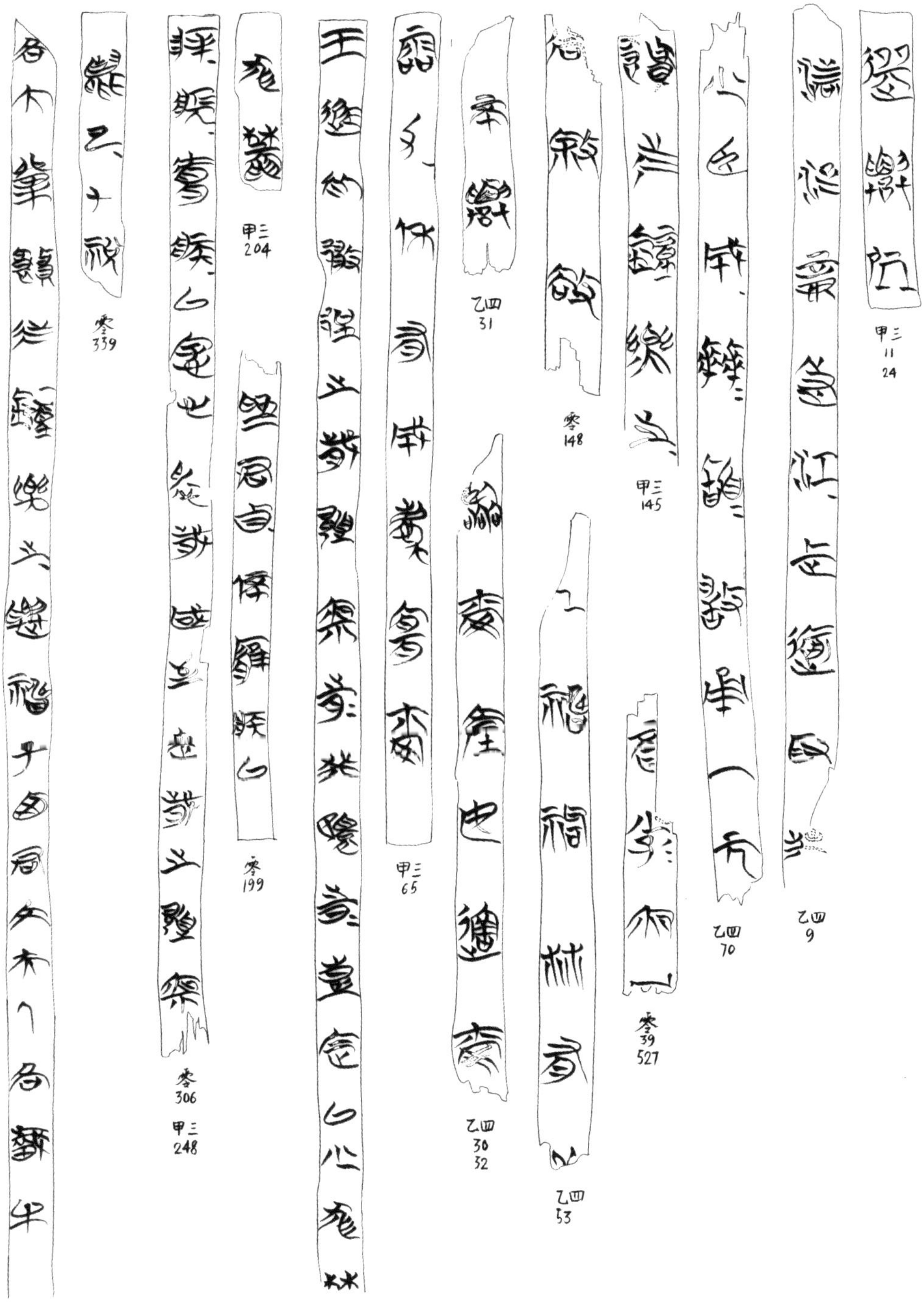
甲三 11 24
乙四 9
乙四 70
甲三 145
零 39 527
零 148
乙四 53
乙四 31
乙四 30 32
甲三 65
零 199
甲三 204
零 306
甲三 248
零 339

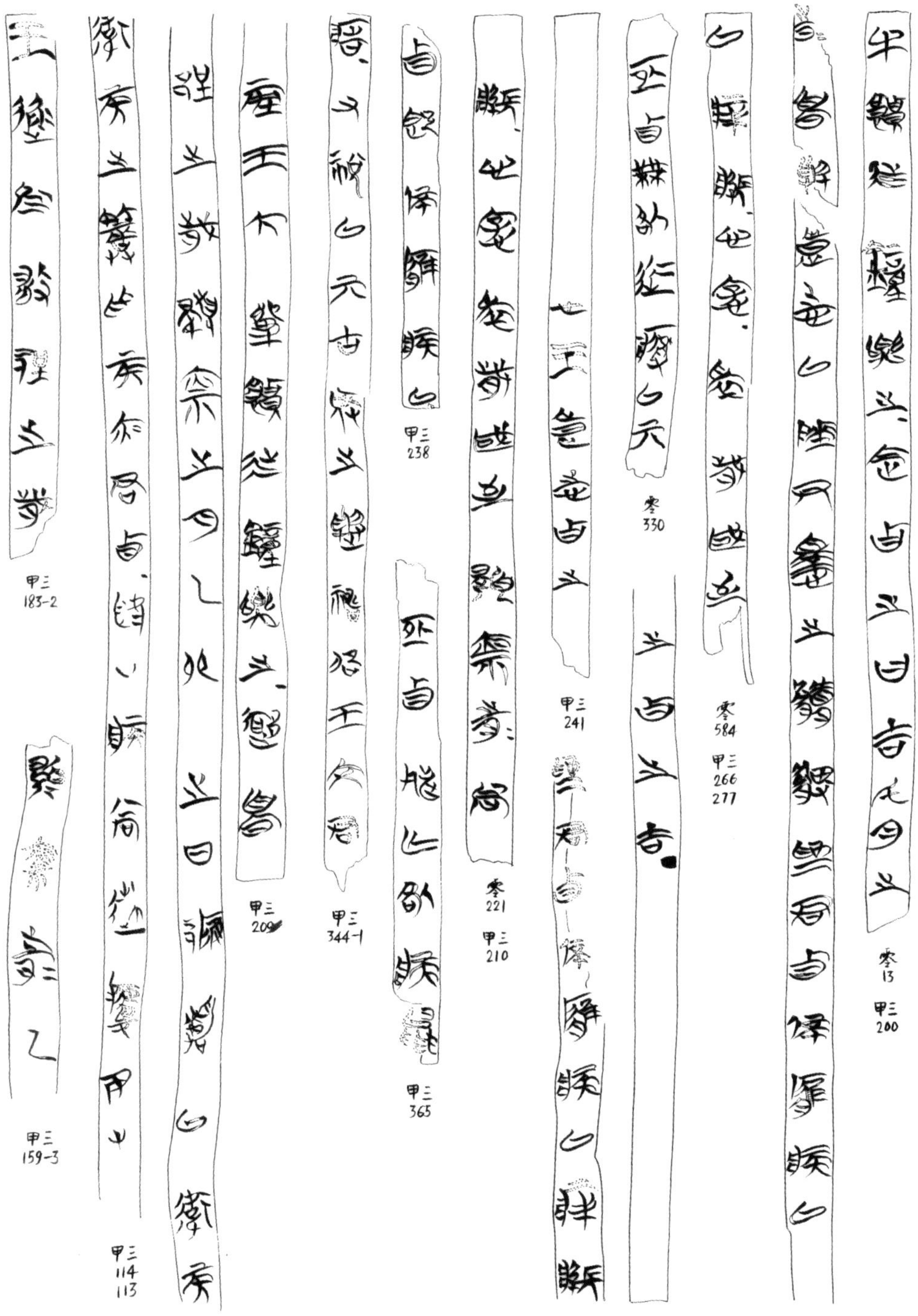
零13 甲三200
零584 甲三266 277
零330
甲三241
零221 甲三210
甲三238
甲三365
甲三344-1
甲三209
甲三114 113
甲三159-3
甲三183-2

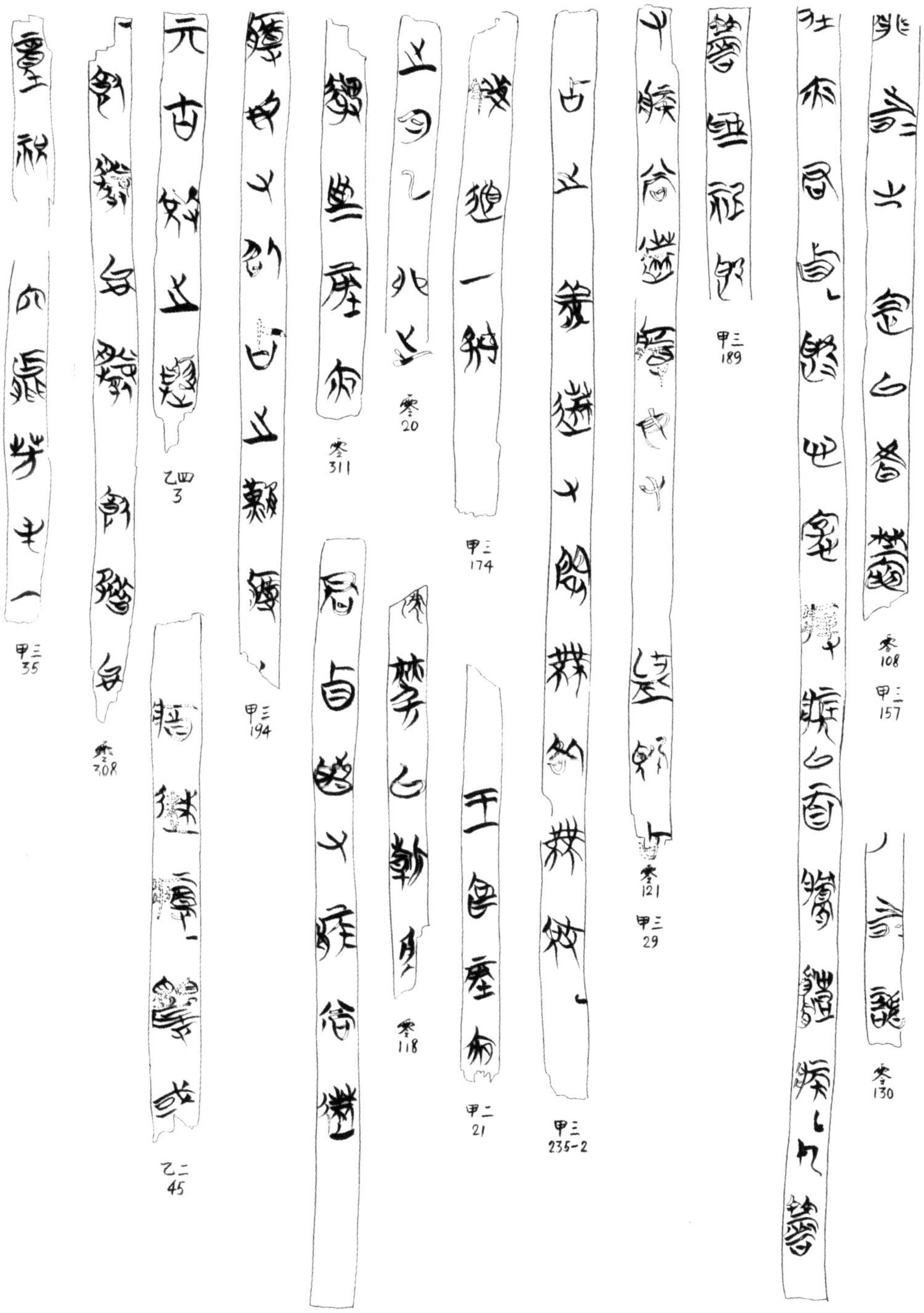
零108
甲三157
零130
甲三189
零121
甲三29
甲三235-2
甲三174
甲二21
零20
零118
零311
甲三194
乙四3
乙二45
零308
甲三35

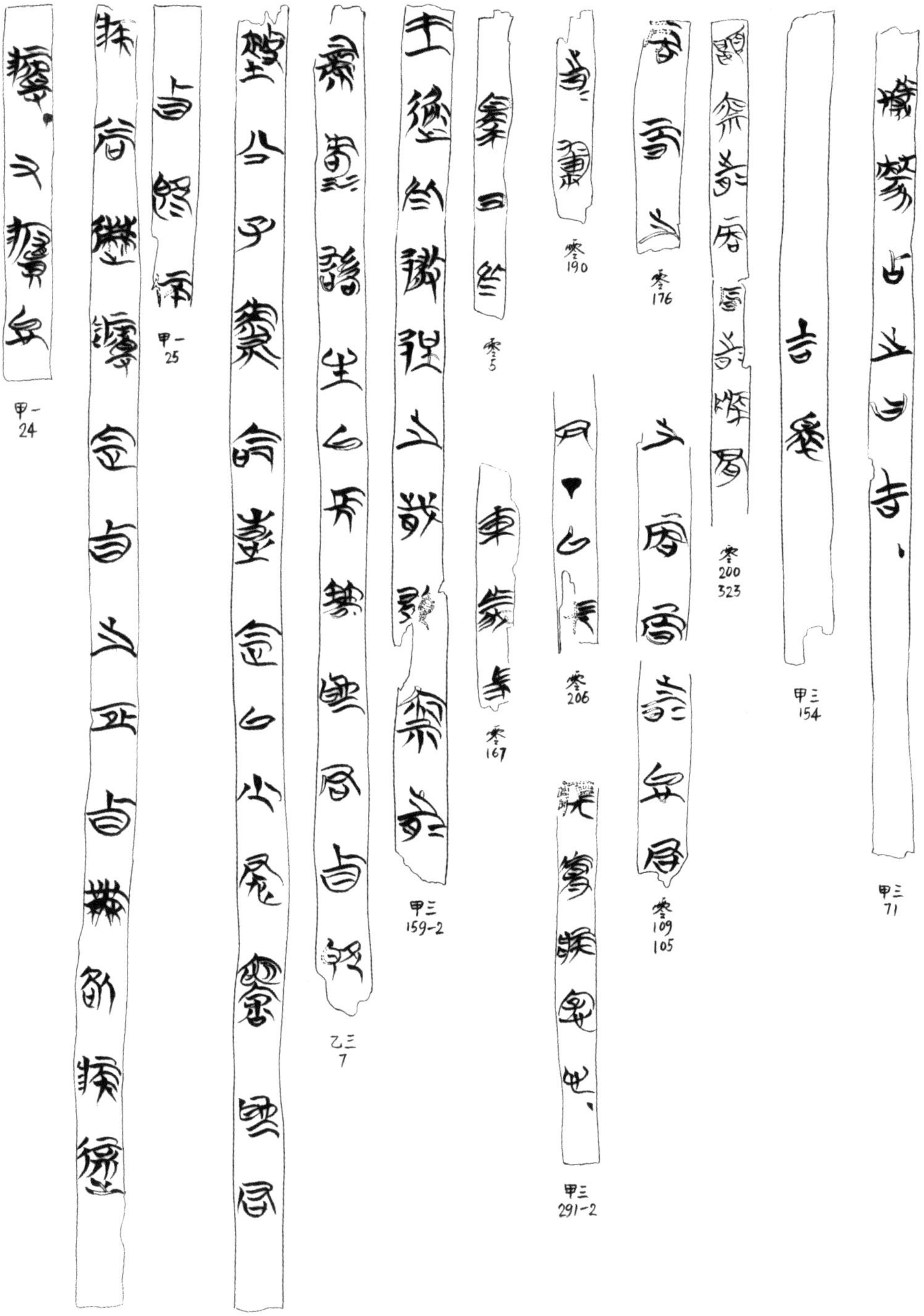
甲三 71
甲三 154
零 200 323
零 109 105
零 176
零 190
零 206
甲三 291-2
零 5
零 167
甲三 159-2
乙三 7
甲一 25
甲一 24

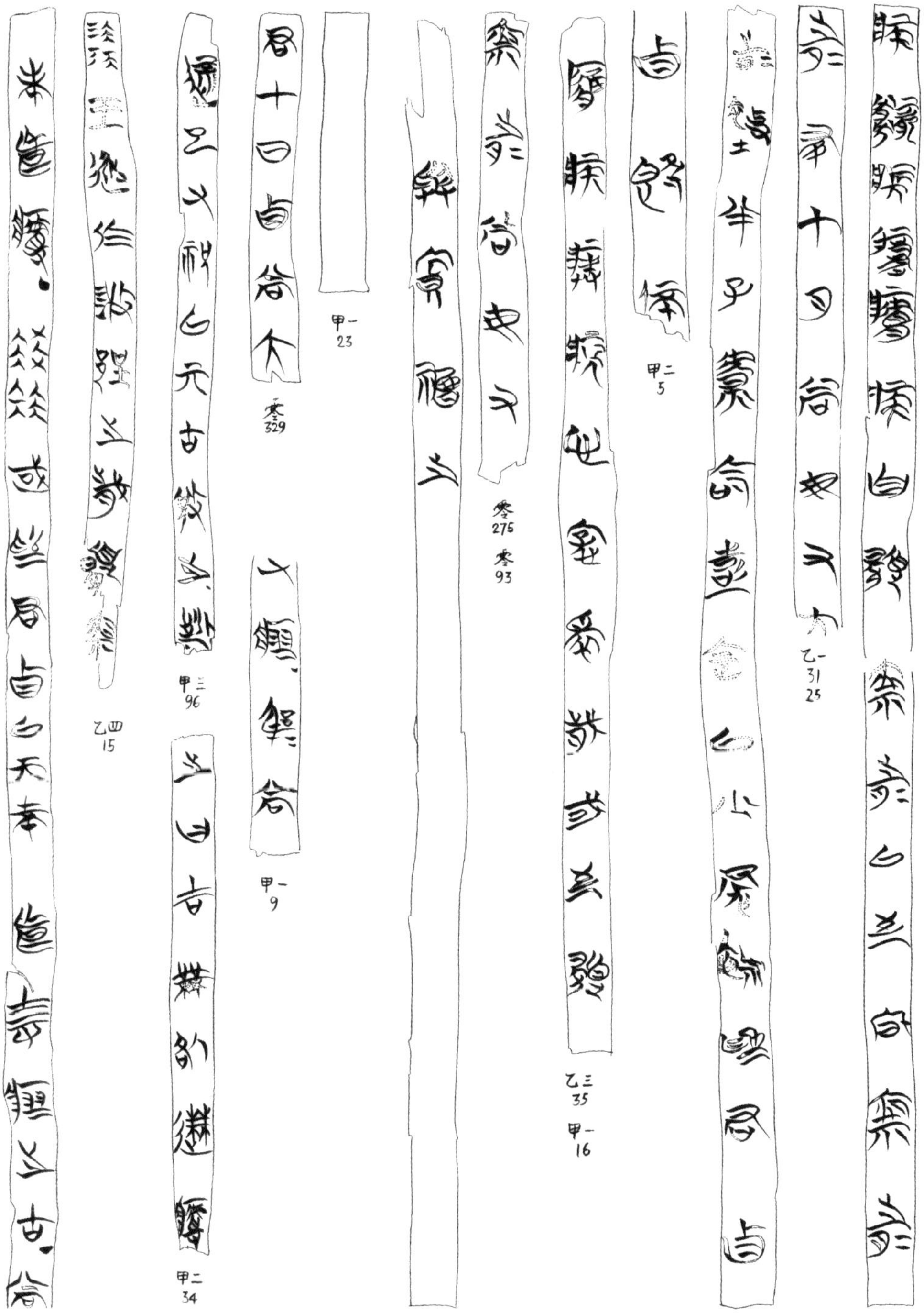
乙一
31
25
甲二
5
零
275
零
93
乙三
35
甲一
16
甲一
23
零
329
甲一
9
甲三
96
甲二
34
乙四
15

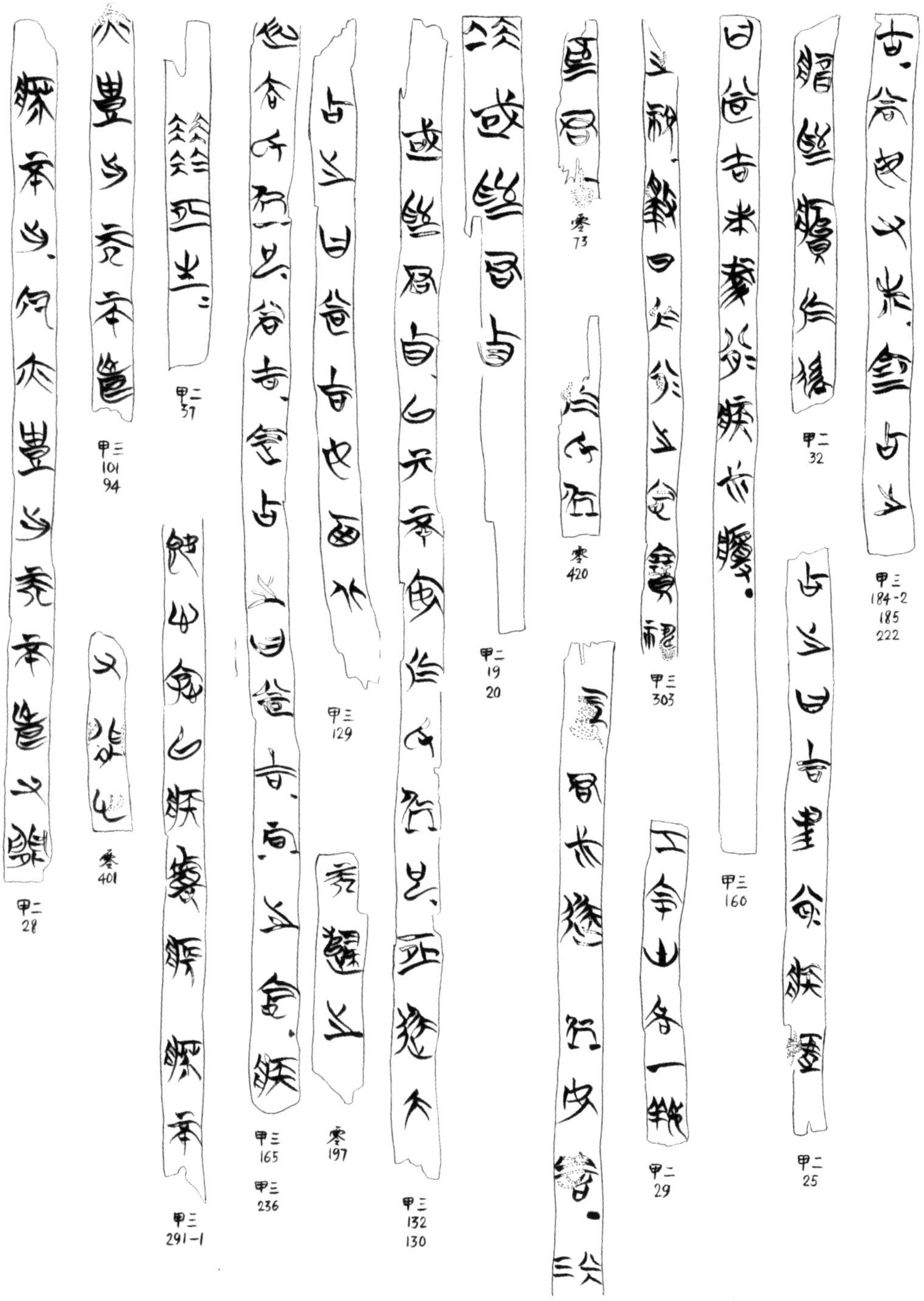
甲三 184-2 185 222
甲二 32
甲二 25
甲三 160
甲三 303
甲二 29
零 73
零 420
甲二 19 20
甲三 132 130
甲三 129
零 197
甲三 165
甲三 236
甲二 37
甲三 291-1
甲三 101 94
零 401
甲二 28

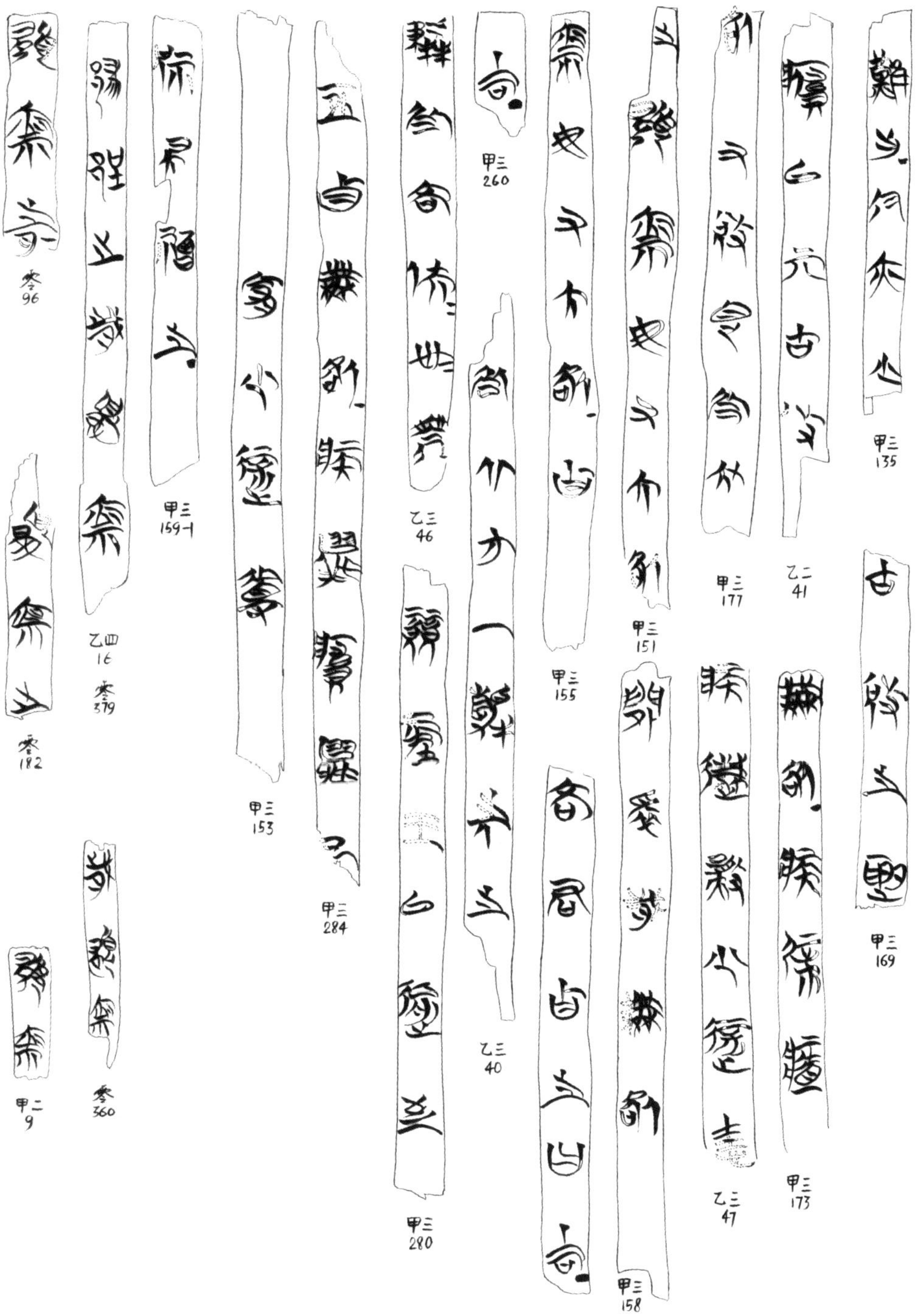

甲三135
甲三169
乙二41
甲三173
甲三177
乙三47
甲三151
甲三158
甲三155
甲三260
乙三40
乙三46
甲三280
甲三284
甲三153
甲三159-1
乙四16
零379
零96
零182
零360
甲二9

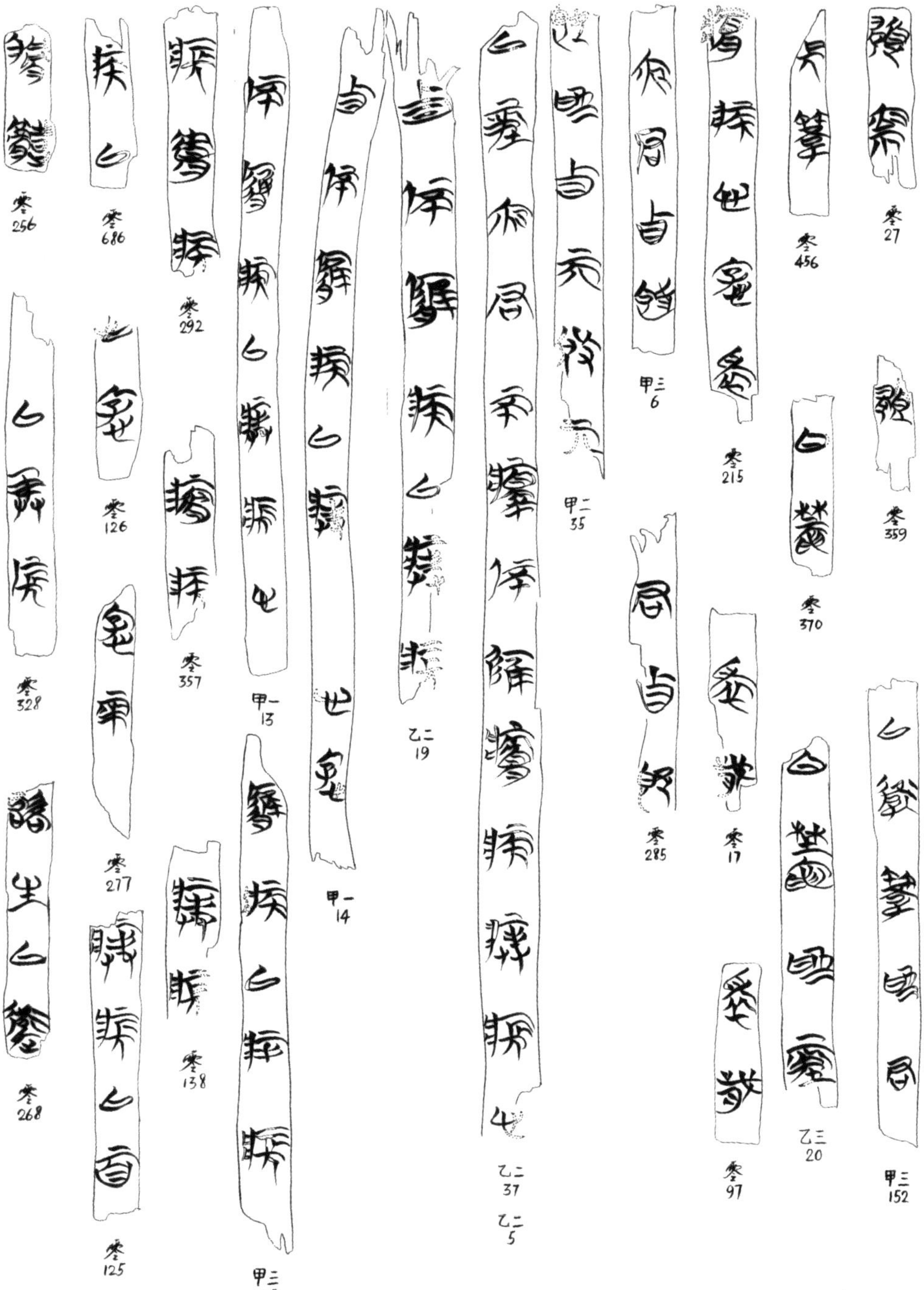
零27
零359
甲三152
零456
零370
乙三20
零215
零17
零97
甲三6
零285
甲二35
乙二37
乙二5
乙二19
甲一14
甲一13
甲三149
零292
零357
零138
零686
零126
零277
零125
零256
零328
零268

乙三 6
甲一 11
甲一 21
甲二 6 30 15
甲二 22 23 24
甲一 5
甲三 247 274
乙二 2
乙二 30
零 412
零 458
甲二 181

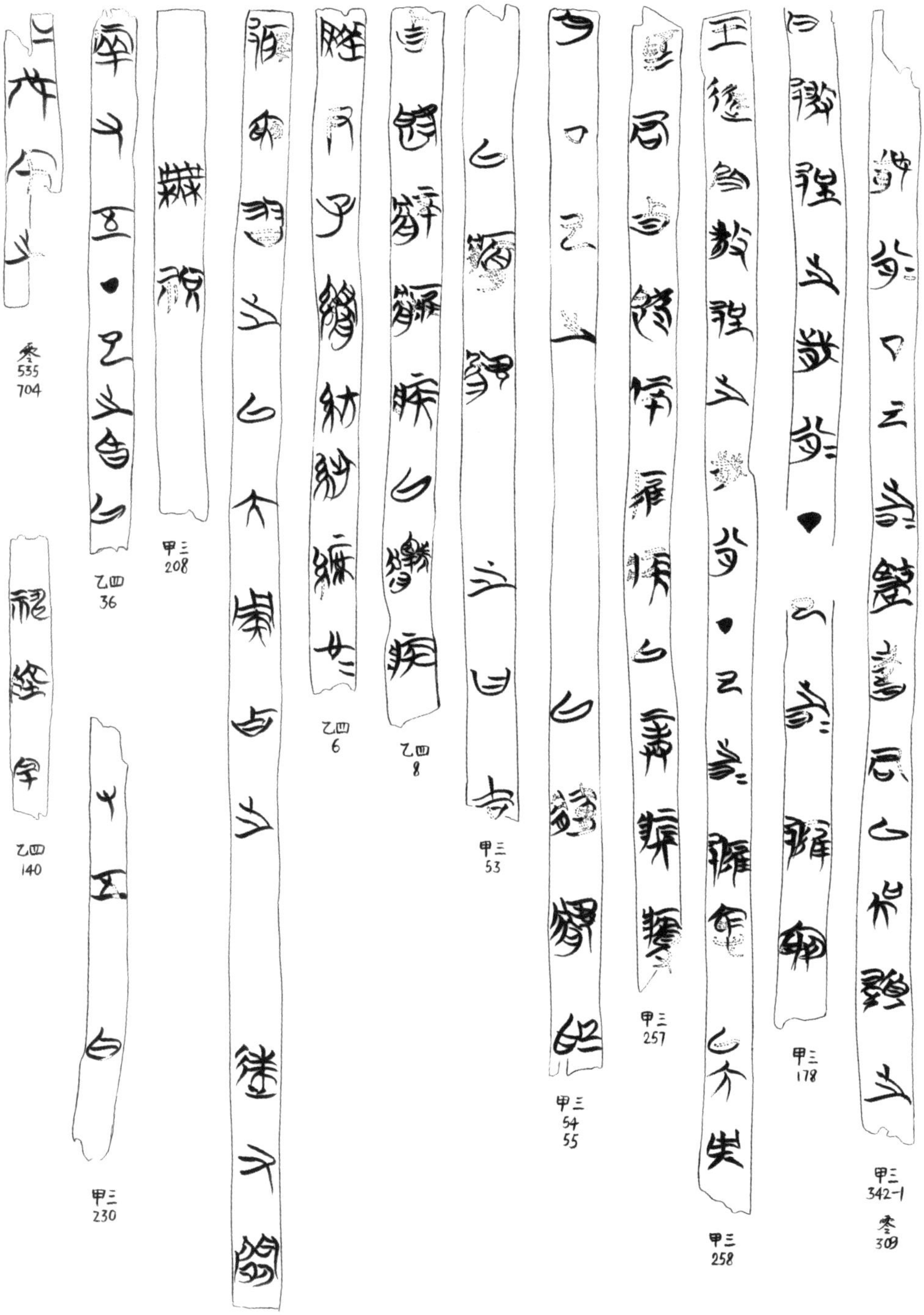

甲三 342-1 零 309

甲三 178

甲三 258

甲三 257

甲三 54 55

甲三 53

乙四 8

乙四 6

甲三 208

乙四 36

甲三 230

零 535 704

乙四 140

甲三 116
乙四 47
甲三 26
甲三 100
零 135
甲三 301-2 301-1
甲三 131
甲三 235-1
乙四 40
甲三 9
乙四 5
甲三 14
甲三 164
零 112
甲三 19
乙四 50

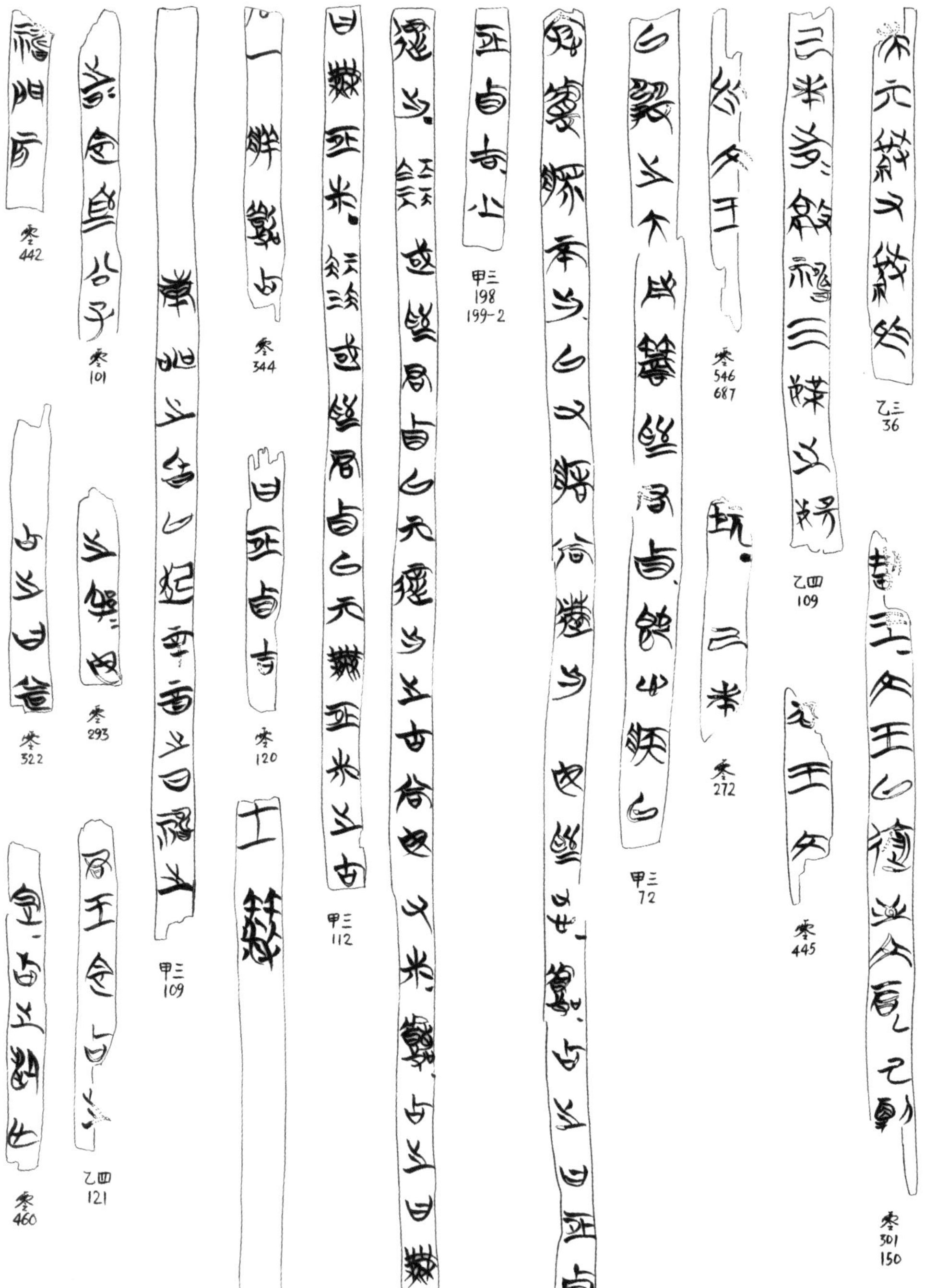

乙三36　零301、150　乙四109　零445　零546、687　零272　甲三72　甲三198、199-2　甲三112　零344　零120　甲三109　零101　零293　乙四121　零442　零322　零460

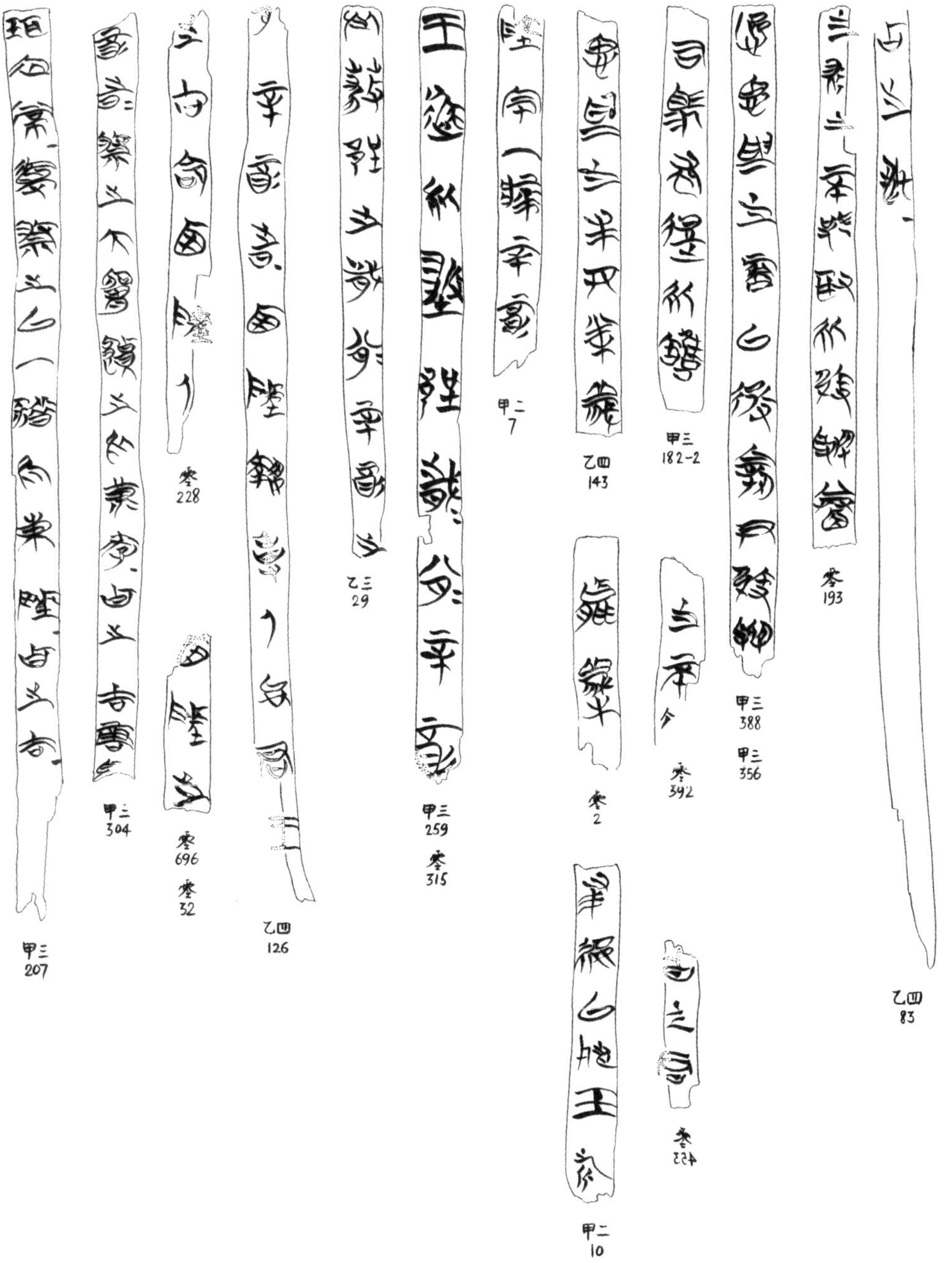
乙四 83
零 193
甲三 388
甲三 356
甲三 182-2
零 392
零 453
乙四 143
零 2
甲二 10
甲二 7
甲三 259
零 315
乙三 29
乙四 126
零 228
零 696
零 32
甲三 304
甲三 207

乙四145

零12

乙四128

零542

甲三46

乙二42

乙一6

乙一29、30

乙一13

甲一27

甲一10

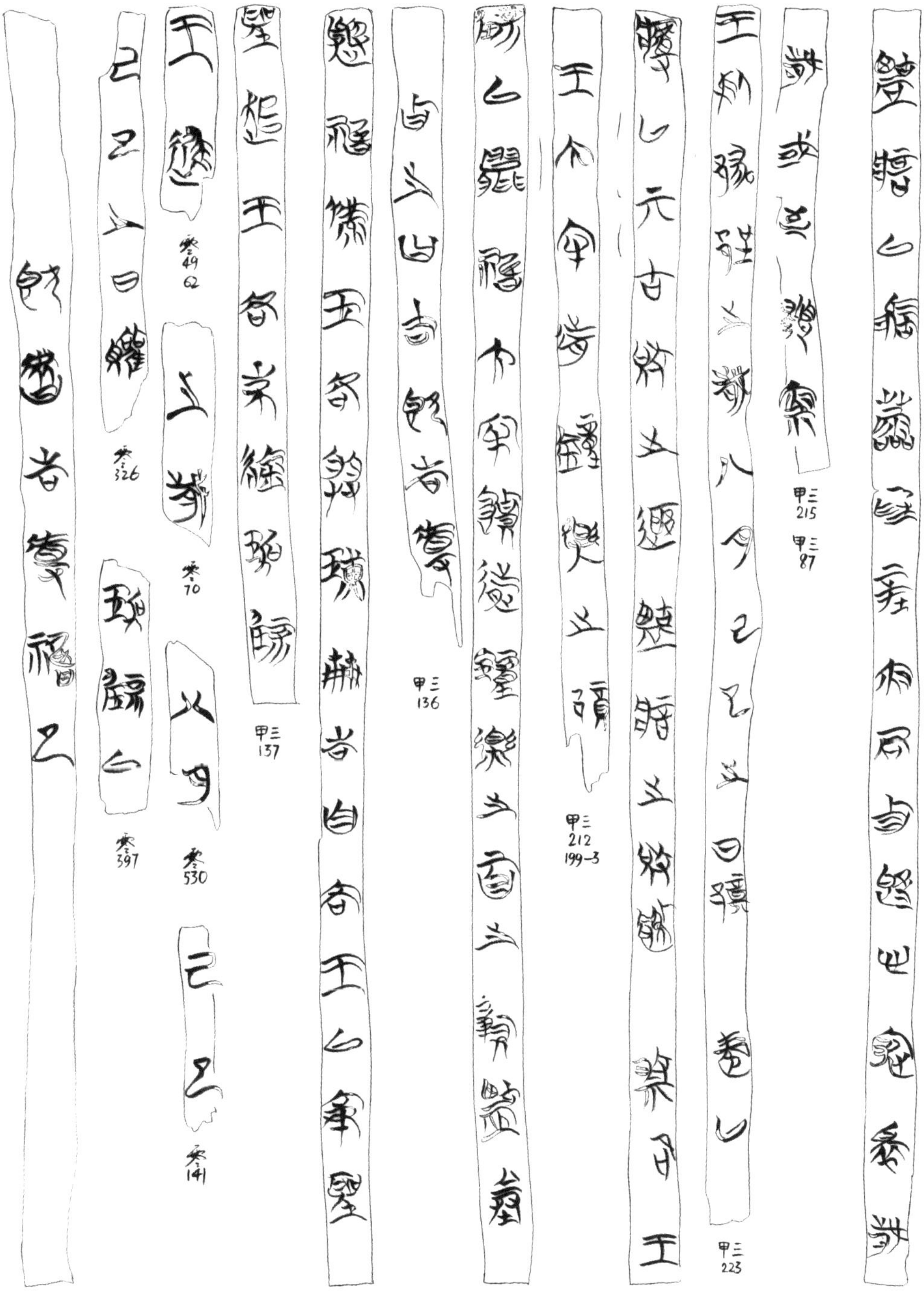
甲三215
甲三87
甲三223
甲三212
199-3
甲三136
甲三137
零49
62
零326
零70
零397
零530
零141

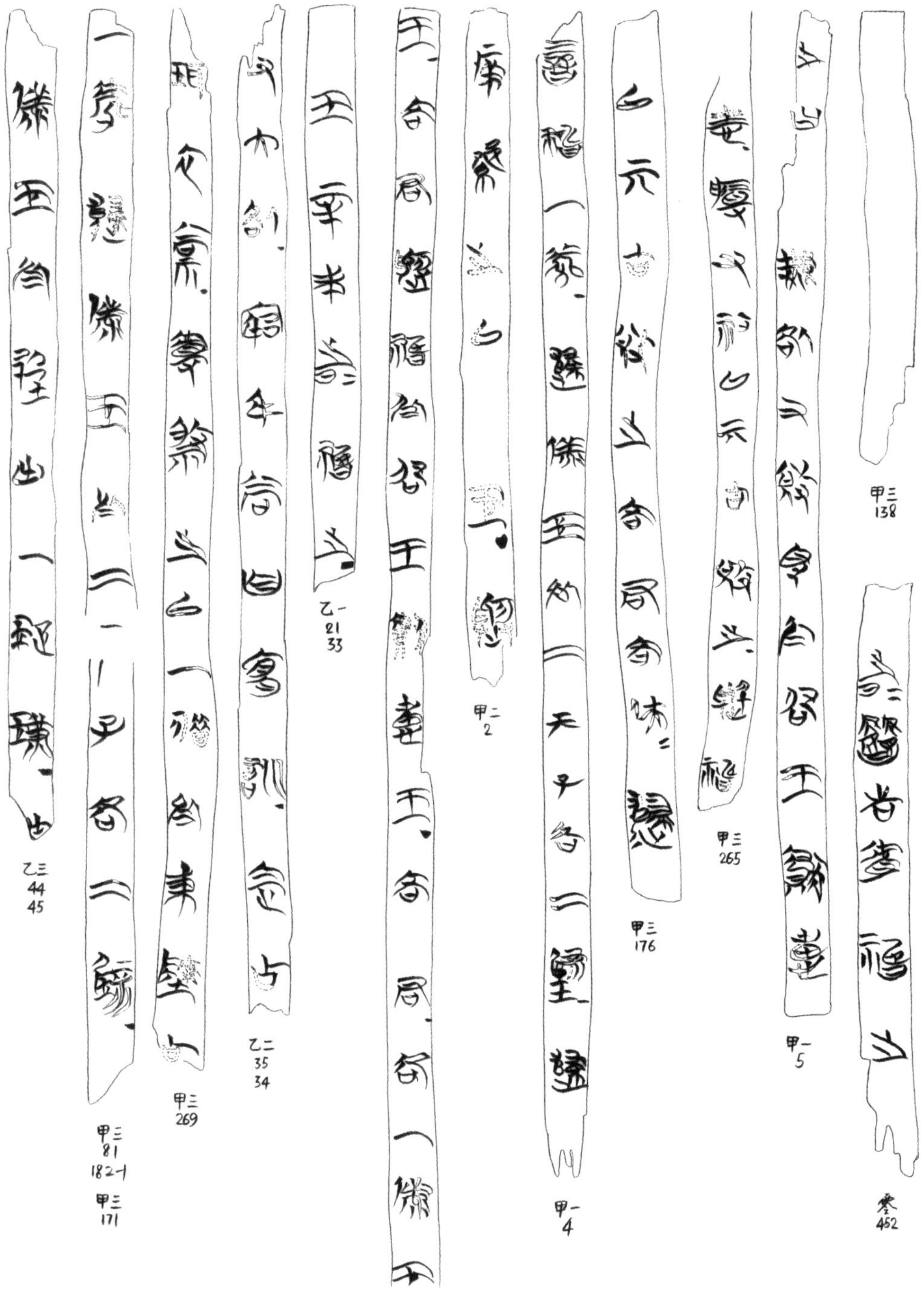

甲三 138
零 452
甲一 5
甲三 265
甲三 176
甲一 4
甲二 2
乙一 21 33
乙二 35 34
甲三 269
甲三 81 182-1
甲三 171
乙三 44 45

乙一 22

甲三 93

甲三 233 190

甲三 115

乙三 51

甲三 188 197

甲三 134 108

零 187

零 171

乙四 119

零284
甲三191
甲三195
甲二40
甲三419
甲二38 39
甲三192 199-1
甲三119
甲三156
零129
零164
零685
甲三105
零305
零99
零52 54

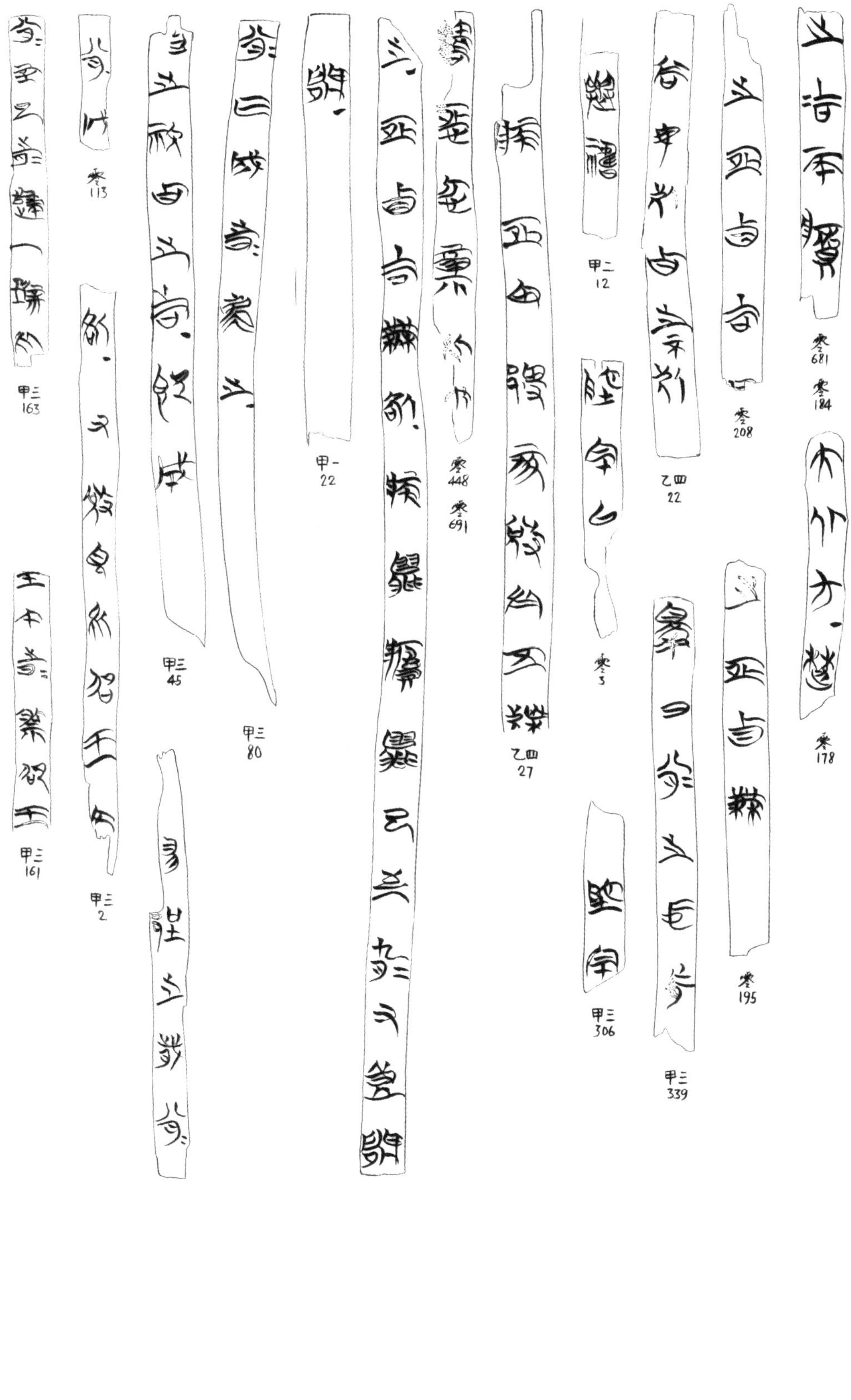
零681
零184
零178
零208
零195
乙四22
甲三339
甲二12
零3
甲三306
乙四27
零448
零691
甲一22
甲三80
甲三45
零113
甲三2
甲三163
甲三161

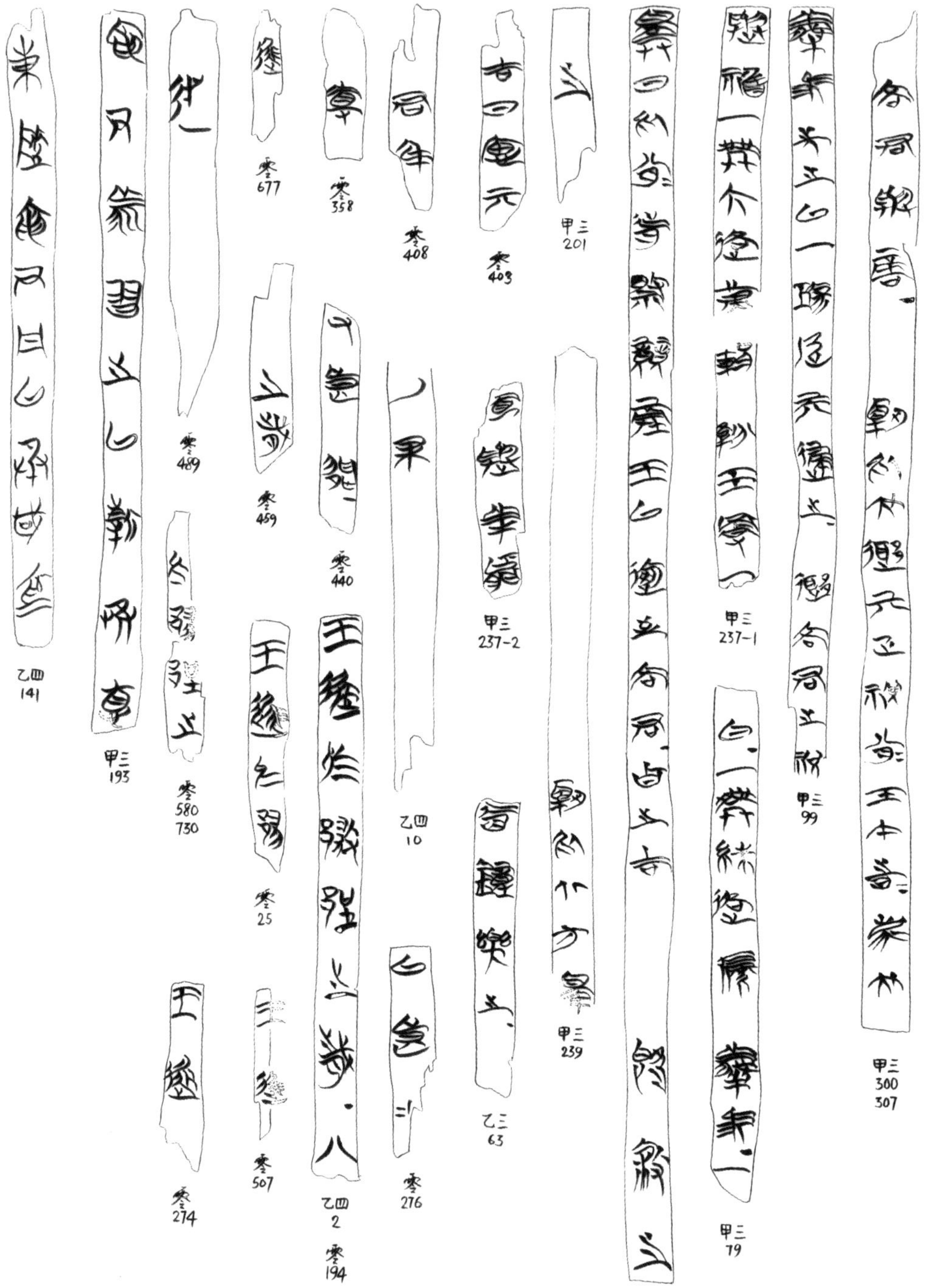

甲三 300 307
甲三 237-1
甲三 99
甲三 79
甲三 201
甲三 239
零 403
甲三 237-2
乙三 63
零 408
乙四 10
零 276
零 358
零 440
乙四 2
零 194
零 677
零 459
零 25
零 507
零 489
零 580 730
零 274
甲三 193
乙四 141

乙四 49
零 213 212
乙四 17
甲三 246
甲三 245
甲三 256
零 434
甲三 242
零 66
甲三 234
甲三 58
甲三 75
甲三 73

零61
零246
甲三187
甲三12
甲三41
乙四71
甲三121
甲三83
零288
零281
零163
乙四14
零335
零158
零67
乙四26
甲三76
零236 186

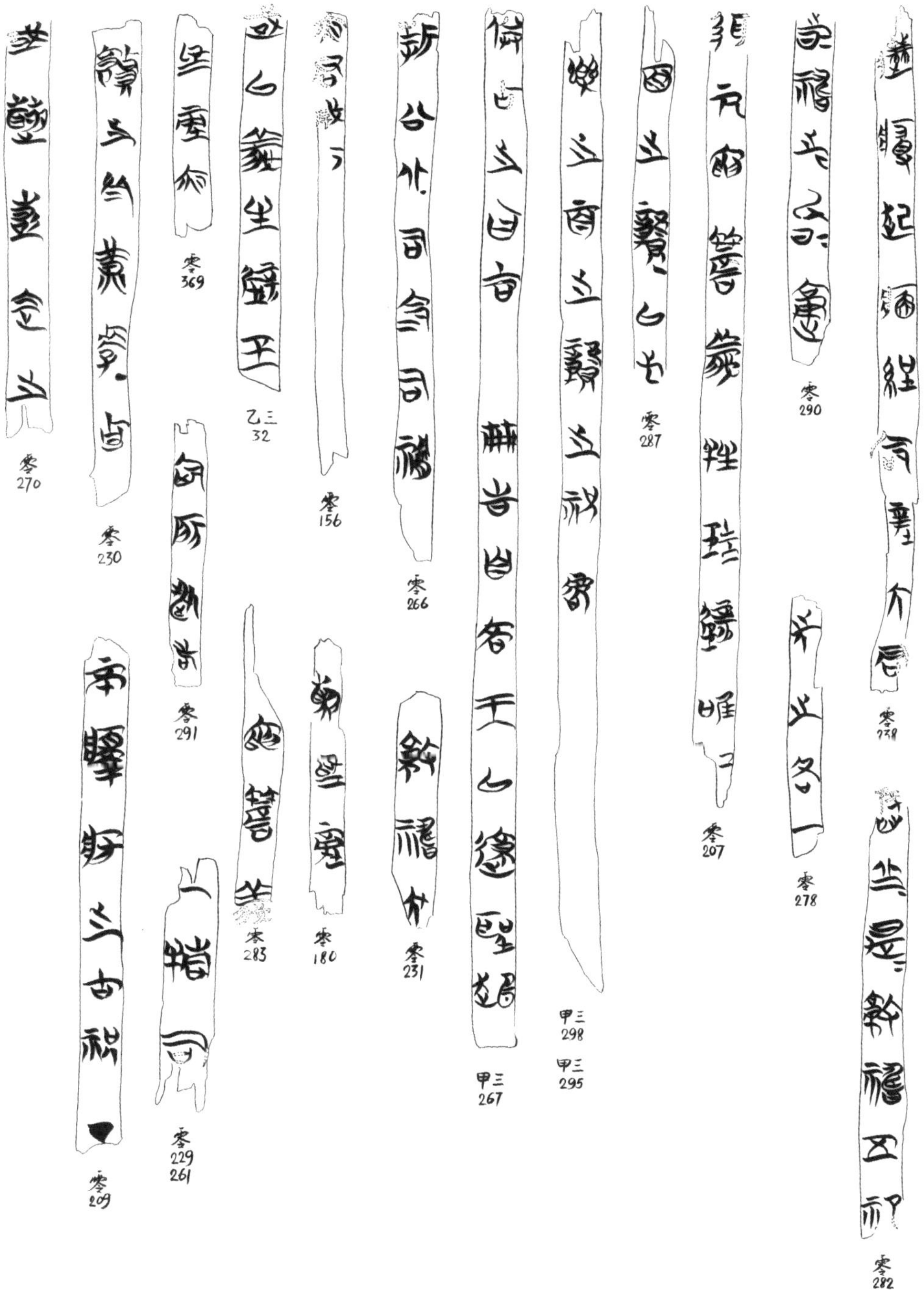
零238
零282
零290
零278
零207
零287
甲三298
甲三295
甲三267
零266
零231
零156
零180
乙三32
零283
零369
零291
零229 261
零230
零209
零270

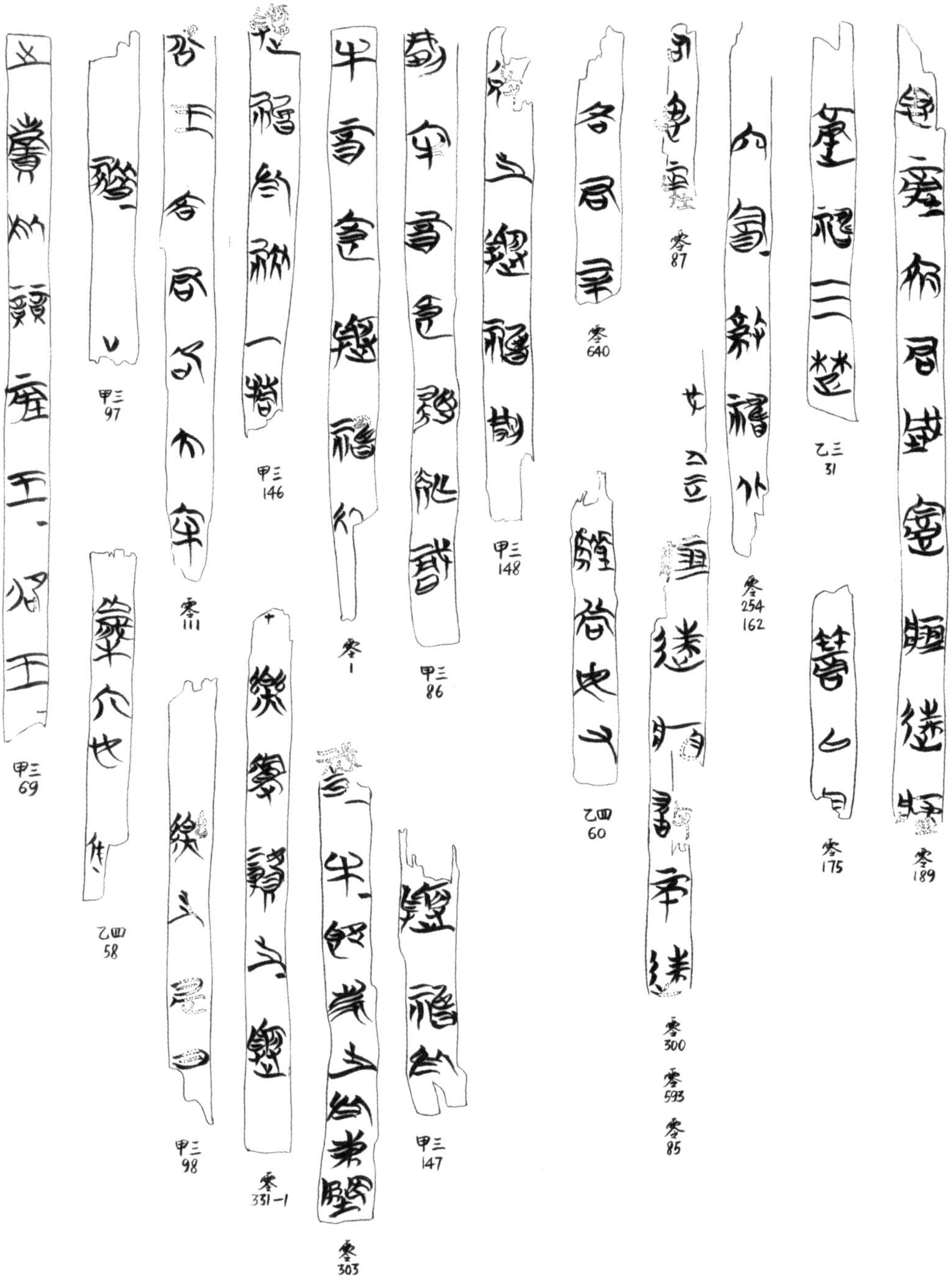
零189
零175
乙三31
零254 162
零87
零300
零593
零85
乙四60
零640
甲三148
甲三86
零1
零303
甲三147
甲三146
零331-1
零111
甲三98
甲三97
乙四58
甲三69

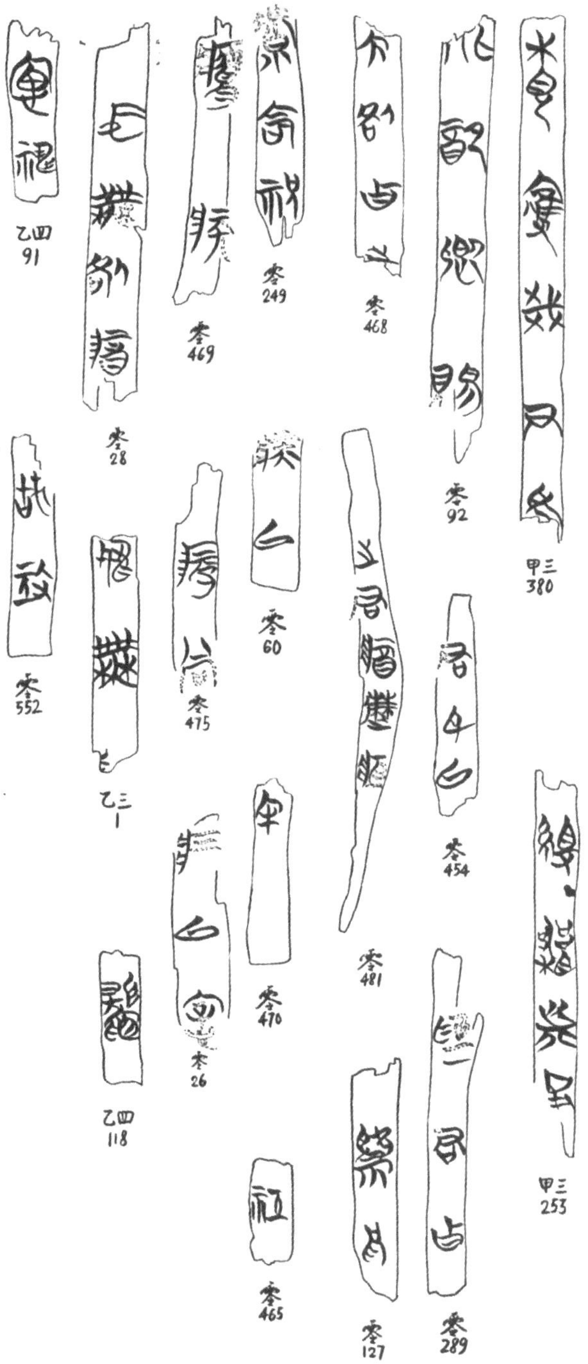
甲三 62 63
甲三 17
甲三 271
零 338 零 24
零 131
甲三 380
零 92
零 468
零 249
零 469
零 28
乙四 91
甲三 253
零 454
零 289
零 481
零 127
零 60
零 470
零 465
零 475
零 26
乙三 1
乙四 118
零 552

零295
零14
零487
甲三276
乙四120
零94
零410
零38
零477
零286
零484
零493
乙四124
零576
零279
零29
零497
零492
零538
零351
零65
零485
甲一17
零255
零419
零191
零320
零8
甲三91
零551
甲二31

零21
甲三50
零233-2
零262
零181
零81
零474
零10
零413
零312
甲三302
零626
甲二18
零244
零69
零385
零247
零225
零391
零433
零429
零210-1
甲三103
零183
零53
零7
零365
零264
零86
零41
零395
零437
零314
零248
零227

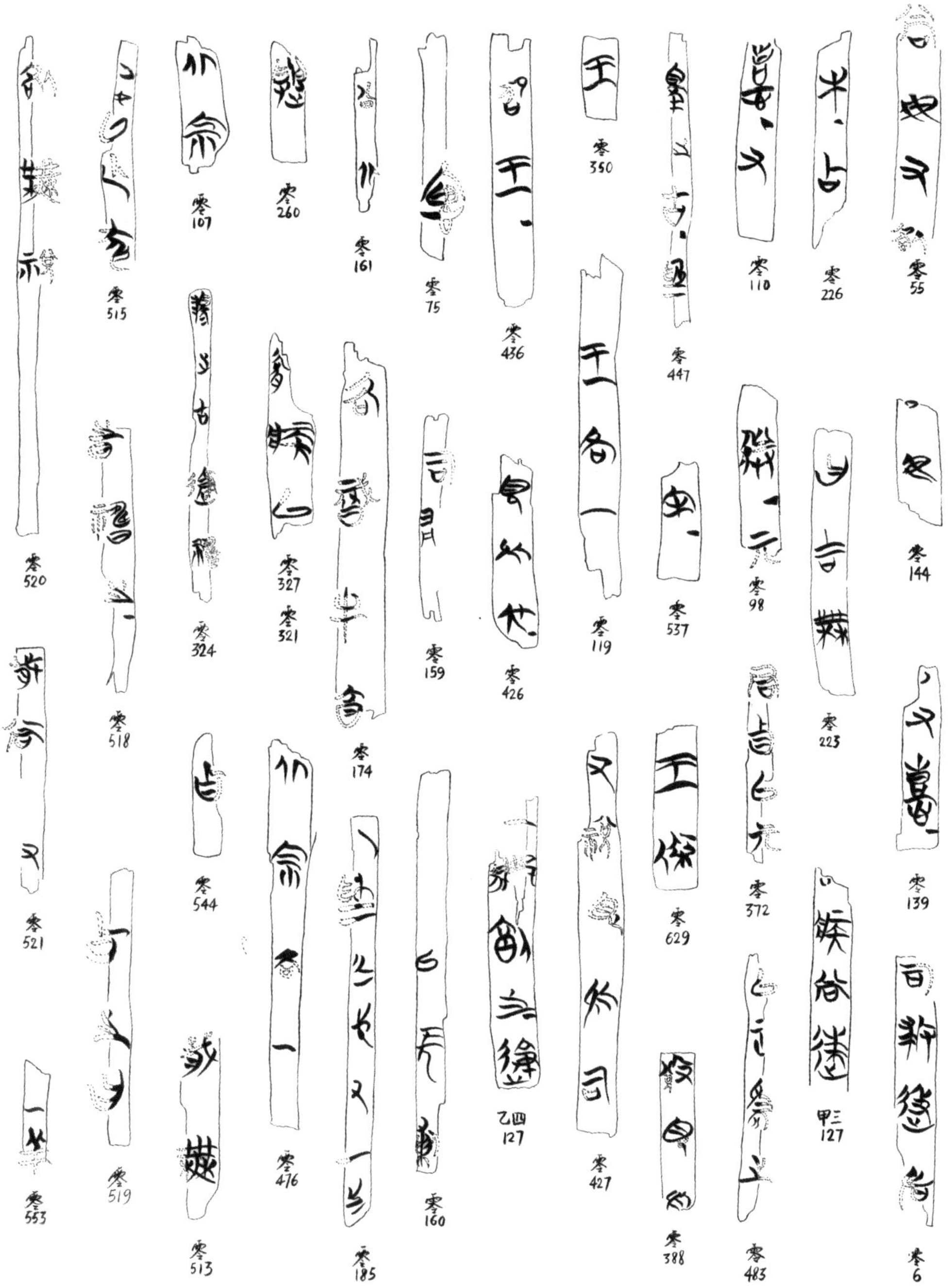
零55
零144
零139
零6
零226
零223
甲三127
零110
零98
零372
零483
零447
零537
零629
零388
零350
零119
零427
零436
零426
乙四127
零75
零159
零160
零161
零174
零185
零260
零327
零321
零476
零107
零324
零544
零513
零515
零518
零519
零520
零521
零553

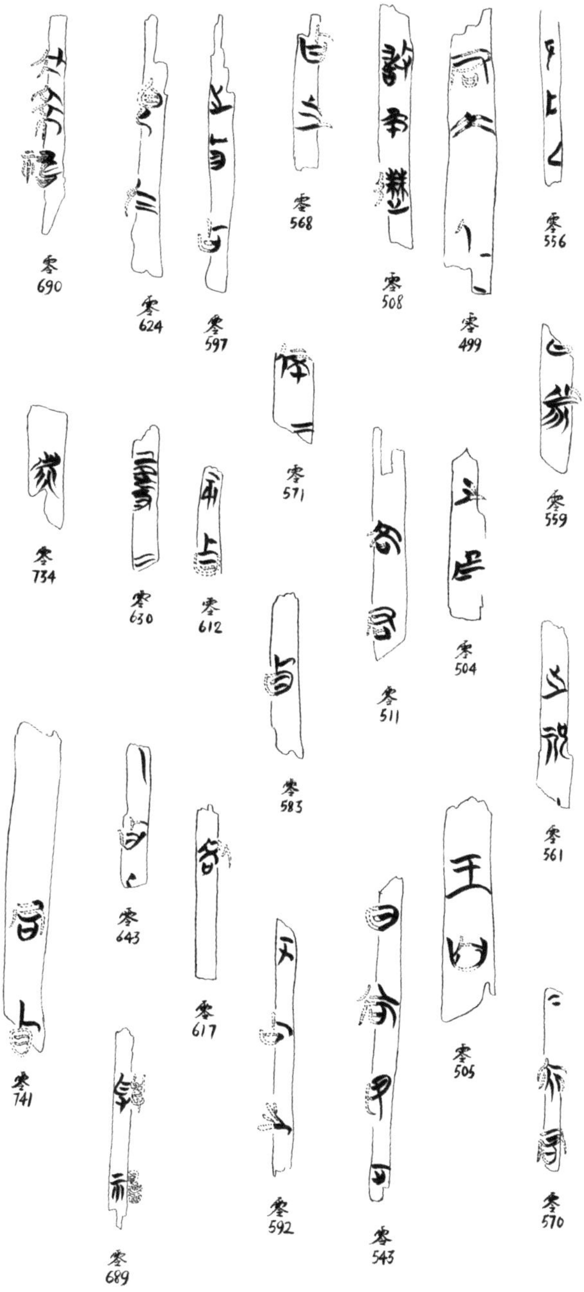
零556
零499
零508
零568
零597
零624
零690
零559
零504
零511
零571
零612
零630
零734
零561
零505
零543
零583
零592
零617
零643
零689
零741

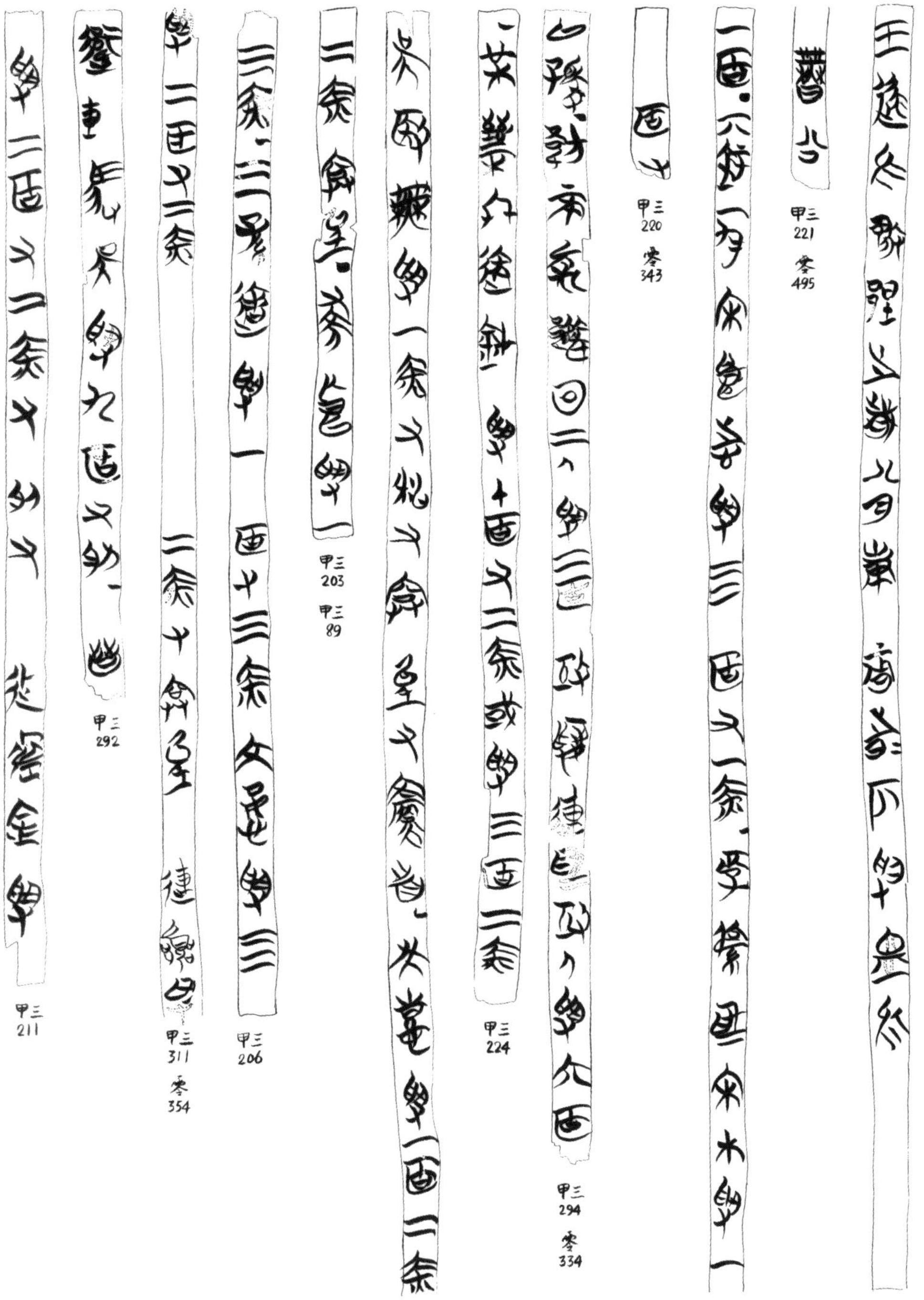

甲三 221 零 495

甲三 220 零 343

甲三 294 零 334

甲三 224

甲三 203 甲三 89

甲三 206

甲三 311 零 354

甲三 292

甲三 211

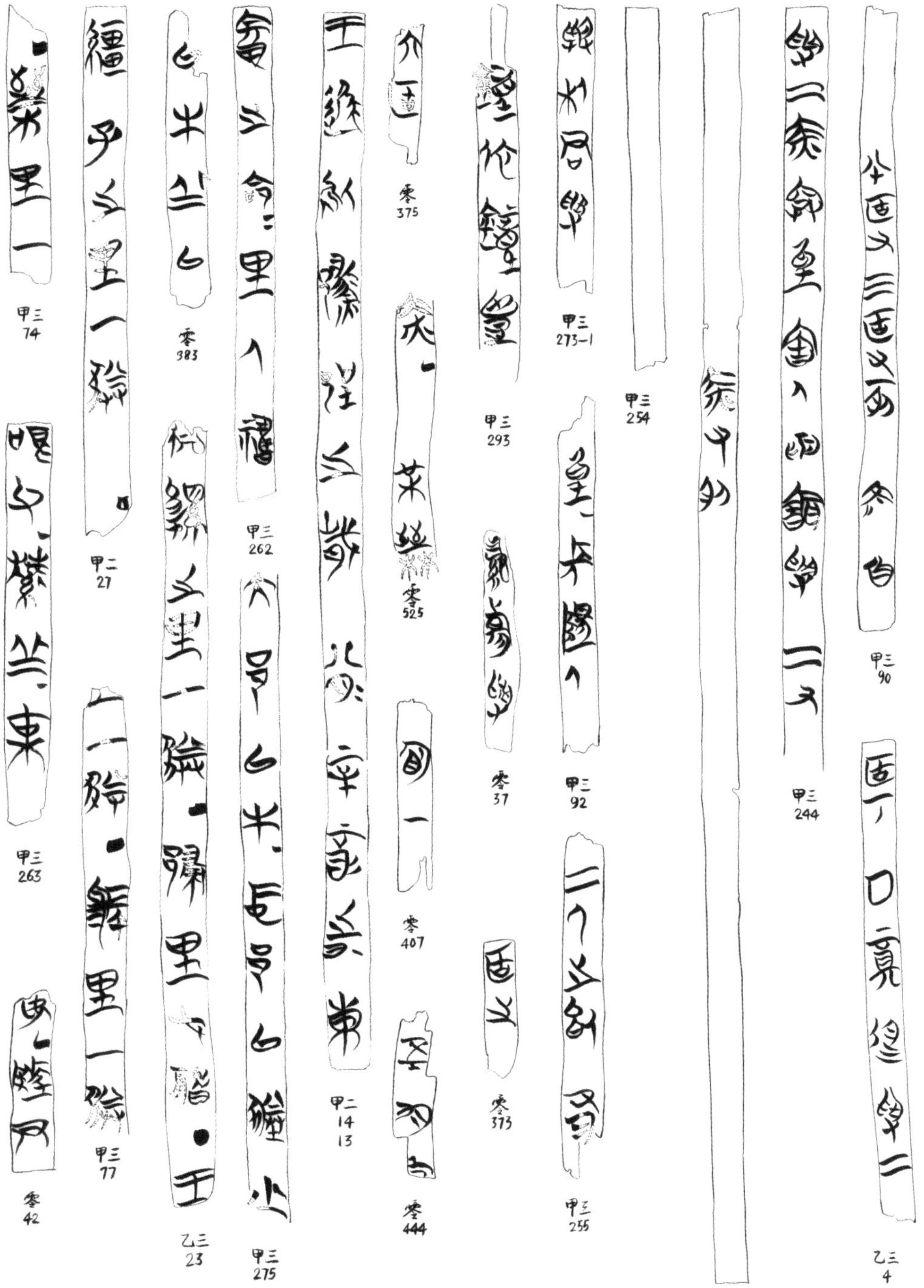

乙三 4
甲三 90
甲三 244
甲三 254
甲三 273-1
甲三 92
甲三 255
甲三 293
零 37
零 373
零 375
零 525
零 407
零 444
甲二 14 13
甲三 262
甲三 275
零 383
乙三 23
甲二 27
甲三 77
甲三 74
甲三 263
零 42

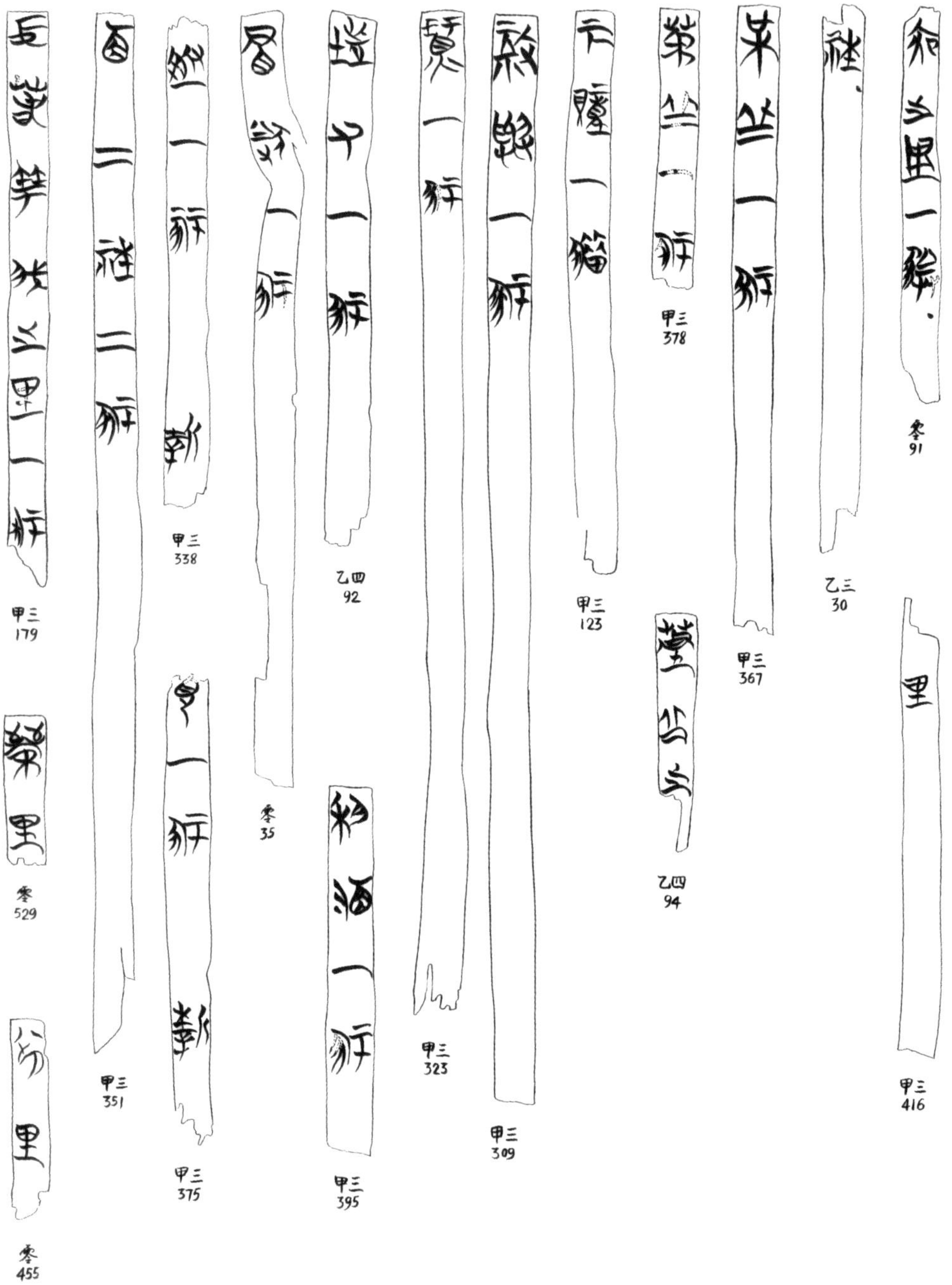
零 91
甲三 416
乙三 30
甲三 367
甲三 378
乙四 94
甲三 123
甲三 309
甲三 323
乙四 92
甲三 395
零 35
甲三 338
甲三 375
甲三 351
甲三 179
零 529
零 455

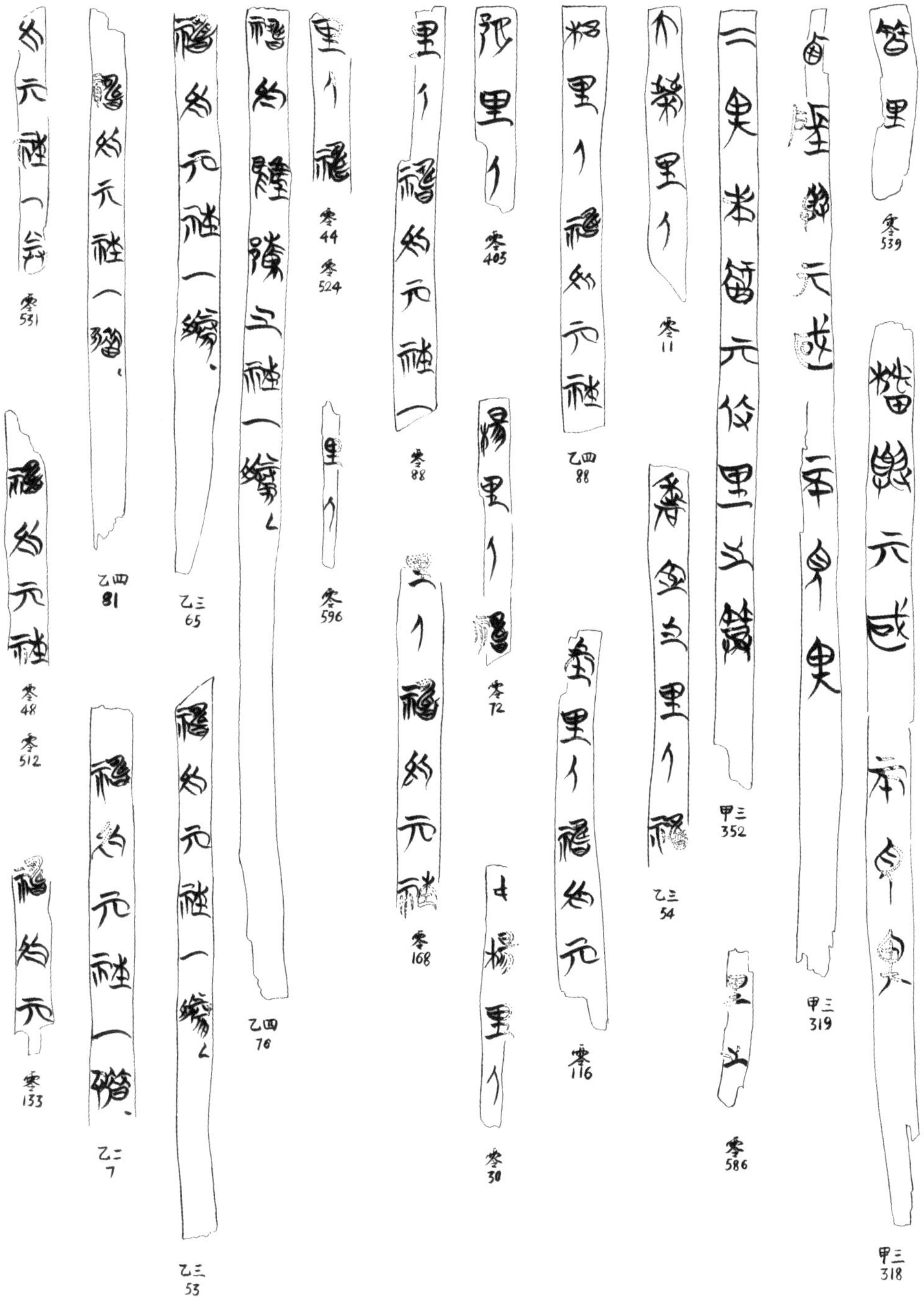
零539
甲三318
甲三319
甲三352
零586
零11
乙三54
乙四88
零116
零405
零72
零30
零88
零168
零44
零524
零596
乙四78
乙三65
乙三53
乙四81
乙二7
零531
零48
零512
零133

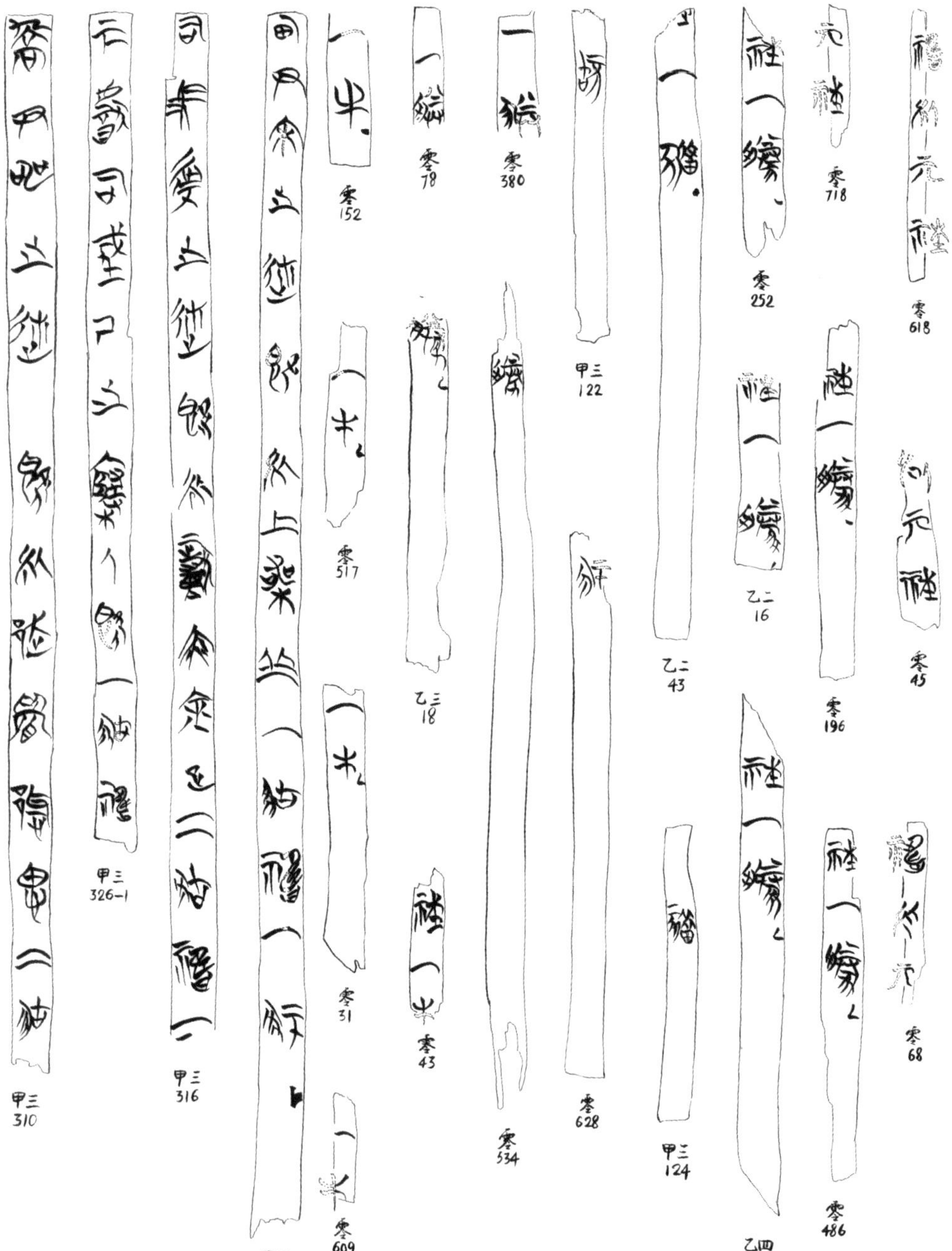

零618 零45 零68

零718 零196 零486

零252 乙二16 乙四74

乙二43 甲三124

甲三122 零628

零380 零534

零78 乙三18 零43

零152 零517 零31 零609

甲三400 甲三327-1

甲三316

甲三326-1

甲三310

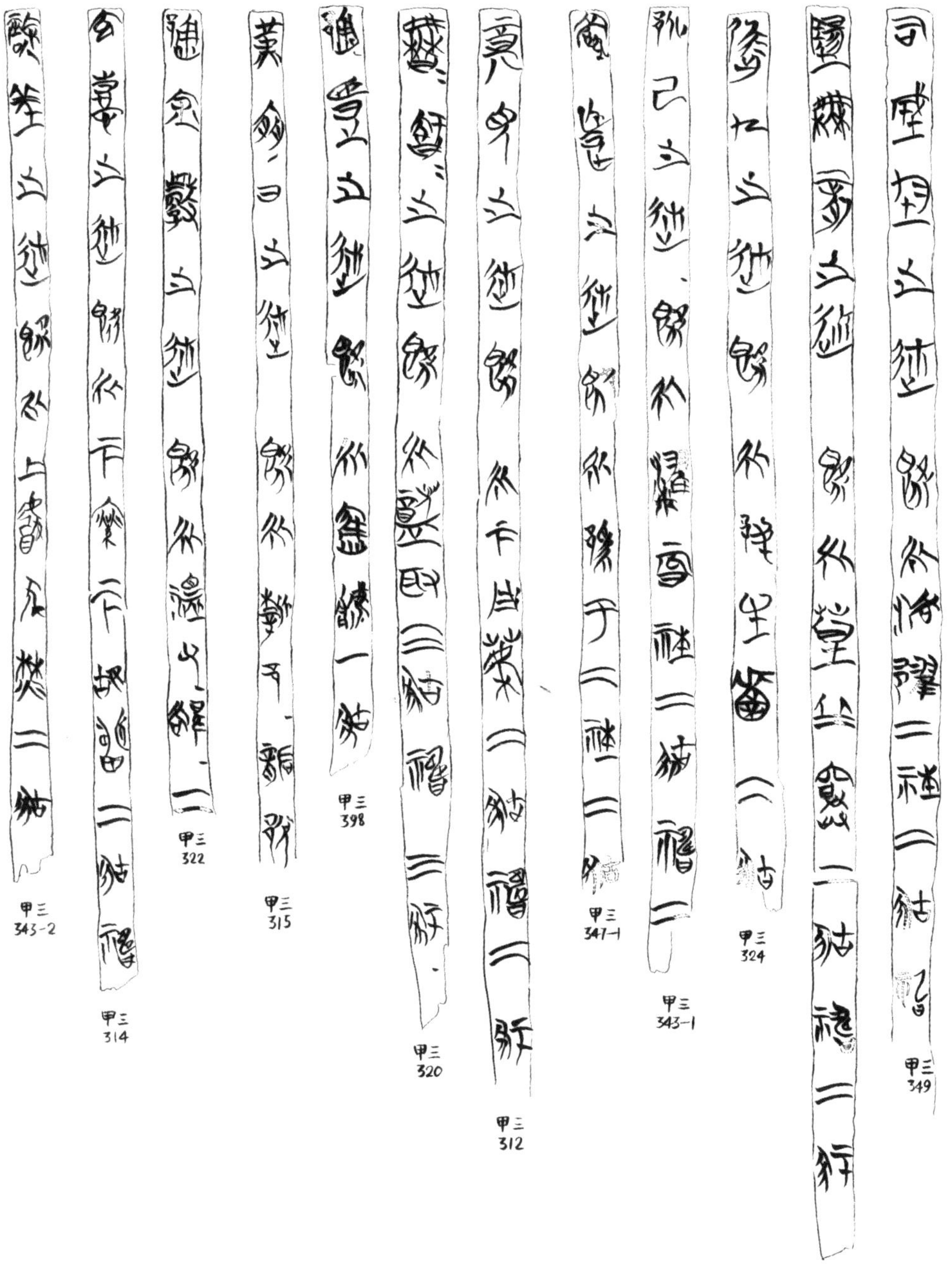

甲三 349

甲三 346-2 384

甲三 324

甲三 343-1

甲三 347-1

甲三 312

甲三 320

甲三 398

甲三 315

甲三 322

甲三 314

甲三 343-2

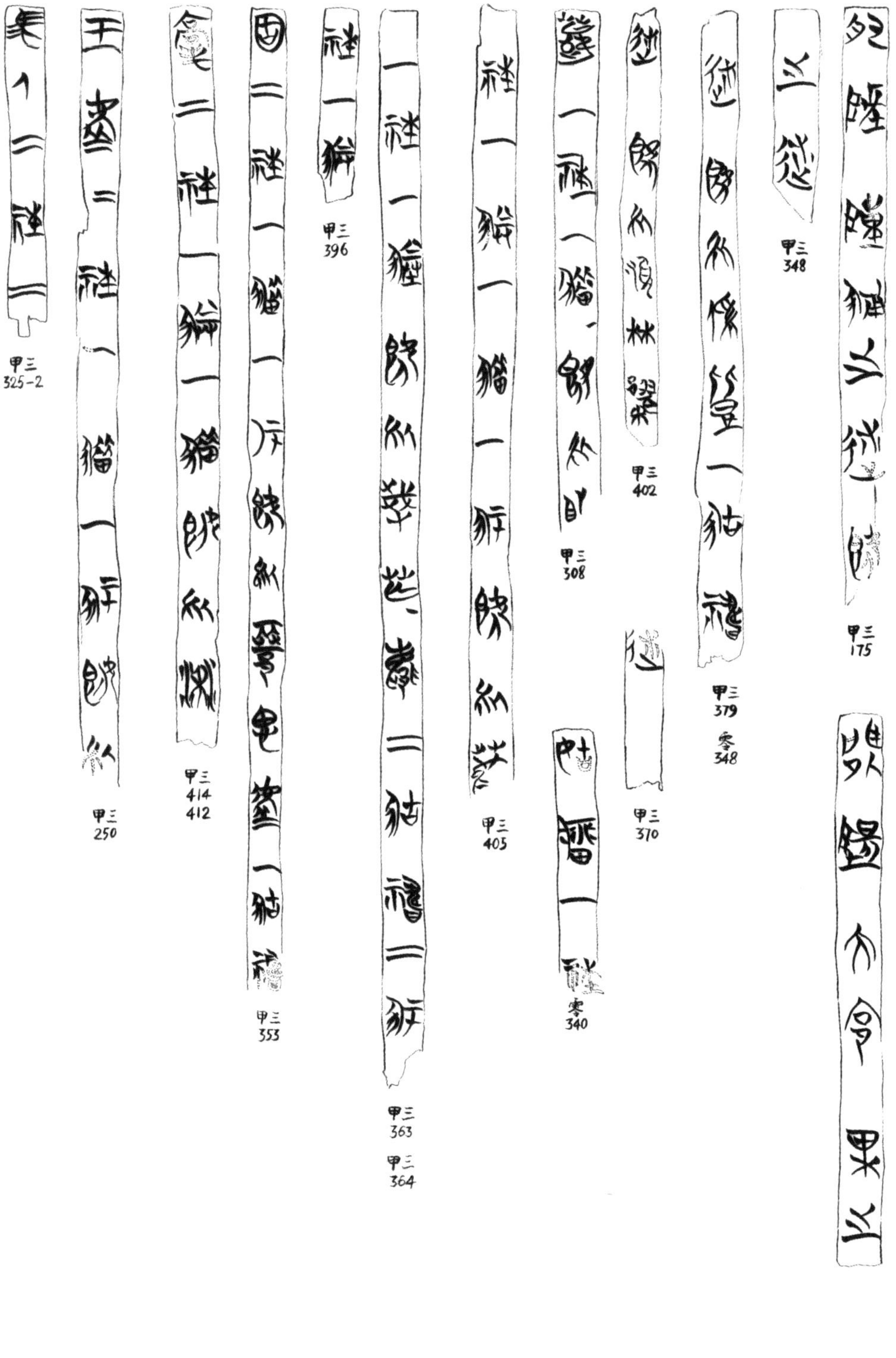

甲三175

甲三348

甲三379
零348

甲三402

甲三370

甲三308

零340

甲三405

甲三363
甲三364

甲三396

甲三353

甲三414
412

甲三250

甲三325-2

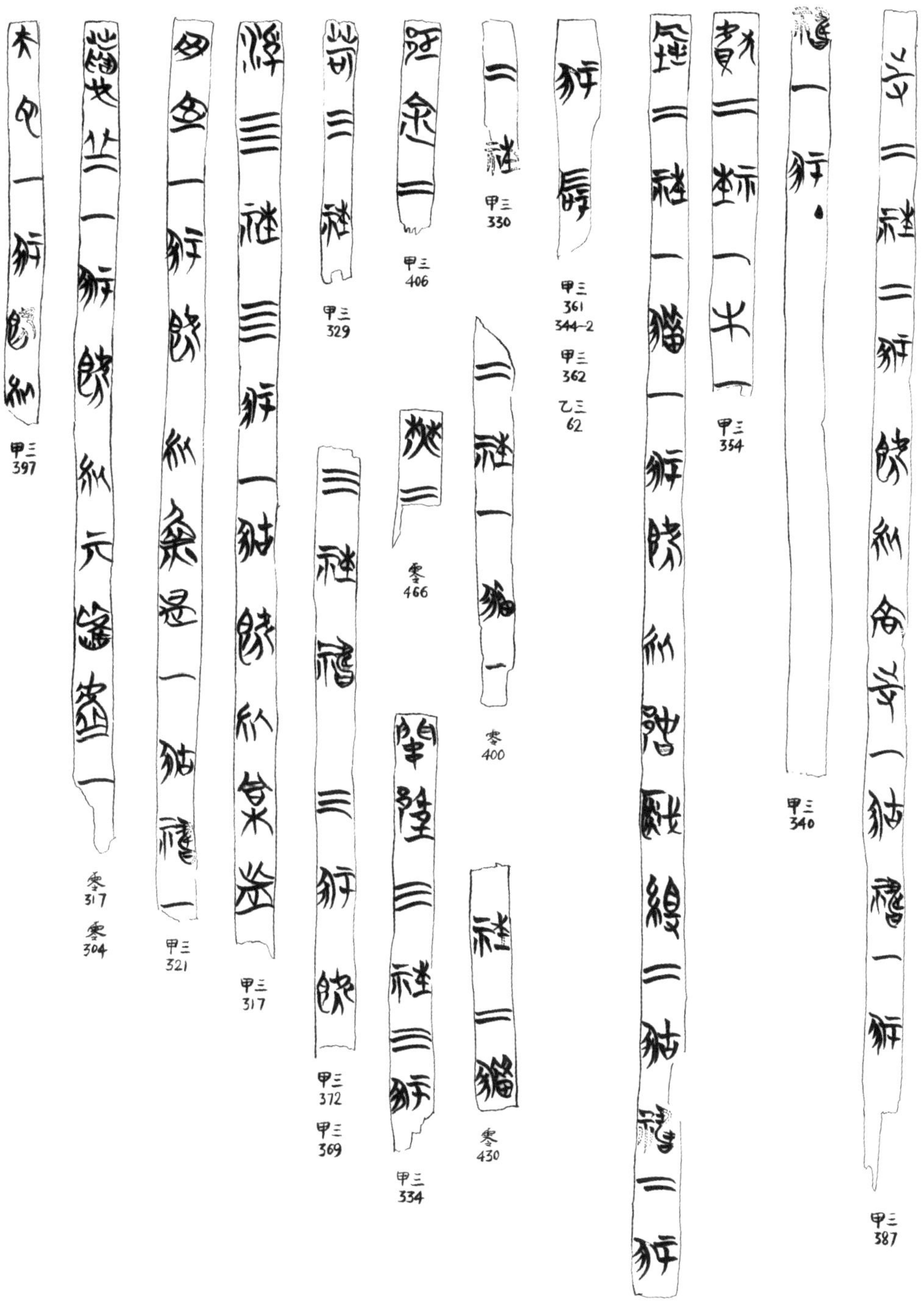

甲三387 甲三340 甲三354 甲三361 344-2 甲三362 乙三62 甲三330 零400 零430 甲三406 零466 甲三334 甲三329 甲三372 甲三369 甲三317 甲三321 零317 零304 甲三397

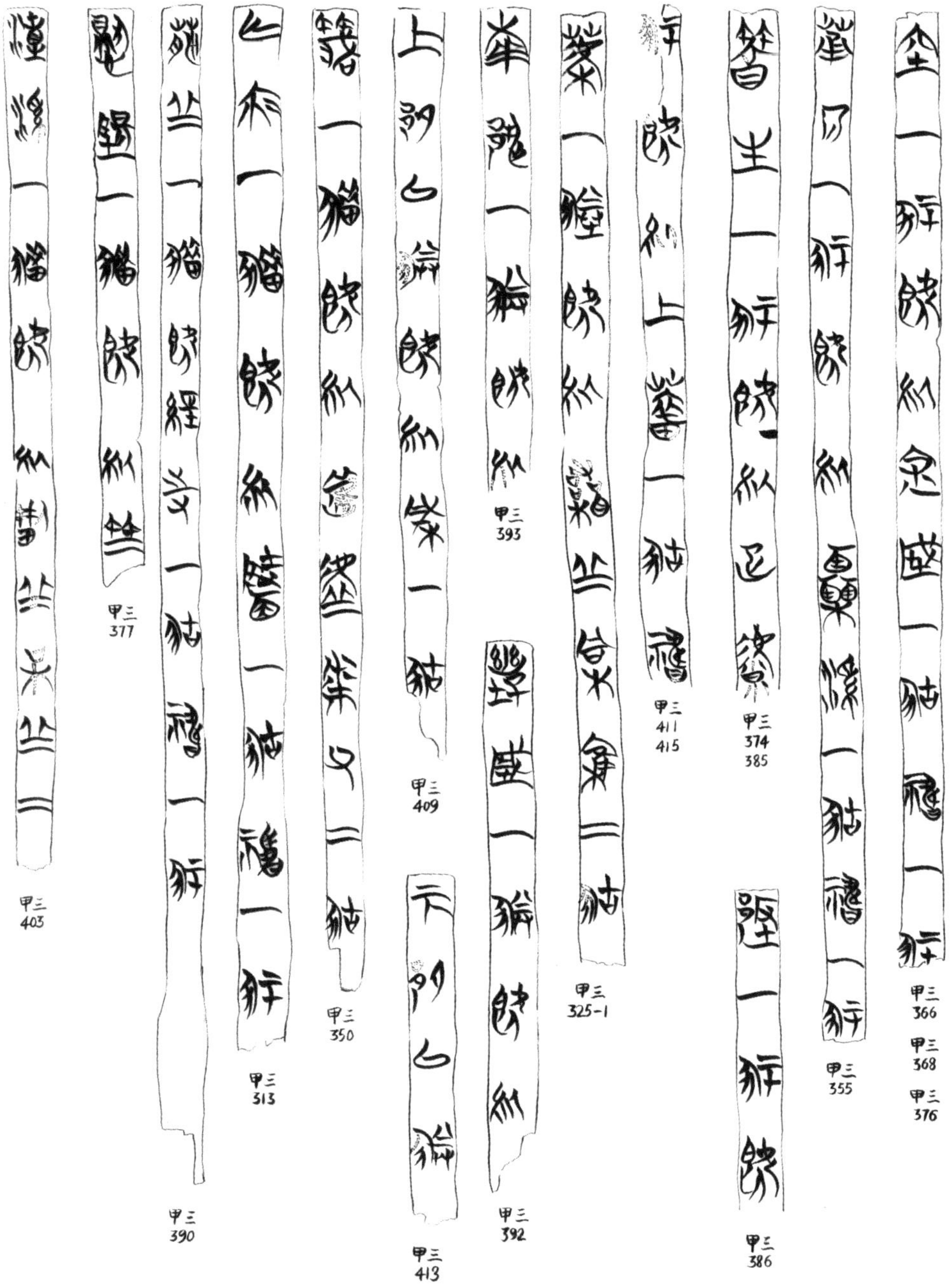
甲三 366
甲三 368
甲三 376
甲三 355
甲三 374
385
甲三 386
甲三 411
415
甲三 325-1
甲三 393
甲三 392
甲三 409
甲三 413
甲三 350
甲三 313
甲三 390
甲三 377
甲三 403

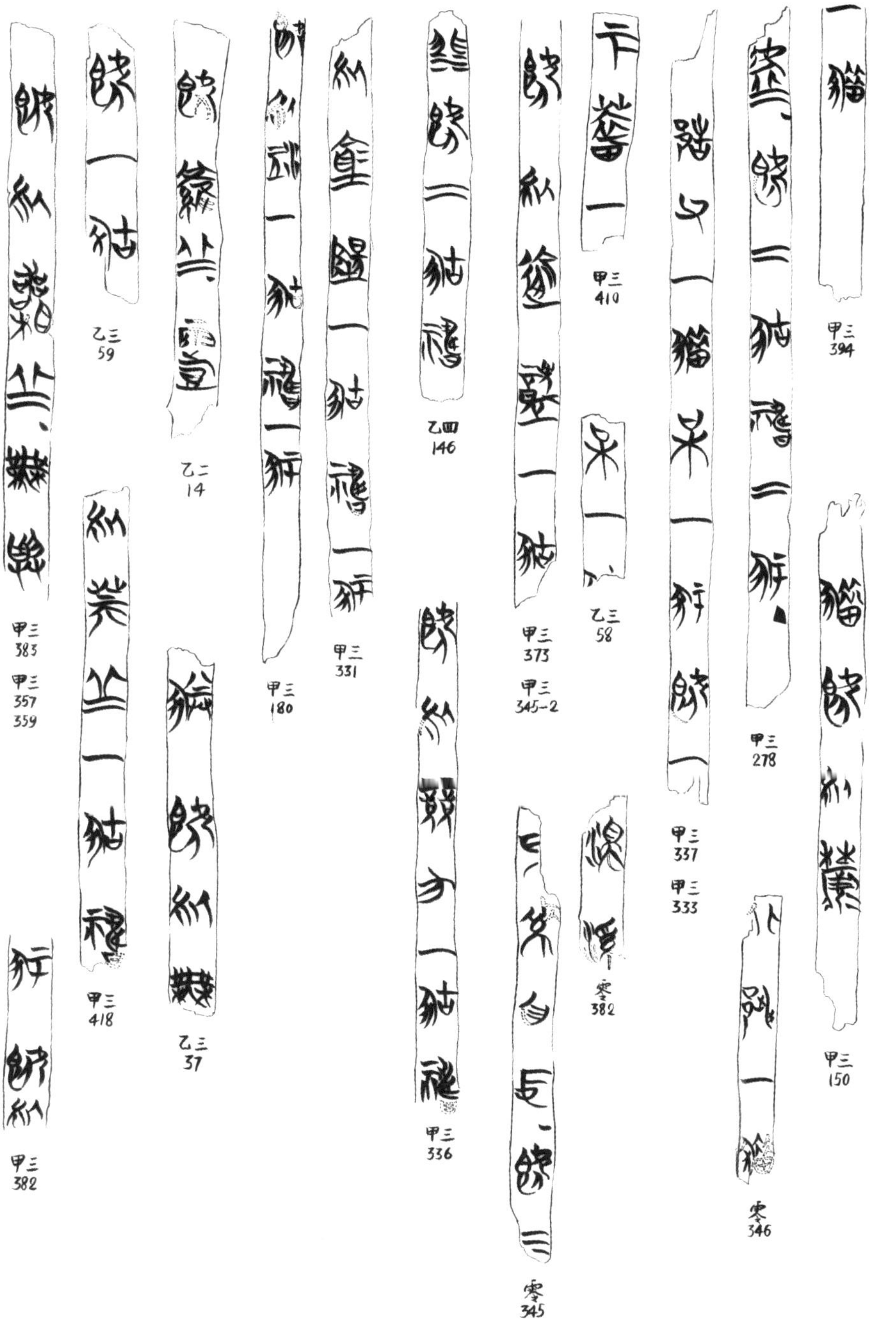
甲三 404
甲三 150
甲三 394
甲三 278
零 346
甲三 337
甲三 333
甲三 410
乙三 58
零 382
甲三 373
甲三 345-2
零 345
乙四 146
甲三 336
甲三 331
甲三 180
乙二 14
乙三 37
乙三 59
甲三 418
甲三 383
甲三 357 359
甲三 382

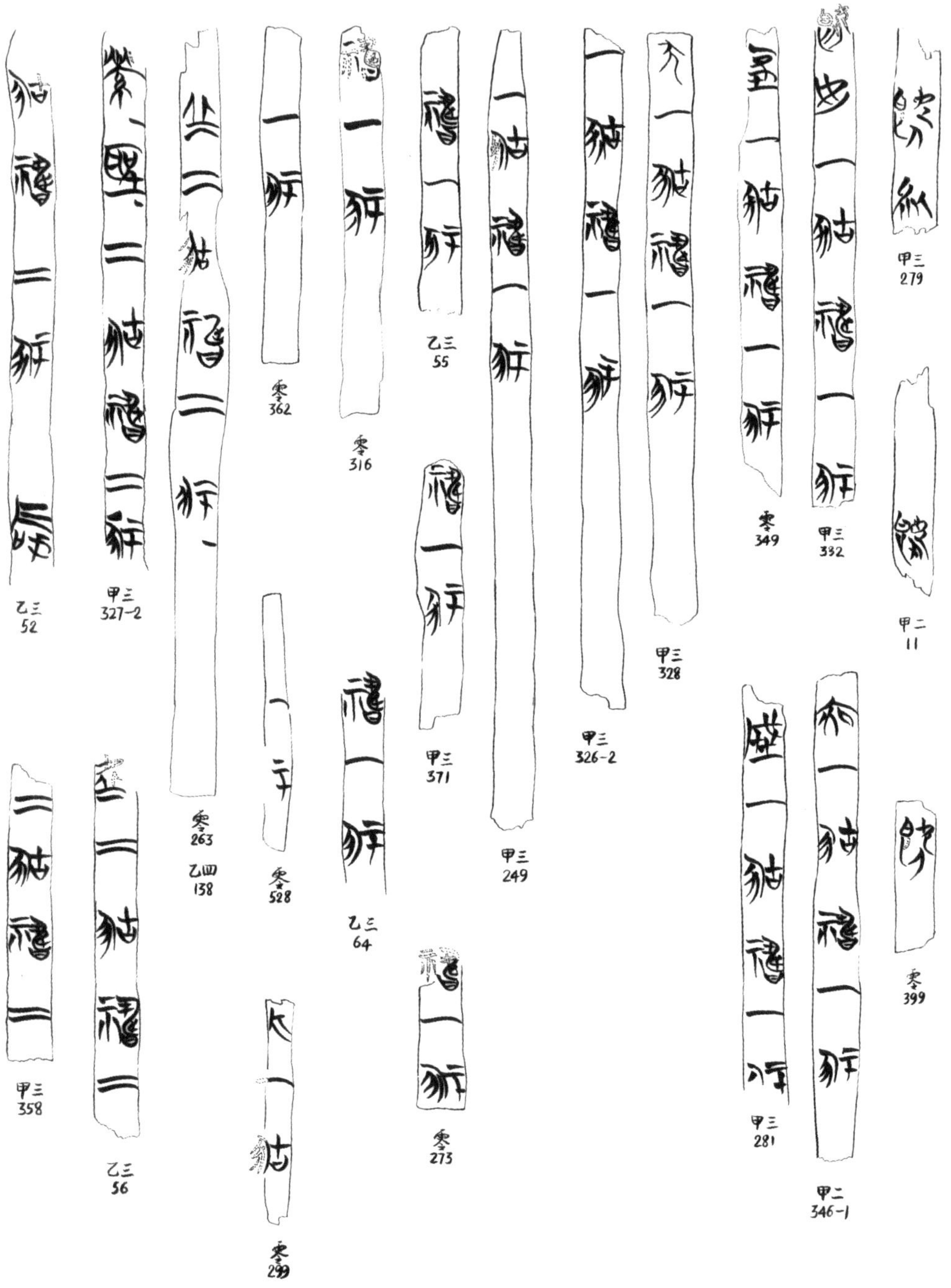
甲三 279
甲二 11
零 399
甲三 332
甲二 346-1
零 349
甲三 281
甲三 328
甲三 326-2
甲三 249
乙三 55
甲三 371
零 273
零 316
乙三 64
零 362
零 528
零 299
零 263
乙四 138
甲三 327-2
乙三 56
乙三 52
甲三 358

零655
零310
乙四142
零682
零239-1
甲三78
甲三85
甲三399
甲三417
甲三252
零719
乙二15
乙四153
甲三335
甲三251
乙四90
甲三408
零218
乙四135
零510
甲三82
甲三407
乙三57
零56
甲三341

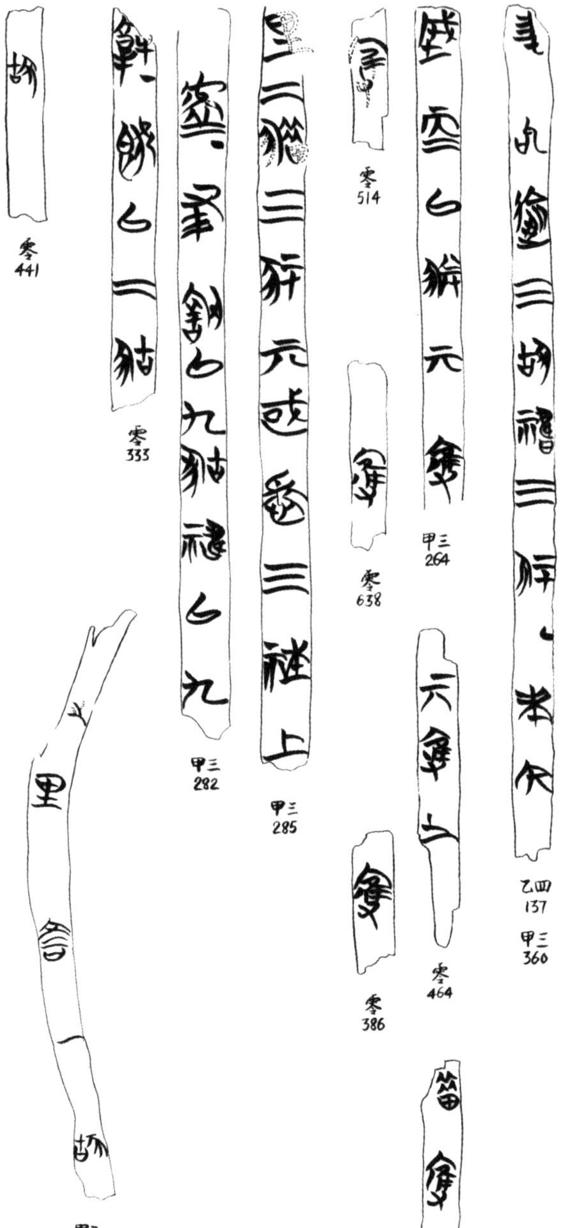

乙四137 甲三360

零514

甲三264

零638

零464

零386

零393

甲三285

甲三282

零333

零441

甲三228

零250
零356
零461
零166
零489
甲三389
零258
零642
零627
甲二1
甲二3
甲二4
零384
零366
零471
零259
零353
零631
零446
零143
零364
零473
零363
零491
零428
零377
零404
零479
零692
零417
零239-2
零494
甲一18

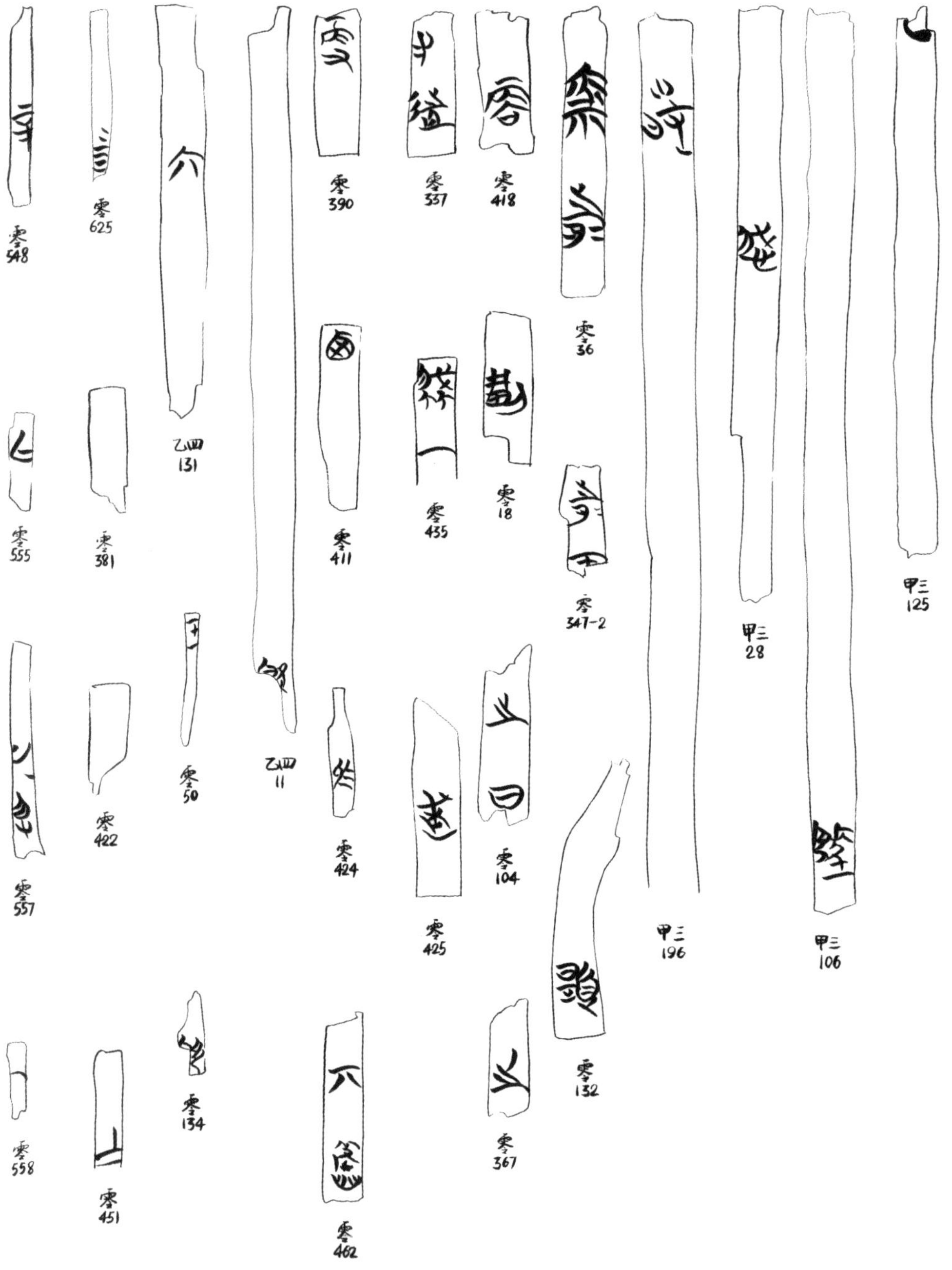
甲三125
甲三106
甲三28
甲三196
零36
零347-2
零132
零418
零18
零104
零367
零337
零435
零425
零390
零411
零424
零462
乙四11
乙四131
零50
零134
零625
零381
零422
零451
零548
零555
零557
零558

零563
零564
零565
零501
零502
零509
零573
零575
零577
零579
零582
零588
零589
零590
零595
零599
零601
零602
零603
零608 613
零614
零619
零632
零635
零641
零645
零650
零657
零663
零665
零666
零668
零674
零676
零679
零698
零707
零708
零713
零717
零723
零731
零733
零735
零738

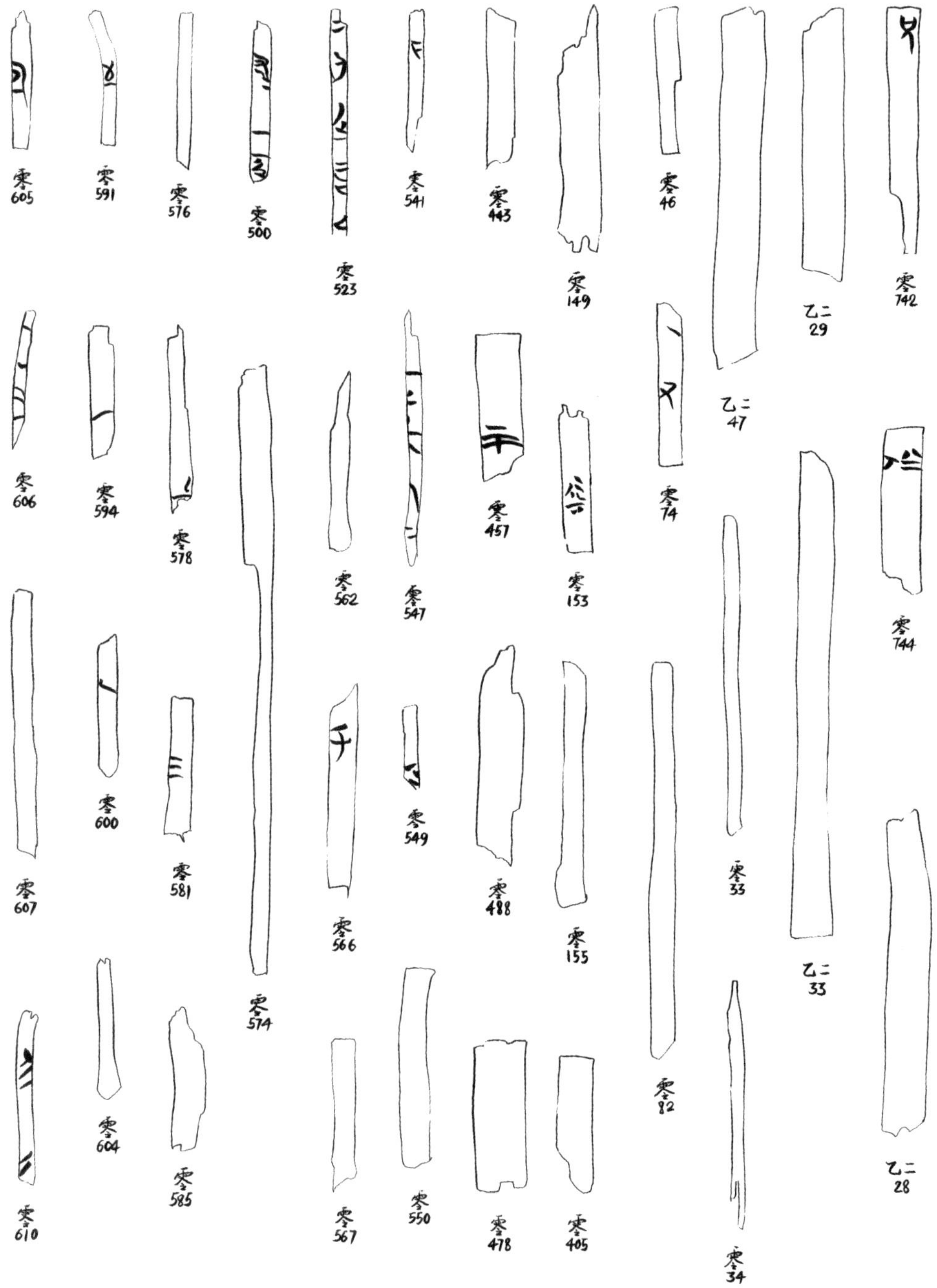
零605
零591
零576
零500
零523
零541
零443
零149
零46
乙二47
乙二29
零742
零606
零594
零578
零562
零547
零457
零153
零74
零744
零607
零600
零581
零574
零566
零549
零488
零155
零33
乙二33
零610
零604
零585
零567
零550
零478
零405
零82
零34
乙二28

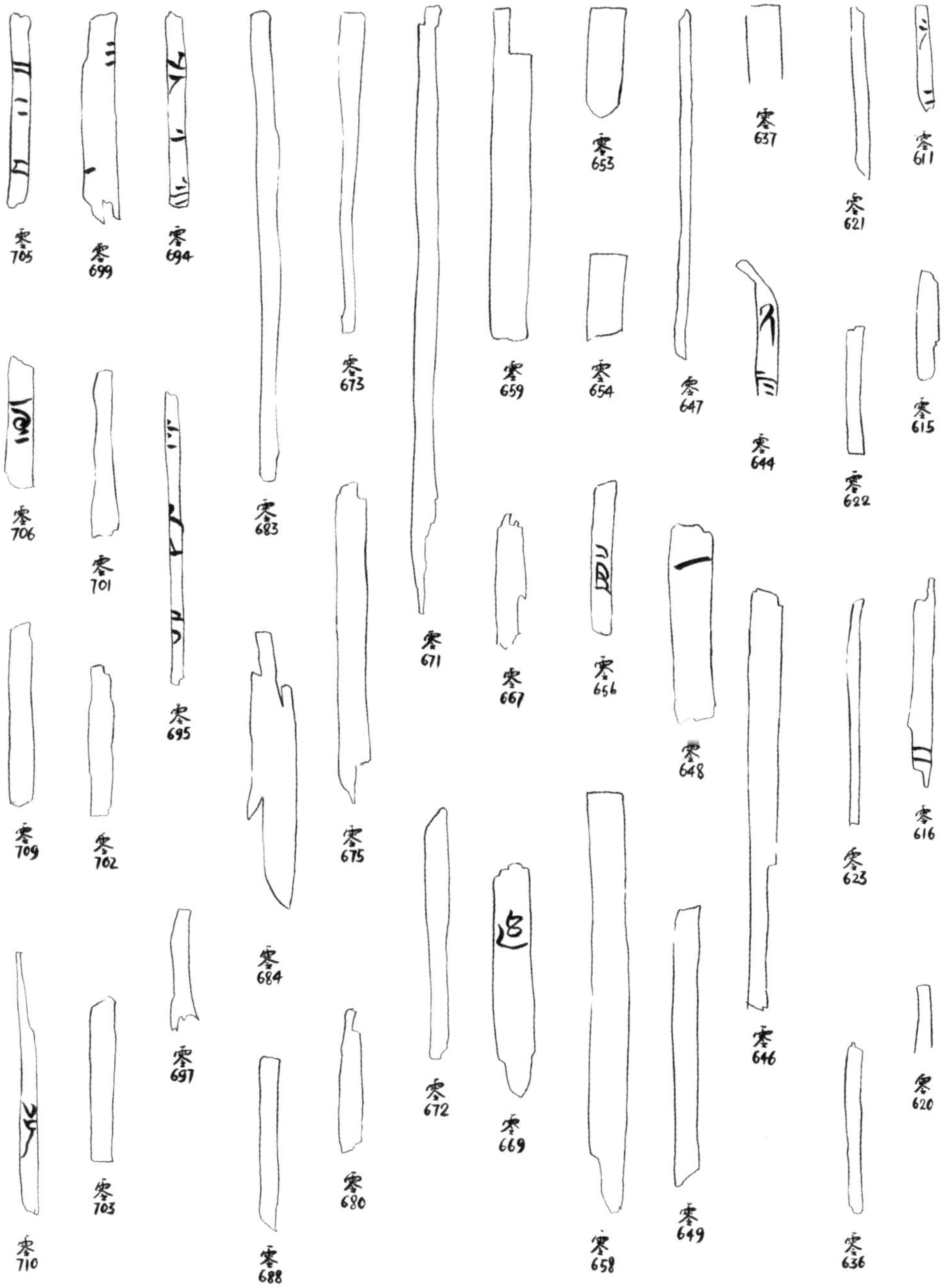
零611
零615
零616
零620
零621
零622
零623
零636
零637
零644
零646
零647
零648
零649
零653
零654
零656
零658
零659
零667
零669
零671
零672
零673
零675
零680
零683
零684
零688
零694
零695
零697
零699
零701
零702
零703
零705
零706
零709
零710

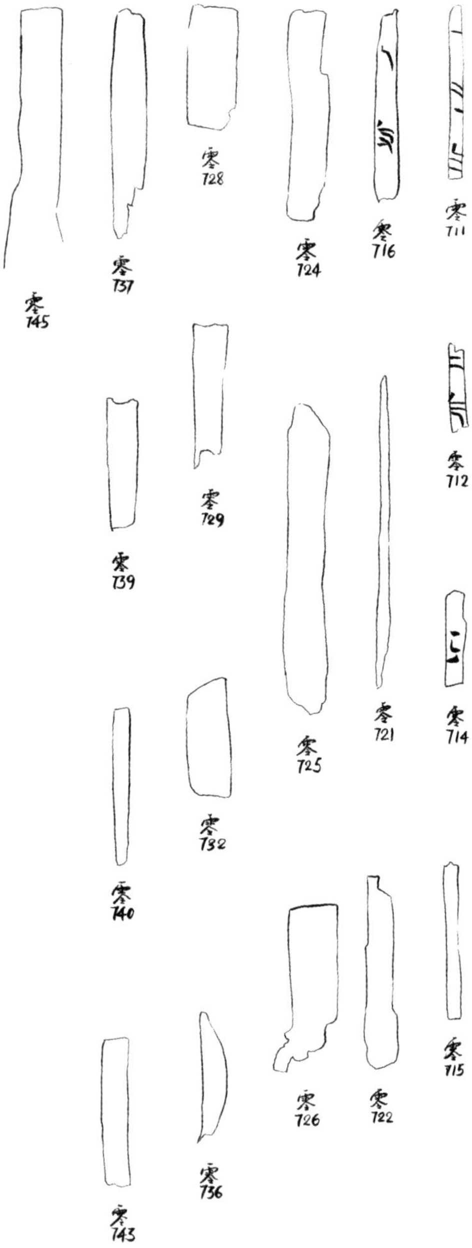
零711
零716
零724
零728
零737
零745
零712
零721
零725
零729
零739
零714
零732
零740
零715
零722
零726
零736
零743

參考文獻

B

白於藍　2012　《戰國秦漢簡帛古書通假字彙纂》，福建人民出版社。

邴尚白　2009　《葛陵楚簡研究》，臺大出版中心。

C

蔡麗莉　2007　《新蔡葛陵楚墓卜筮簡集釋》，吉林大學碩士學位論文。

曹菁菁　2009　《新蔡葛陵楚簡所見的祖先系統》，《中國典籍文化》第1期。

陳劍　2004　《甲骨金文舊釋“䵼”之字及相關諸字新釋》，《北京大學中國古文獻研究中心集刊》第4輯，北京大學出版社。

陳斯鵬　2006A　《論周原甲骨和楚系簡帛中的“囟”與“思”：兼論卜辭命辭的性質》，《文史》第1期。

陳斯鵬　2006B　《戰國楚帛書甲篇文字新釋》，《古文字研究》第26輯，中華書局。

陳偉　1998A　《郭店楚簡別釋》，《江漢考古》第4期。

陳偉　1998B　《包山楚簡中的宛郡》，《武漢大學學報》第6期。

陳偉　2000　《〈語叢〉一、三家有關“禮”的幾條簡文》，《郭店楚簡國際學術研討會論文集》，湖北人民出版社。

陳偉　2003　《新蔡楚簡零釋》，《華學》第6輯，紫禁城出版社。

陳偉　2004　《葛陵楚簡所見的卜筮與禱祠》，《出土文獻研究》第6輯，上海古籍出版社。

陳偉　2007　《楚人禱祠中的人鬼系統以及相關問題》，《古文字與古代史》第1輯，中研院史語所。

陳偉　2009　《楚地出土戰國簡冊［十四種］》，經濟科學出版社。

陳偉　2009　《也說葛陵楚簡中的“以起”》，簡帛網，http：//www.bsm.org.cn/show_article.php？id＝1049。

陳偉　2010　《新出楚簡研讀》，武漢大學出版社。

陳偉　2013　《楚地出土戰國簡冊合集》，文物出版社。

D

大西克也　2006　《試論新蔡楚簡的“述（遂）”字》，《古文字研究》第26

輯，中華書局。

董蓮池　2004　《釋戰國楚系文字中从[illegible]的幾組字》，《古文字研究》第25輯，中華書局。

董珊　2003　《新蔡楚簡所見的“顓頊”和“雎漳”》，簡帛研究網，http：//www. jianbo. org/admin3/html/dongshan01. htm。

董珊　2007　《楚簡中从大聲之字的讀法》，簡帛研究網，http：//www. jianbo. org/admin3/html/dongshan03. htm。

董珊　2010　《楚簡簿記與楚國量制研究》，《考古學報》第2期。

F

范常喜　2006　《戰國楚祭禱簡“蒿之”“百之”補議》，《中國歷史文物》第5期。

范常喜　2006　《戰國楚文字“咠禱”即“禱”說》，簡帛網，http：//www. bsm. org. cn/? chujian/4655. html。

馮勝君　2005　《戰國楚文字“黽”字用作“龜”字補議》，《漢字研究》第1輯，學苑出版社。

G

工藤元男　2006　《楚文化圈所見卜筮祭禱習俗》，《簡帛》第1輯，上海古籍出版社。

廣瀨薰雄　2006　《新蔡楚簡所謂“賵書”簡試析：兼論楚國量制》，《簡帛》第1輯，上海古籍出版社。

H

何樂士　2006　《古代漢語虛詞詞典》，語文出版社。

何琳儀　1998　《戰國古文字典：戰國文字聲系》，中華書局。

何琳儀　2003　《新蔡竹簡地名偶識：兼釋次竝戈》，《中國歷史文物》第6期。

何琳儀　2004A　《楚都丹陽地望新證》，《文史》第2期。

何琳儀　2004B　《新蔡竹簡選釋》，《安徽大學學報》第3期。

何琳儀　2004C　《第二批滬簡選釋》，《上博館藏戰國楚竹書研究續編》，上海書店出版社。

何有祖　2007A　《新蔡楚簡釋讀札記》，簡帛網，http：//www. bsm. org. cn/? chujian/4717. html。

何有祖　2007B　《新蔡簡“百之”試解》，簡帛網，http：//www. bsm. org. cn/? chujian/4725. html。

何有祖　2007C　《讀〈上博六〉札記》，簡帛網，http：//www. bsm. org. cn/? chujian/4809. html。

何有祖　2007D　《楚簡散札六則》，簡帛網，http：//www. bsm. org. cn/? chujian/4858. html。

河南省文物考古研究所　2003　《新蔡葛陵楚墓》，大象出版社。

河南省文物考古研究所、河南省駐馬店市文化局、新蔡縣文物保護管理所　2002　《河南新蔡平夜君成墓的發掘》，《文物》第8期。

河南省文物研究所　1986　《信陽楚墓》，文物出版社。

湖北省博物館　1989　《曾侯乙墓》，文物出版社。

湖北省荆沙鐵路考古隊　1991　《包山楚簡》，文物出版社。

湖北省荆沙鐵路考古隊　1991　《包山楚墓》，文物出版社。

湖北省文物考古研究所、北京大學中文系　2000　《九店楚簡》，中華書局。

湖北省文物考古研究所、北京大學中文系　1995　《望山楚簡》，中華書局。

黄德寬　2005　《新蔡葛陵楚簡所見“穴熊”及相關問題》，《古籍研究》第2期。

黄靈庚　2005　《屈賦楚簡補證》，《雲夢學刊》第1期。

黄盛璋　1963　《關於湖北宜城楚皇城遺址及相關問題》，《江漢學報》第9期。

黄錫全　2000　《試説楚國黄金貨幣稱量單位“半鎰”》，《江漢考古》第1期。

黄錫全　2004　《讀上博〈戰國楚竹書〉札記六則》，簡帛研究網。

黄錫全　2007　《“鄗郢”新探》，簡帛網，http：//www. bsm. org. cn/? guwenzi/4755. html。

J

季旭昇　2007　《〈柬大王泊旱〉解題》，簡帛網，http：//www. bsm. org. cn/? chujian/4729. html。

賈連敏　2004A　《新蔡葛陵楚簡中的祭禱文書》，《華夏考古》第3期。

賈連敏　2004B　《新蔡楚簡中的楚先祖名》，《華學》第6輯，紫禁城出版社。

賈連敏　2005　《戰國文字中的“穴”》，《楚文化研究論集》第6集，湖北人民出版社。

荆門市博物館　2002　《郭店楚墓竹簡》，文物出版社。

K

孔仲溫　1997　《楚簡中有關祭禱的幾個固定字詞試釋》，《第三屆國際中國古文字學研討會論文集》，問學社有限公司。

L

李家浩　1996　《楚簡中的袷衣》，《中國古文字研究》第1輯，吉林大學出版社。

李家浩　1998　《信陽楚簡樂人之器研究》，《簡帛研究》第3輯，廣西教育出版社。

李家浩　2001　《秦駰玉版銘文研究》，《北京大學中國古文獻研究中心集刊》，北京大學出版社。

李家浩　2001B　《包山祭禱簡研究》，《簡帛研究二〇〇一》，廣西師範大學出版社。

李家浩　2003　《戰國竹簡〈緇衣〉中的“逯”》，《古墓新知：紀年郭店楚簡出土十周年論文專輯》，國際炎黃文化出版社。

李家浩　2005　《包山卜筮簡218—219號研究》，《長沙三國吳簡暨百年來簡帛發現與研究國際學術研討會論文集》，中華書局。

李家浩　2010　《楚簡所記楚人祖先“媸（鬻）熊”與“穴熊”爲一人説：兼説上古音幽部與微、文二部音轉》，《文史》第3期。

李均明、何雙全　1990　《散見簡牘合輯》，文物出版社。

李零　1993　《包山楚簡研究（占卜類）》，《中國典籍與文化論叢》第1輯，中華書局。

李零　1997　《古文字雜識（二則）》，《第三屆國際中國古文字學研討會論文集》，問學社有限公司。

李零　1999A　《郭店楚簡校讀記》，《道家文化研究》第17輯，生活·讀書·新知三聯書店。

李零　1999B　《讀〈楚系簡帛文字編〉》，《出土文獻研究》第5輯，上海古籍出版社。

李零　1999C　《秦駰禱病玉版的研究》，《國學研究》第6卷，北京大學出版社。

李零　2001　《三閭大夫考：兼論楚國公族的興衰》，《文史》第54輯，中華書局。

李零　2002　《郭店楚簡校讀記》，北京大學出版社。

李零　2002　《上博楚簡三篇校讀記》，萬卷樓圖書有限公司。

李守奎　2003　《楚文字編》，華東師範大學出版社。

李守奎　2012　《包山楚墓文字全編》，上海古籍出版社。

李守奎　2014　《清華簡〈繫年〉“莫囂爲”考論》，《中原文化研究》第2期。

李天虹　2000　《釋楚簡文字“庿”》，《華學》第4輯，紫禁城出版社。

李天虹　2002　《上海簡書文字三題》，《上博館藏戰國楚竹書研究》，上海書店出版社。

李天虹　2003　《新蔡楚簡補釋四則》，簡帛研究網。

李學勤　1998　《論包山簡中一楚先祖名》，《文物》第8期。

李學勤　2001　《試解郭店簡牘“文”之字》，《孔子·儒學研究文叢（一）》，齊魯書社。

李學勤　2002　《楚簡所見黄金貨幣及其計量》，《中國錢幣論文集》第4輯，中國金融出版社。
李學勤　2004A　《論葛陵楚簡的年代》,《文物》第 7 期。
李學勤　2004B　《論戰國簡的卦畫》,《出土文獻研究》第 6 輯,上海古籍出版社。
李學勤　2011　《清華簡〈繫年〉及有關古史問題》,《文物》第 3 期。
李運富　1997　《楚國簡帛文字叢考(二)》,《古漢語研究》第 1 期。
連劭名　1997　《商周占卜叢考》,《象數易學研究》第 2 輯,齊魯書社。
廖名春　2000　《上海博物館藏楚簡〈周易〉管窺》,《周易研究》第 3 期。
劉彬徽　2001　《早期文明與楚文化研究》,嶽麓書社。
劉彬徽　2007　《葛陵楚墓的年代及相關問題的討論》,《楚文化研究論集》第 7 集,湖北人民出版社。
劉凌　2014　《戰國楚簡連詞研究》,華東師範大學。
劉信芳　1993　《包山楚簡神名與〈九歌〉神祇》,《文學遺產》第 5 期。
劉信芳　1998　《望山楚簡校讀記》,《簡帛研究》第 3 輯,廣西教育出版社。
劉信芳　2003　《包山楚簡解詁》,藝文印書館。
劉信芳　2004　《釋葛陵楚簡"暮生早孤"》,簡帛研究網,http://www.jianbo.org/admin3/html/liuxinfang02.htm。
劉信芳　2005　《楚簡"三楚先""楚先""荆王"以及相關祀禮》,《文史》第 73 輯,中華書局。
劉釗　1998　《包山楚簡文字考釋》,《東方文化》第 1、2 期合刊。
劉釗　2000　《讀郭店楚簡字詞札記》,《郭店楚簡國際學術研討會論文集》,湖北人民出版社。
劉釗　2000　《讀郭店楚簡字詞札記(三)》,《古文字研究》第 22 輯,中華書局。
劉釗　2002　《釋"儥"及相關諸字》,《中國文字》第 28 期。
劉釗　2003　《釋新蔡葛陵楚簡中的"䏙"字》,簡帛研究網,http://www.jianbo.org/admin3/html/liuzhao01.htm。
劉國勝　2006　《包山遣策"大牢"考》,《中國簡帛學國際論壇 2006 論文集》,武漢大學簡帛研究中心。
羅運環　2006　《葛陵楚簡鄗郢考》,《古文字研究》第 27 輯,中華書局。
羅新慧　2005　《說新蔡楚簡"嬰之以兆玉"及其相關問題》,《文物》第 3 期。
羅新慧　2007　《說新蔡楚簡中的禱辭》,《中國歷史文物》第 1 期。

M

繆文遠　1987　《七國考訂補》,上海古籍出版社。

P

彭浩　1984 《信陽長台關楚簡補釋》,《江漢考古》第2期。

彭浩　1991 《包山二號楚墓〈卜筮祭禱〉竹簡的初步研究》,《楚文化研究論集》第2集,湖北人民出版社。

Q

裘錫圭　2006 《釋戰國楚簡中的“𠯑”字》,《古文字研究》第26輯,中華書局。

裘錫圭　2015 《裘錫圭學術文集·簡牘帛書卷》,復旦大學出版社。

裘錫圭、李家浩　1989 《曾侯乙墓竹簡釋文與考釋》,《曾侯乙墓附錄一》,文物出版社。

R

饒宗頤　2012 《上博藏戰國楚竹書字彙》,安徽大學出版社。

S

單曉偉　2007 《新蔡葛陵楚墓竹簡編聯及相關問題研究》,安徽大學碩士學位論文。

沈培　2007 《從戰國簡看古人占卜的“蔽志”:兼論“移祟”說》,《古文字與古代史》第1輯,中研院“史語所”。

沈培　2007 《說古文字裏的“祝”字及相關之字》,《簡帛》第2輯,上海古籍出版社。

史萍　2009 《新蔡楚簡字詞零釋五則》,《淮南師範學院學報》第4期。

宋國定、賈連敏　2004 《新蔡“平夜君成”墓與出土楚簡》,《新出簡帛研究——新出簡帛國際學術研討會文集》,文物出版社。

宋華強　2009 《由楚簡“北子”“北宗”說到甲骨金文“丁宗”“啻宗”》,《簡帛》第4輯,上海古籍出版社。

宋華強　2010 《新蔡葛陵楚簡初探》,武漢大學出版社。

蘇建洲　2008 《楚簡文字考釋四則》,簡帛網,http://www.bsm.org.cn/?chujian/5087.html。

T

湯余惠　1993 《包山楚簡讀後記》,《考古與文物》第2期。

湯余惠　2015 《戰國文字編(修訂版)》,福建人民出版社。

滕壬生　2008 《楚系簡帛文字編(增訂本)》,湖北教育出版社。

W

王三峽　2007　《“大川有汾”試解》，簡帛網，http：//www. bsm. org. cn/?chujian/4718. html。

魏宜輝、周言　2004　《再談新蔡楚簡中的“穴熊”》，簡帛研究網，http：//www. jianbo. org/admin3/list. asp？ id＝1112。

武家璧　2009　《葛陵楚簡曆日“癸嫘”應爲“癸巳”解》，《中原文物》第2期。

吳良寶　2010　《戰國楚簡地名輯證》，武漢大學出版社。

X

徐在國　1998　《讀〈楚系簡帛文字編〉札記》，《安徽大學學報》第5期。

徐在國　2003　《新蔡葛陵楚簡札記》，《中國文字研究》第5輯，廣西教育出版社。

徐在國　2003　《新蔡葛陵楚簡札記（二）》，簡帛研究網，http：//www. jianbo. org/admin3/list. asp？ id＝1069。

徐在國　2005　《新蔡簡中的兩個地名》，《漢字研究》第1輯，學苑出版社。

徐在國　2006　《從新蔡葛陵楚簡中的“延”字談起》，《簡帛》第1輯，上海古籍出版社。

徐中舒　2010　《漢語古文字字形表（修訂本）》，中華書局。

禤健聰　2003　《新蔡楚簡短札一則》，簡帛研究網，http：//www. jianbo. org/admin3/list. asp？ id＝1079。

禤健聰　2006　《楚文字新讀二則》，《江漢考古》第4期。

禤健聰　2008　《楚簡所見量制單位輯證》，《中原文物》第2期。

禤健聰　2017　《戰國楚系簡帛用字習慣研究》，科學出版社。

Y

顏世鉉　1997　《包山楚簡地名研究》，臺灣大學碩士學位論文。

晏昌貴　2004　《新蔡竹簡拼接舉例》，簡帛研究網，http：//www. jianbo. org/admin3/list. asp？ id＝1108。

晏昌貴　2005　《天星觀“卜筮祭禱”簡釋文輯校》，《楚地簡帛思想研究（二）》，湖北教育出版社。

晏昌貴　2006A　《楚卜筮簡所見神靈雜考（五則）》，《簡帛》第1輯，上海古籍出版社。

晏昌貴　2006B　《楚簡所見諸司神考》，《江漢論壇》第9期。

晏昌貴　2007　《新蔡葛陵楚簡“上逾取稟”略說》，《楚地簡帛思想研究（三）》，湖北教育出版社。

晏昌貴　2007　《楚卜筮簡所見地祇考》，《石泉先生九十誕辰紀念文集》，湖北人民出版社。

楊華　2005《新蔡簡所見楚地祭禱禮儀二則》,《楚地簡帛思想研究（二）》,湖北教育出版社。

楊華　2006A《新蔡簡祭禱禮制雜疏四則》,《簡帛》第1輯，上海古籍出版社。

楊華　2006B《楚簡中的諸“司”及其經學意義》,《中國文化研究》春之卷。

楊華　2006《戰國秦漢時期的里社與私社》,《國家與社會關係視野下的漢唐歷史變遷》，華東師範大學出版社。

楊華　2007《新蔡祭禱簡中的兩個問題》,《簡帛》第2輯，上海古籍出版社。

楊澤生　2006《楚地出土簡帛中的總括副詞》,《簡帛語言文字研究》第2輯，巴蜀書社。

于成龍　2004《楚禮新證：楚簡中的紀時、卜筮與祭禱》，北京大學博士學位論文。

于成龍　2004A《釋𣅰：新蔡楚簡中的釁禮》,《故宫博物院院刊》第4期。

于成龍　2004B《〈山海經〉祠祭“瓔”及卜筮簡“瓔”字淺說》,《古文字研究》第25輯，中華書局。

于成龍　2005《戰國新蔡葛陵楚簡中的“享玉”制度》,《中國歷史文物》第4期。

于成龍　2006《戰國楚簡中的卜筮儀節初論》,《考古學研究（六）：慶祝高明先生八十壽辰暨從事考古研究五十年論文集》，科學出版社。

于茀　2005《新蔡葛陵楚墓竹簡中的繇辭》,《文物》第1期。

袁國華　2006《〈新蔡葛陵楚墓竹簡〉文字考釋》,《康樂集：曾憲通教授七十壽慶論文集》，中山大學出版社。

袁金平　2006《讀新蔡楚簡札記二則》,《古文字研究》第26輯，中華書局。

袁金平　2006《對〈新蔡簡兩個神靈名簡說〉的一點補充》，簡帛網，http：//www. bsm. org. cn/? chujian/4595. html。

袁金平　2007《新蔡葛陵楚簡字詞研究》，安徽大學碩士學位論文。

袁金平　2007《新蔡簡“大川有汾”試解》，簡帛網，http：//www. bsm. org. cn/? chujian/4723. html。

袁金平　2008《新蔡葛陵楚簡文字學價值淺析》,《時代文學（下半月）》第11期。

袁金平　2009B《新蔡葛陵楚簡字詞考釋三則》,《寧夏大學學報》第31卷第3期。

袁金平　2009A《釋新蔡葛陵楚簡中的“羸”字》,《古代文明》第3卷第4期。

Z

曾憲通　1999　《長沙楚帛書文字編》，中華書局。

曾憲通　2004　《再說“蚩”符》，《古文字研究》第25輯，中華書局。

張光裕、陳偉武　2006　《戰國楚簡所見病名輯證》，《中國文字學報》第1輯，商務印書館。

張勝波　2006　《新蔡葛陵楚墓竹簡文字編》，吉林大學碩士學位論文。

張守中　2000　《郭店楚簡文字編》，文物出版社。

張新俊　2005　《新蔡葛陵楚墓竹簡文字補正》，《中原文物》第4期。

張新俊　2006　《釋新蔡楚簡中的“柰（祟）”》，簡帛網，http：//www. bsm. org. cn/show_article. php？ id＝336。

張新俊　2008　《新蔡葛陵楚簡文字編》，巴蜀書社。

張新俊　2010　《新蔡楚簡零釋》，簡帛網，http：//www. bsm. org. cn/？ chujian/5442. html。

張玉金　2011　《出土戰國虛詞研究》，人民出版社。

張玉金　2009　《介詞“于”的起源》，《漢語學報》第4期。

趙平安　2009　《新出簡帛與古文字古文獻研究》，商務印書館。

鄭威　2007　《新蔡葛陵楚簡地名雜識三則》，《楚地簡帛思想研究（三）》，湖北教育出版社。

鄭威　2008　《楚“東陵”考》，簡帛網，http：//www. bsm. org. cn/？ chujian/4979. html。

周鳳五　1999　《讀郭店竹簡〈成之聞之〉札記》，《古文字與古文獻》試刊號。

朱德熙、裘錫圭、李家浩　1995　《望山楚簡》，中華書局。